罗泰访谈录

Interviews with Lothar von Falkenhausen

学术·考古·人生

孟繁之 ◎ 编

山西出版传媒集团
三晋出版社

图书在版编目（CIP）数据

罗泰访谈录／孟繁之编.—太原：三晋出版社，2019.11

ISBN 978-7-5457-1002-1

Ⅰ.①罗… Ⅱ.①孟… Ⅲ.①罗泰—访问记 Ⅳ.①K837.125.81

中国版本图书馆CIP数据核字（2014）第169074号

罗泰访谈录

编　　　者：	孟繁之
责任编辑：	秦艳兰
责任印制：	李佳音
出　版　者：	山西出版传媒集团·三晋出版社（原山西古籍出版社）
地　　　址：	太原市建设南路21号
邮　　　编：	030012
电　　　话：	0351-4922268（发行中心）
	0351-4956036（总编室）
	0351-4922203（印制部）
网　　　址：	http：//www.sjcbs.cn
经　销　者：	新华书店
承　印　者：	山西人民印刷有限责任公司
开　　　本：	889mm×1194mm　1/32
印　　　张：	10.75
字　　　数：	200千字
印　　　数：	1—3000册
版　　　次：	2019年12月　第1版
印　　　次：	2019年12月　第1次印刷
书　　　号：	ISBN 978-7-5457-1002-1
定　　　价：	68.00元

版权所有　翻印必究

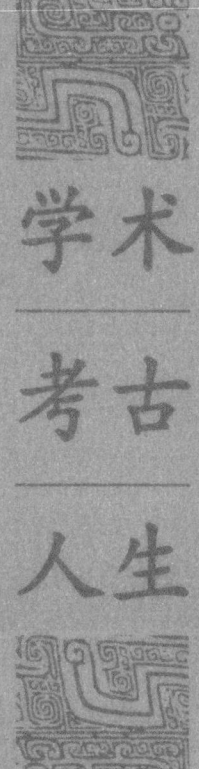

学术 考古 人生

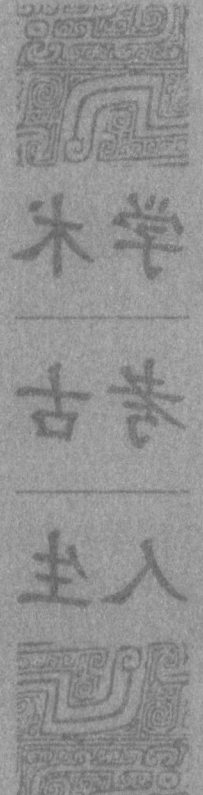

學古入朱主

罗泰先生油画像，Juan Bastos作于2013年。
（Mr. Juan Fernando Bastos提供）

2011年,摄于波士顿,美国艺术与科学院(AAAS)院士颁授典礼。

1980年秋，北大1977、1978级考古专业同学于山东诸城实习集体合影。最后排树前左侧为罗泰（Lothar von Falkenhausen）。最前排坐者，着黄色军装最右者（侧身露头者），为李水城。李水城身后为尹吉男。（此次留学生能同中国同学一起参与实习，罗泰先生功不可没，是他不断给教育部写信的结果。）

1987年,摄于麻省剑桥,同张光直先生及诸同学在一起。前排左起:佐佐木宪一、阎云翔、巫鸿、罗泰;后排左起:Janet Chang、慕容捷、王爱和、裴炯逸、张光直、Philomena Knecht、Kyung-ho Suh、Valerie Hansen。

1998年5月,北大百年校庆,考古专业1977、1978级毕业生同俞伟超先生合影。第一排左起:张辛、李水城、林梅村;第二排左起:王迅、杨阳、罗泰、俞伟超、刘茂、童明康;第三排左起:冯时、水涛、杨林、张威、晋宏逵、柳元、王青、尹吉男。

1999年3月,于四川蒲江盐井沟进行考古调查工作照。左起依次为傅罗文(Rowan Flad)、陈伯桢、罗泰。

1999年,摄于重庆中坝。左起依次为傅罗文、李小波、罗泰、陈伯桢、中坝陶瓷窑厂传承人(从制作陶瓷坯到烧造都是他)、李水城。

2004年,摄于湖北省博物馆。左起依次为傅罗文、罗泰、张昌平。

2005年，于甘肃天水麦积山石窟艺术研究所参观合影。左起依次为李水城、陈伯桢、张萍（麦积山石窟艺术研究所副研究馆员）、罗泰、李零。

2007年,于重庆大足考察唐、五代、宋时及明清续凿石刻。大足石刻,为世界"八大石窟"之一,凡二十三处,尤以宝顶山摩崖造像著称。

2007年,于美国亚利桑那州笛箫谷(Canyon de Chelly)考察留影。

2007年,于美国新墨西哥州纳瓦约印第安人保留地查科峡谷(Chaco Canyon)考察留影。

2009年,摄于新疆库车渭干河谷东岸库木吐喇(Kumtura)石窟洞前。库木吐喇,维吾尔语,意为"沙漠中的烽火台"。这里是仅次于克孜尔石窟的古代龟兹较大石窟群。

2012年,摄于洛杉矶寓所书斋。

2019年7月16日,山西武乡访古,陪李零"回家",摄于武乡故城镇大云寺。(任超摄)
左起依次为孟繁之、叶娃、李零、罗泰、梁鉴、徐天进、杭侃。

Preface

Lothar von Falkenhausen

Autobiographical Note. I was born in what was then West Germany a little more than half a century ago. I attended high school and the first two years of university there and have been based in the United States since 1981. I became a US citizen in 2004. My family has no direct connection to China [contrary to a widespread assumption, I am not a descendant but only a very distant relative of General Alexander von Falkenhausen (1878-1966), who served as Chiang Kai-shek's military advisor during the 1930s], but I became fascinated with China as a child and started to learn Chinese at the age of 13. At that time China was still in the throes of the "Cultural Revolution" and it was, to everyone I knew, an utterly mysterious place.

I first saw China for myself in 1979, when, as a student majoring in Sinology at the University of Bonn, I was awarded a government scholarship that enabled me to study at Peking University for two years. It was at Peking University that I first began to study archaeology. My motivation for choosing archaeology as my subfield of specialization within Chinese studies came from a dim awareness that archaeological finds since the 1920s had fundamentally transformed the understanding of all aspects of Chinese history, and that few scholars in the West had taken full account of these new discoveries. My two years at Peking University gave me an initial idea of the immense potential of this still-emerging field.

I continued my training in East Asian archaeology at Harvard University, obtaining a Master's Degree in "Regional Studies-East Asia" in 1982 and a PhD in anthropology in 1988. That year I moved to California, where I spent two happy years as a post-doctoral fellow at Stanford University, followed by my first regular teaching in the Art History department of the University of California, Riverside. I moved to UCLA as Associate Professor of Chinese archaeology and art history in 1993 and was promoted to Professor in 1997. Since 2004 I have concurrently served as Associate Director of the Cotsen Institute of Archaeology, and I served for one term as the Institute's Interim Director in 2009.

Not counting numerous short-term stays, I have spent more than seven years in East Asia: after my initial stint at Peking University (1979-1981), I studied for two years at Kyôto University in Japan (1984-1986), and later I was a visiting scholar at the Institute of Archaeology of the Chinese Academy of Social Sciences in Beijing in 1990-1991 and at Academia Sinica in Taipei in 1994-1995. Visiting professorships took me back to Kyôto University (2002-2003), to the Chinese University of Hong Kong (2007), and most recently to Peking University (2012). I also feel fortunate to have had some exposure to Korea, where I spent two summers doing fieldwork while I was a graduate student (five months total in 1983 and 1984). As a result, I feel very much a part of the East Asian archaeological community—and yet I continually sense that I am not spending enough time there to remain truly on top of current developments.

Aside from East Asia and the United States, I have also spent time at academic institutions in Europe, including the University of Heidelberg (1997), the École Pratique des Hautes Études, Paris (1998), Det Norske Videnskapsakademi, Oslo (2000), the University of Münster (2008), and the University of Erlangen (2011).

But I am no "academic nomad", Los Angeles is very definitely my home base, and in spite of my international background and orientation, I feel fully acculturated to American academia. Sometimes I worry about being too frequently away from home, but my foreign engagements, enabled by a number of prestigious fellowships, have saved the California taxpayer a great deal of money and in the age of email, it has become easy to maintain daily contact with students and colleagues at UCLA even at a remove of many thousands of miles.

At UCLA, with the help of many colleagues and sympathetic administrators, I have made some efforts to improve the academic infrastructure for teaching and research in East Asian archaeology. As a result, during the past two decades, UCLA has become one of the leading Western institutions in this field, and some of our graduates have gone on to distinguished careers at other institutions. In UCLA's art history department, I was at first responsible for teaching the full run of Chinese art history ("from Yao to Mao"), but in 2000 we were able to hire a specialist in the art history of later Imperial China, enabling me to concentrate on the early periods and on archaeology. In 2006, at the initiative of the Deans of Humanities and Social Sciences, I applied for an Institutional Enhancement Grant for East Asian Archaeology from the Luce Foundation. Our application was successful, and as a result UCLA in 2008 was able to hire a second specialist in Chinese archaeology (he has a joint appointment in Asian Languages and Civilizations and in Anthropology). Jointly we are currently advising seven PhD students in various areas of East Asian archaeology. Moreover, we have been able to host a steady stream of both short-term and long-term visiting scholars from East Asian countries, who are greatly enriching the intellectual life of our institution. The university has also been adding other faculty members in related fields, such as pre-Qin Chinese historiographical literature, Korean art history, and Southeast Asian archaeology, thus further strengthening its position among institutions in the United States where research on the early civilizations of East Asia is pursued. It has been exciting as well as gratifying to be part of these developments.

<u>Research Interests</u>. My field of interest comprises Chinese archaeology in all its aspects, including its

connections with other parts of Eurasia. Within Chinese archaeology, I work mostly on the Bronze Age (2000-250 BC), and my published work can be subsumed under the following main themes: (1) The relationships between the social order and religious/ritual practices, and their expression in material culture; (2) inscriptions on ritual bronzes; (3) musical instruments and musical theory; (4) the regional cultures of south and southwest China, and their relationships with other areas; (5) economic processes as reconstructible through archaeological evidence; (6) Central and Inner Asian archaeology, viewed from an East Asian perspective; (7) the history of archaeology and cultural-heritage preservation in East Asia. My bibliography also includes some items concerning the prehistoric and imperial periods of Chinese archaeology (i.e., before and after the Bronze Age); classical Chinese texts; finds from the site of a late 19th-century Chinatown in California; Korean archaeology; Maya archaeology; and East-West cultural contacts.

I feel most strongly drawn to topics that involve the meeting of archaeological evidence and historical texts, and I am interested in bringing out some of the methodological challenges in handling these two different kinds of materials in conjunction. My second book, *Chinese Society in the Age of Confucius (1000-250 BC): The Archaeological Evidence* (2006), exemplifies this approach. The book won a major award in the United States, and it has been translated into Japanese and Korean; a Chinese translation is still under preparation. I am also very interested in bringing out the relevance of archaeological evidence to issues in the history of science and technology; as a case in point, I spent several years doing research on ancient Chinese musical instruments and acoustics ［as attested by my first book, *Suspended Music: Chime-Bells in the Culture of Bronze Age China* (1993), and a number of articles］, and I was involved in collaborative archaeological fieldwork concerned with the history of salt production in Southwest China from 1999 to 2004; the third and final volume in a series of bilingual reports on this work was published in 2013.

As one of my main ongoing research projects, I am currently working toward a book-length synthesis of economic dynamics in pre-Imperial China, which will be, in a sense, a sequel to Chinese Society in the Age of Confucius. In this new book I hope to clarify the relationships between the dynastic states in the Yellow River and Yangzi River basins and their less complexly organized neighbors. My interest in this topic arose partly from my fieldwork on salt production. I have already published a couple of articles and reviews related to this research; the book is still several years away.

Another active interest of mine on which I hope to produce a book some day is the history of Chinese archaeology. A major introductory study on the history of antiquarianism in East Asia was recently published in a volume that I coedited, and which I hope will one day be published in Chinese. As one way of studying the history of archaeology in China, I have published a number of article-length biographies of prominent scholars in the field (several of them in the form of non-hagiographic obituaries), and I am planning several other studies of this kind.

Even though I am trained as an archaeologist and have participated in excavations on three continents, my involvement in fieldwork in China only began two decades into my career as a specialist in Chinese archaeology, because of Chinese government regulations that had previously barred foreigners from engaging in such work. The above-mentioned research on early salt production, conducted in collaboration with colleagues from Peking University, was my first and so far most extensive opportunity to take a role in devising an archaeological field project in China; even though most of the actual work was done by my graduate students and our Chinese collaborators, I, too, was able to spend quite a bit of time (including four Christmases from 1999 to 2002) at our field site in the Yangzi River valley, and I retain unforgettable memories from that experience.

Following the completion of the Salt Archaeology project, I played a role in setting up the International Archaeological Field School at Yangguanzhai, which is directed by a former student of mine in collaboration with the Shaanxi Archaeological Academy and Xibei University. This field school has been held every summer since 2010, and I have participated as an instructor. Although Yangguanzhai is a Middle Neolithic site and thus well outside my scope of expertise, I have cherished our annual training program there as an opportunity to expose highly motivated international students to Chinese archaeology in a collaborative setting that also includes Chinese students and colleagues. Several of our participants have subsequently chosen Chinese archaeology as their career.

I am keen to launch another collaborative field project in China at some point in the near future. My goal is to do a complete excavation of an urban settlement from the Bronze Age in order to find out more about how people lived there. Well-preserved settlements are known in many parts of China, but none have been excavated in their entirety so far. If we undertake such a project, it will be collaborative (engaging Chinese institutions as well as UCLA and possibly other international participants), multidisciplinary (involving specialists in many technical subfields of modern archaeology, and in related disciplines), and long-term (possibly lasting beyond my own lifetime). I have been engaged in conversations with potential collaborators for some time, and I hope that we shall soon be able to start to apply for funding and to assemble a team.

Throughout my career, I have made considerable efforts to advance the position of Chinese archaeology in Western academia through editorial work, and I am serving on the editorial boards of more than a dozen journals in fields related to archaeology and Asian Studies in the US, Europe, and China. A journal I co-founded, the *Journal of East Asian Archaeology*, published by E. J. Brill in Leiden (The Netherlands), unfortunately fell into abeyance after seven issues, and it is uncertain whether it will ever be revived. Luckily, a variety of new publication opportunities have recently opened up for scholars in East Asian archaeology, so that the existence of this particular journal now seems less crucial than it once did.

As a member of the archaeological profession, I have become increasingly concerned about the ever-increasing looting of archaeological sites all over the world. In 2012, President Obama appointed me to the Cultural Property Advisory Committee, which advises the US government on the implementation of the 1970 UNESCO convention on the Means of Prohibiting and Preventing the Illicit Import, Export and Transfer of Ownership of Cultural Property. My work as part of this committee has given me a precious opportunity to be engaged in a public aspect of my discipline that I had ignored for too long. I have not yet written about such issues, but I may well do so in the future.

About this book. The present volume assembles a number of interviews from the past half-decade or so; with the exception of one item in German, which has been translated for the volume, all of them were conducted in Chinese; I later edited the transcripts, in some cases extensively. The interviews are mostly concerned with my intellectual biography and my views on the history, nature, and present state of scholarship in Chinese archaeology. These are necessarily an outsider's views, but perhaps it is precisely for this reason that they may be of interest to a Chinese readership. Recently, in China and in the West, there has been an upsurge in interest in the history of scholarship, and in exploring the various ways in which personal characteristics and human relationships have influenced intellectual trends throughout all fields of knowledge. Chinese archaeology has been no exception. In more than thirty years, I have been privileged to meet, and sometimes to work with, some of the leading scholars in our field, and I have developed a historical perspective on my own experience in it. Nevertheless, I feel uneasy every time when friends, students, and colleagues have asked me to share my ideas and impressions on such matters in a formal interview situation. For at my age, I am certainly no "elder statesman", and I do not feel that I can express myself on such issues with any authority-aside from the fact that I am temperamentally averse to pontificating and hate being pontificated to. The interviews assembled here should therefore be read in a critical spirit; they are an expression of my personal opinions, with which the reader may feel free to disagree.

There is, moreover, a danger for such interviews to get stuck in the merely anecdotal. In spite of the somewhat personal character of much of what is transacted in the interviews reprinted here, the focus of this book should be on the subject of Chinese archaeology and not on me. I see its publication as an opportunity to engage a wide readership in a multi-stranded conversation about some important issues and ideas that scholars of Chinese archaeology are concerned with. I hope that, by communicating these issues and ideas in a relatively informal fashion, the book will serve to widen popular interest in this important field of study, and to create a more accurate perception of what its practitioners do. Above all, I hope that the readers will realize that archaeologists are not treasure-diggers or unworldly bookworms, but modern-minded scientists searching to put the material heritage of the ancient world to innovative use in understanding humanity in the past and in the present; and that we foreign scholars who concern ourselves with Chinese archaeology have no intention of wallowing in the exotic or becoming some kind of intellectual parasites, but are intent on making a constructive contribution to a field of research that is tremendously important in a world-wide perspective.

Los Angeles, February 2014

序

罗泰（Lothar von Falkenhausen）

学术自述

我半个多世纪前出生在当时的西德，在那里读到大学二年级。从1981年起，我主要生活在美国，2004年加入美国国籍。我们家和中国原先并没有什么直接联系。而且和大家普遍猜测的相反，我根本不是亚历山大·冯·法肯豪森将军（Alexander von Falkenhausen，1878—1966，20世纪30年代曾担任蒋介石的军事顾问）的后人，他只是我五服之外的一位远亲，我的一位远房叔祖。尽管如此，我从小就对中国着迷，13岁时开始学习中文。在我的童年时代，中国仍处在"文化大革命"中，对我们当时的生活圈而言，中国是一个极为神秘的地方。

我第一次亲眼看到中国是在1979年。当时，我在波恩大学已经读了两年汉学，获得政府的奖学金，来北京大学进行为期两年的学习。我是到北京大学才开始学习考古学的。之所以选择考古学作为我的研究方向,是因为那时我已隐约认识到20世纪20年代以来的考古发现已经从根本上改变着人们对中国历史及其文化等方方面面的认知和理解,而当时的西方学人几乎无人对此予以充分关注。在北京大学的两年,我对这一新兴领域的巨大研究潜力有了初步的认识,这为我后来的学术生涯打下了良好的基础。

之后我去哈佛大学继续学习东亚考古,先后在1982年获得东亚区域研究硕士学位,在1988年获得人类学博士学位。毕业那年,我到了加利福尼亚,在斯坦福大学度过了两年快乐的博士后时光,随后在加州大学河滨校区(University of California, Riverside)的艺术史系第一次正式执教。1993年在加州大学洛杉矶校区(UCLA)晋升为中国考古和艺术史副教授,1997年升为教授,2004年兼任加州大学洛杉矶校区扣岑(Cotsen)考古研究所副所长,2014年夏天卸任。在这期间,我还担任过一学期的代理所长之职(2009年)。

不算数不清的短期逗留,至今我已有缘在东亚不同地区度过了七个多春秋:1979—1981年在北京大学留学两年,1984—1986年在日本京都大学学习过两年,随后分别于1990—1991年在中国社会科学院考古研究所、1994—1995年在台北"中央研究院"做过各为期一年的访问学者。我还曾经在京都大学（2002—2003年）、香港中文大学（2007年）、北京大学（2012年）担任过客座教授。在我读博士学位时，还有幸同韩国有过一些接触，曾于1983年和1984年在韩国参加过两个夏天共五个月的考古发掘。这些经历让我深感自己是东亚考古团队中的一员。然而，我还是常常感到在东亚待的时间不够，唯恐赶不上东亚考古事业的发展速度。这也是无可奈何的事情。

除了东亚和美国，我也在欧洲的一些学术机构学习、工作过，包括海德堡大学（1997年）、位于巴黎的高等研究实践学院（1998年）、位于奥斯陆的挪威科学与文学院（2000年）、明斯特大学（2008年）及埃尔朗根大学（2011年）等。但是我并不是一个"学术上的游牧者"，洛杉矶绝对是我的根据地。尽管我拥有国际学术背景和训练，但我觉得自己基本上还是被美国的学术文化包容接纳了。有时也会听到同事们抱怨我在外面的时间太多、在校的时间太少，然而我在国外的各种学术交流活动都有可观的学术基金的支持，这样也为加利福尼亚的纳税人省下了大笔的费用，更何况置身科技及电子时代，即使在万里之外，和UCLA的学生、同事也能随时保持便捷的联系，互通有无。

而且，在UCLA的许多同事和行政管理人员的帮助下，我一直在为提高UCLA东亚考古教学和科研的基础学术建设做着努力。这使得UCLA在近二十年间迅速成长为西方相关领域的前沿学术机构之一。我们的毕业生，有的已经逐步成为该领域内的学术领军者。在UCLA的艺术史系，我原先负责讲授整个中国艺术史（"从尧到毛"），但在2000年，我们有幸聘请到一位研究宋、元、明、清时期中国艺术史的专家，这就使我可以把学术重心放在早期中国和考古研究方面。2006年，在UCLA人文学院及社会科学院两位院长的建议下，我为学校向卢斯基金会（Luce Foundation）申请到了一个大项目，用以加强学校的东亚考古学建设。此次申请的成功，使UCLA在2008年聘请到另一位研究中国考古学的专家，他同时为人类学系和亚洲语言文化系两个系服务。我和他现在共同指导东亚考古数个研究领域的七名博士研究生。此外，我们还邀请过许多来自东亚各国的考古学家来做访问学者，尽管时间有长有短，但他们都为活跃本校学术研究的氛围做出了相当大的贡献。UCLA在其他相关领域，比如亚洲旧石器时代考古、先秦时期的中国史学和文学、韩国艺术史、东南亚考古学等方面，也均相应地增加了教员，从而进一步巩固了UCLA在美国东亚早期文明研究机构中的重镇地位。能够对这些良好的发展略尽微薄之力，我感到由衷的高兴。

研究兴趣

基于在北大期间所接受的训练，我的研究兴趣涉及中国考古的方方面面，同时还涉及中国与欧亚大陆其他地区的联系。在中国考古领域，我的研究工作主要集中在青铜时代（公元前2000年至公元前250年）。近三十年来，我先后刊出的著述主要包括以下几个方面：（1）社会制度与宗教活动、仪式的关系及其在物质文化中的表现；（2）青铜礼器铭文；（3）乐器和音乐理论；（4）中国南部和西南部的地域文化及与其他地域之关系；（5）通过考古材料、证据重构中国古代的经济发展脉络；（6）从东亚的角度看中亚和亚洲的内陆考古；（7）东亚的考古学史及文化遗产保护等等。除此之外，我还写过若干其他文章，如史前和帝制时期（即青铜时代之前及之后）的中国考古、古代中国文献典籍、加利福尼亚19世纪晚期唐人街的考古发现、韩国考古、玛雅考古、东西方文化交流，等等。

最引我关注的研究课题通常跟考古材料与历史文献的结合有关。我尤其想弄清在同时处理这两种不同类型的材料时所引发的一些方法论方面的问题。举例来说，我的第二部专著《宗子维城》［*Chinese Society in the Age of Confucius*（*1000–250 BC*）*: The Archaeological Evidence*］在很大程度上就是试图应对这个问题。这本书在美国荣获了一个重要奖项,而且数年前已经被翻译成日文和韩文,中文译本的出版也指日可待。另外一个我十分感兴趣的重要题目是考古材料在科技史研究方面的使用。为了在这一方面做出一些实际的贡献,我花了数年时间研究中国古代乐器与古代声学。这些研究不仅包含在我的第一本专著《乐悬:中国青铜时代的编钟》(*Suspended Music: Chime-Bells in the Culture of Bronze Age China*, 1993)当中,之外还有好几篇文章也与此有关。除此之外,从1999年至2004年,我还在中国西南地区参加过一个国际盐业考古田野调查的项目。这项工作同科技史、科技考古的关系也极密切。我花了很多力气参加编写的《中国盐业考古》这一套双语报告系列的第三辑(也就是最后一辑),2013年终于正式面世。

最近,我正在着手进行的主要研究项目之一,是想从考古的角度对先秦时代的中国经济动态做一整体的研究,在某种意义上将是《宗子维城》的姊妹篇。在这本新书中,我希望能够阐明黄河流域和长江流域的古代王国与社会组织相对没有那么复杂的邻国政权间的关系。我对这一课题的兴趣,一部分即源于我以往从事的盐业考古。我已经陆续发表了一些跟此项研究相关的文章和评论,专著则希望在未来的几年内完成。

我的另外一项历时不短的研究课题是中国考古学史。我想有朝一日能在此方面再多下些功夫。最近在同友人共同编纂的一部书中（*World Antiquarianism: Comparative Perspectives*, 2013），我有一篇关于整个东亚古代金石学传统的综论（*Antiquarianism in East Asia: A Preliminary Overview*），这部书希望将来有一天会被译成中文。我研究中国考古学史的主要方式是为著名考古学家写评传，其中有些是在他们过世之后作为纪念文章刊发的，但它们并不是"使徒行传"，而是正儿八经的研究文章。我计划将来再多写几篇这样的文章。

虽然我在哈佛大学受到的是正统的田野考古学训练，并曾在三大洲参加过发掘，但在中国境内真正参加考古发掘，则是在我从事中国考古研究这一行业将近二十年之后才开始的。之前，中国政府的法令是严禁外国人在中国参与考古工作的。因此我参加的田野发掘工作相对较少（比我的好多学生还少），前面提到的早期盐业考古是在同北京大学的同行合作下才得以进行的。这是我第一次，也是到目前为止最大的一次机会，其中我的任务是制订、设计考古发掘计划。虽然大部分的实际工作由我的研究生和我们的中国同行担任，但我还是在长江峡谷的田野考察、发掘现场度过了相当长的时间（包括1999年至2002年的四个圣诞节），这段经历给我留下了非常难忘的记忆。

随着西南盐业考古项目的结束，我们最近几年又在陕西高陵杨官寨创办了一个国际田野考古训练班（亦称为

"田野学校")。这个训练班的中方合作者是陕西省考古研究院和西北大学,班主任(我们称呼她为"校长")是我的一位已经毕业的博士生。训练班从2010年起,每年夏天举办一次,历时五个星期,我在其中负责第一个星期的一部分基础培训工作。杨官寨遗址是一处新石器时代中期的遗址,年代约为公元前4000—公元前3500年左右。这尽管大大超出了我的专业范围,但我还是极其珍视这一培养项目。它为我们提供了非常好的机会,在一个友好的、跟中国同学和同事们合作的环境里,让一批对中国考古萌生兴趣的国际学生来中国从事考古发掘成为可能。而且值得一提的是,有一部分参加者在参加过我们的训练班之后,选择了中国考古作为他们未来的研究志业。

在不久的将来,我渴望能有更多的机会同北大的朋友们合作,开展更多的联合田野考察项目。我们的目标是至少尽量有系统地、尽量完整地发掘一个青铜时代的城市聚落遗址,从而进一步了解人们如何在那里生活。保存完好的此类遗址在中国的很多地方都有,但是到目前为止,还没有哪一个作为整体被系统地发掘过。如果我们能够得到批准开展这一项目,它将是各方合作式的,从事者将包括中国的研究机构、UCLA和其他海内外机构的参加者;它也将是跨学科的,参与者将包括现代考古的多项技术领域和相关学科的各类专家;而且它还将是长期的,可能比我们的一生都要长,需要几代考古人的共同努力。我已经和可能合作的对象协商了一段时间，希望在不久的将来即可申请经费、组建团队。

在几十年的学术生涯中，我也做过很多努力，通过编辑工作来提高中国考古在西方学术界的地位。我是十几种与考古和亚洲研究方面有关的期刊的编委会成员。这些期刊有美国的、欧洲的，也有中国的。我与别人一起创办的《东亚考古学刊》（*Journal of East Asian Archaeology*），曾经由荷兰莱顿的E. J. Brill发行过一段时间，不幸的是在出了七期之后就暂时停刊了，将来是否还会复刊尚不确定。幸而最近东亚考古学者有了各种新的出版机会，所以该杂志是否存在，现在看来也许已没有以前那么重要了。

作为世界考古学界中的一员，我对世界各地的考古遗址遭到日益加剧的掠夺和破坏深感遗憾，并给予越来越多的关注。2012年，奥巴马总统任命我为美国国务部世界文化遗产顾问委员会委员。该委员会的责任是帮助美国政府执行联合国教科文组织1970年颁布的《关于禁止和防止非法进出口文化财产和非法转让其所有权的方法的公约》。顾问委员会的工作给了我一个宝贵的机会，让我能够参与我专业方向所涉及的公共领域层面，这一层面之前曾长期被我忽视。目前我还没有写过同这一议题有关的文章，也许我将来会写一些。

回顾北大

考古学家不是掘宝人,也不是不谙世事的书呆子,而是有头脑的现代科学家,寻求客观地、创新地运用古代世界的物质遗产来理解、诠释人类的过去和现在。我们作为关心中国考古的外国人,并不是想以此沉溺于某种异国情趣或偏执于某种观念或想法,而是立志于从全球的视野在这一极其重要的研究领域做出建设性的贡献。最近,在中国和西方,人们对于学术史的兴趣剧增,对于个人性格和人际关系如何影响到整个知识领域、学术趋向的各个方面的兴趣也陡然增加。中国考古学也不例外。我现在站在历史的视角上看待我在考古学界的经验。当我回想起自己1979年至1981年在北大留学的那些年,好像忽然间意识到,那真是一段距今已久的历史。

我当年在北大期间有幸向几位20世纪中国自己培养出来的第一代考古学大家学习。现在还健在的首先有宿白教授,他今年已是92岁的高龄,仍天天追求学术,奖掖后学。按照年龄顺序往下排,还有高明教授、严文明教授、李仰松教授和吕遵谔教授,也均是期颐之龄。李伯谦教授也已年近八旬。不幸已过世的有邹衡教授(1926—2005)和俞伟超教授(1933—2003)。当时考古学专业还属于历史学系。现在的考古学系是1983年才建立的。当时的课程是根据历史顺序安排的。旧石器时代考古由吕遵谔教授讲授，新石器时代考古由严文明教授和李仰松教授负责，商周由邹衡教授和李伯谦教授负责，战国秦汉由俞伟超教授负责，魏晋南北朝及隋唐由宿白教授负责，当时系里还没有人教宋、元、明时期的考古课程（现在已经有了）。除此之外，还有高明教授教我们古文字学、宿白教授教中西文化交流专题课。两年的留学时间足以让我修完所有这些课程，使我收获很大。中国同学在课程中间要离开北京进行半年的田野实习，我也很想参加，但尽管做了很大的努力，怎么也得不到允许。仅仅在实习快要结束的时候，系里才安排一位老师带我们几位学考古的留学生去北大在山东的实习地点参观了两天，因此印象很深。

除了在校园上课之外，我还利用假期、周末，到中国各地去参观古遗址和博物馆。这当然也是极为宝贵的学习经验，种种细节我一直到现在还记得非常清楚。

当时北大有两栋楼是留学生宿舍，女生住25楼，男生住26楼（这两栋楼现在都已经不幸被拆掉了，尽管它们是梁思成先生亲自设计的新中国成立初期的代表性建筑物之一）。我1981年8月离开北大的时候，留学生正要搬进新建的勺园新楼，我没能跟着一起搬过去。与后来的情况不同，住在25楼、26楼的留学生仍然可以有中国同屋，那也是十分珍贵的经历。我在北大第一个学期的同屋是1978级的聂新民，陕西人，当时年龄已经不小，家里有夫人和孩子，人非常好，可惜毕业不久就去世了。第二个学期开始，宿白先生安排他的研究生晁华山作我的同屋，尽管他和我年龄相差二十岁，但是我们成为很好的朋友，友情一直到现在不稍衰。晁华山研究生毕业后留校教佛教石窟寺考古，现在已经退休了。他曾经到德国进修两年，后来他的儿子也到我家乡去留学，这使得我们两家所有人都成为好朋友。

我一起随着上课的是1977级和1978级的本科生，他们是"文革"后头两批正式考入大学的，年龄大部分比我大好几岁，而且许多人已经参加过工作或当过兵，比我们从西方国家来的小年轻人见过更多世面。毕业后没有改行的同学，现在大都已经成为考古学界的骨干，有几位留在北大教书，如李水城、张辛、王迅、薄小莹等；有的官运亨通，如现在国家文物局副局长童明康等；有的到地方上从事考古工作，如湖南省文物考古研究所的裴安平、南京大学的水涛等；有的则到国外留学又回国，如中国社会科学院考古研究所的赵志军和现在香港从事考古研究的王文建和刘茂等。我在北大时对同学们学习的刻苦程度印象极深，他们一天到晚埋头学习，深夜图书馆关门、宿舍停电之后，还能够看到同学们站在街边，利用路灯的光线在读书。那的确是中国现代史上一个很特别的年代。现在的学生们显然已经不那么疯狂了吧！

我在留学生圈子里也交了很多朋友。当时的留学生比现在少得多，但来自世界各地。现在人数最多的是韩国留学生，那个时候还一个都没有，反而有朝鲜的。日本学生在学术上是最厉害的，这让我明白我如果希望在学术上有所造诣，那就一定要到日本接受进一步训练。但我当时在语言、专业上都还没有做好准备，无法直接到日本学习，真正去日本则是几年以后的事了。幸而在我到北大留学的1979年，随着中美两国外交关系的正式建立，高校接纳了第一批美国留学生。我们对这些美国留学生印象极深。他们都是来自美国常春藤大学的高年级研究生，带着即将完成的博士论文，对当时的我们而言，绝对是学术权威。我们经常相互讨论学术问题，这对我来说是一个重要的学习经历：即使在中国，我也可以享受到高品质的美国教育体系的好处。

当年的这批美国留学生中，有哈佛大学张光直教授的两位学生，他们天天颂扬导师的学问和人品，让我也越来越想到哈佛去做张先生的学生。经过查考，我获知张先生不仅是中国考古的专家，他还是美国学界最杰出的考古学家之一。我于是大着胆子填写了哈佛大学的入学申请。当张先生1981年春天到北京第一次同我见面的时候，我已经被哈佛的研究生院录取了。毫无疑问，我在北大受到的中国考古学的基本训练是我被他们接受的最重要的原因。

我在北大作留学生的时候，中国还没有恢复学位制，外国留学生同中国学生一样，都无法在北大拿到学位。几年以后，北大考古系方开始接受留学生读硕士、博士学位。我尽管并没有北大的任何文凭（只有留学证明书），但一直自以为是北大的铁杆儿校友。三十多年来，我一直同我在北大接触的老师、同学以及后来进入北大考古学系的其他同事保持着密切联系。我们见面的机会比较多，除了经常互相访问以外，还常有机会在世界各地一起开会。我在UCLA目前还指导着两名北大出身的研究生，已经毕业的也有好几位，包括一位在北大拿到考古学硕士的外国留学生。我的其他非中国学生也常常选择北大作为他们的留学地点。如上所述，我曾经和北大的同行正式在田野考古合作过几年，这是到目前为止我学术生涯中最有意义，也是最愉快的经历之一。我现在和北大的朋友们又在准备另一项长期合作计划。这期间，我于2012年曾在北大的国际汉学家基地担任过五个月的访问教授，教了一门"考古学理论与方法"的课程。学生的反映非常好，也让我极受启发，联系更紧密，并让我切实感受到中国考古事业最近几年的蓬勃发展。虽然现在的北大和我在北大留学的那些年在很多方面都已不一样，但北大的学生依然是全国最聪明、最有锐气的。我希望这一点永远也不会改变！

2014年2月于洛杉矶

（宋佳宸初译，孟繁之初校，张瀚墨再校，孟繁之三校）

目　录

Preface 1

序 15

我们是别样的、美国的希望！ 1

考古：匡正书本上的历史 23

谈中国考古学的缺失 63

罗泰与中国考古学 74

谈陕西文化与陕西考古 102

谈考古学方法论 118

谈海外中国考古学 140

谈社会考古学 164

北京大学考古系六十周年系庆对罗泰教授的访谈 182

他山之石，可以攻玉	240
考古学著作都是当代的	262
中国公共考古的新思路	269
罗泰教授学术访谈	286

附录：

    文献考古并重的《剑桥中国远古史》筹编述略   304

我们是别样的、美国的希望!

访谈人: Helmut Sorge

罗泰教授成长的家庭塑造了他良好的礼仪习惯,他从未曾想过仅仅因为周围那些穿着T恤配牛仔裤或鼓鼓囊囊的灯芯绒裤子配西部牛仔衬衣的美国师生的嘲笑而放弃这种生活方式。49岁的罗泰教授坚持穿着并不宽松的夹克、法兰绒裤子、皮鞋,系着领带去上课。这个生于埃森(Essen)的学者这种优雅的装扮无疑并不过时,他的背后拥有着令人惊异的职业历程。罗泰教授先后就读于德国波恩大学、中国北京大学、美国哈佛大学和日本京都大学,并且熟练掌握了中国古典文言文、现代汉语以及日语,曾任教于斯坦福大学,并从1993年起任加州大学洛杉矶校区(UCLA)中国艺术史与考古学教授——一位有地位的汉学家。至

2006年，罗泰已出版了两本书：《乐悬：中国青铜时代的编钟》（*Suspended Music: Chime-Bells in the Culture of Bronze Age China*）、《宗子维城》［原名《孔子时代的中国社会（公元前1000—前250年）：考古学的证据》，*Chinese Society in the Age of Confucius（1000-250 BC）: The Archaeological Evidence*］，以及论文集《中国盐业考古》（第一卷）。罗泰是个极其少见的例子，避开了德国新兴学术力量所遇到的官僚主义——即使这些新兴力量已经具有了不容忽视的规模。在慕尼黑获得教席之后，"资助我的政府当局暗示，在德国大学得到教席已经是个不可思议的荣誉"，罗泰回忆道，"因此我不必再提其他要求了"。当局一向如此，罗泰教授宁愿留在加利福尼亚。在此期间，他成为美国公民。尽管如此，罗泰教授仍然熟悉德国的教育体制，对美国的体制也了然于胸。他认为德国的高校结构有所欠缺，比如当局的干涉，对他而言无法忍受，很多学生也缺乏学习的意愿。此外就是大西洋两岸的儿童教育需要注意的财政短缺。他也担心，美国儿童毫无保护地受到来自同龄人的压力的影响。如果人们不能及时批判地认识媒体的信息交互，来自电视和网络的大量消费则会"推动人们愈发呆滞"。

简单来说，是埃森（Essen）的一所学校促使我前往中国，又最终来到了美国。

在上文理中学的时候，学校生活极其无聊。而实际上，这所学校并不差，只是他们对于开启学生心智实在有限（毕竟还有一个不错的校园管弦乐队）。在埃森，这个我于1959年出生和长大的地方，本可以找到一所更好的学校，但我就读的文理中学"恰在街角"，而且这是我父亲曾经就读的学校，我自然而然就被送到了那里。于是我只好另选其他地方去寻求挑战了。

市里的青少年活动中心有中文培训课，为什么不参加呢？去学习数以万计的文字（一般通常掌握4000到5000个即好），此外还有四个声调，这些声调决定了每一词汇的意思。一门语言，对我终生都是一项挑战。作为一名中学生，那么多职业需要的技能我都还不知道呢。像我父亲一样做一名律师？公证人？还是外交官？我曾经这么幻想过：事业的巅峰在多哥（République Togolaise，西非的一个国家）。一位外交部部长突然造访洛美（Lomé，多哥的首都），在大使馆游泳池边享受鸡尾酒，部长的妻子希望寻找原始的艺术，部长自己则想看侏儒或者大猩猩（多哥所无）。他又不懂非洲最基本的地理，对之所知甚少。所有这些都要我管。外交官的职务，那不是我的选择。

最终，我在波恩大学注册就读，主攻专业为汉学。我的家庭与中国没有特殊的联系，除了太祖父的一位远房亲戚20世纪30年代曾做过蒋介石的军事顾问（按：亚历山大·冯·法肯豪森将军）。中国不仅仅是世界上人口最多的国家，她有老子、孔夫子、皇帝、阴阳、水墨画、义和团运动、汉字、鸦片战争、默剧、石窟寺、陶瓷、印刷术、长城、杂技演员、抒情诗、陶笛等等，还有直到今天依旧吸引我的铜钟。

我们几乎不了解毛泽东时代的中国，于1949年建立起中华人民共和国。那时候接触西方是受限的，甚至学者交往也很麻烦。1972年，毛泽东主席与美国总统尼克松（Richard M. Nixon）第一次会面之后，开始有了慢慢增多的交流的希望，也促进了1979年北京和华盛顿之间正式建立外交关系。从1972年起，还在"文化大革命"期间，德国交换留学生就允许来中国学习。不过在那时，他们觉得既站在门里，又站在门外。"门里""门外"是形容改革开放前中国的常用词，歌德学院院长阿克曼（Michael Kahn-Ackermann）有一本书就叫作《门里门外话中国》（*China: Within the Outer Gate*）。越深入了解历代皇朝、近代专制、唐诗、周代编钟、明代绘画等，我对于这个世界大国就越发好奇。

通过德意志学术交流中心（DAAD）——这个非同一般的机构，我申请到了前往北京进修汉学的奖学金。那时候，德国到中国没有直飞航班。我首先乘汉莎航空公司的飞机飞到了孟买（因为获得德意志学术交流中心奖学金的学生必须在可能的范围内乘坐德国国家航空公司的航班），然后再乘坐埃塞俄比亚航空公司的航班到达中国的首都北京（因为非汉莎的航班就必须选择最便宜的）。为期一个月的语言培训是预先确定好的，然后我就被北大录取了，专业是考古学。

是的，考古学，我没打错。这并不是我之前的专业，但是，1979年是中国正式对外国人开放考古专业的第一年。德意志学术交流中心也极有兴趣派学生去了解考古学这一领域的学业流程是怎么安排的。我答应满足他们的这个要求。我并没有"牺牲"什么，而是简单地意识到，考古学是一门非常实际的学科。通过描述出土文物来学习汉语，可能比在理论的专业领域学得更好。我选择这个专业还有一个重要原因——可以大范围地到中国各地旅行。很简单：我们必须去参观发掘现场。而在这样的旅行中可以接触到"正常的"中国人。

我有一个中国同屋（我对他是非常友好的），不过20世纪80年代初伤痕思潮很明显能够感受到，中国人在和外国人谈话的时候也会放下他们的羞涩。我们私下也会讨论政治问题，但是不在课堂上谈——它反正也不属于考古专业的内容。我们的课程，我想这么去描述它，是教师直面学生的传统教学方式。老师读，我们做笔记。系里没有幻灯机，所以不可能放映幻灯片，PPT也还根本没有发明。教授会把需要的插图画在黑板上，我们照着画下来，或者在标本室里描学校藏的原件。这种学习方式效果非常好，我们学的东西多得简直想象不到，直到今天，我还保存着我的笔记。

虽然在波恩我已经学过汉语，但刚到中国的时候，我对中国的了解甚少。事后回想，我就明白了，其实我本可以准备得更好。不过当时的我就像未经书写的、有一点天真的白纸，全无意识形态背景地接近了中国。相反，一些德国的学长，他们还沉浸在1968年德国学生政治运动及其理念的幻想之中。他们在找寻另一个中国，但是没有找到。

随着中美两个超级大国建立外交关系，高校接纳了第一批美国学生。这是一个让人印象深刻的团队。他们都是来自美国精英大学的研究生，带着即将完成的博士论文，跟当时的我们相比，绝对是学术权威。大多数人都说着一口流利的中文。他们是受过教育的，有教养的，和某些陈词滥调中的美国人刚好形成鲜明的对比。那个时候的美国交换生素质都非常高。我们相互讨论、研究、发问并寻找答案，埋头于历史之中。这是一种独特的氛围。我在中国，却从高品质的美国教育体系中获益良多。

但这些认知并不足以完全使我震惊。我16岁的时候,高中毕业之前,在一个美国学院待了一年。学院坐落于纽约州西部的弗雷多尼尔(Fredonia),和曼哈顿(Manhattan)不同,这是一个拥有大约一万人口的城市,游客很少从纽约高速公路59号出口出来,到达这个小城。我父母的朋友住在那儿,接收了我。我被免除了之前的公立高中阶段,取而代之,作为特别生,被美国纽约州立大学录取了。这是我和美国教育体制的第一次正面接触。所谓的纽约州立大学,事实上并不只是一所大学,而是意味着美国境内的64家分校、四十多万名学生和两万八千名教师。我在纽约州立大学弗雷多尼尔校区(SUNY-Fredonia)上学,这里大概有五千学生,时至今日是八千,校园的时尚建筑是由著名设计师贝聿铭先生设计的。弗雷多尼尔再没有什么有名的东西了。也许还有,这是世界上第一个使用商业天然气照明的城市(1825年),以及节欲运动在19世纪70年代在这个地方开展了——它促进了1920年执行的(之后曾再度废弃的)全民禁酒令。

我在故乡德国的求学之路上却吃了一点苦头。我在美国的大学学习一年之后,为了得到德国的大学毕业证书,必须再上一年文理中学,这让我们校长略微感到为难。有时我会思考,如果我那时就待在美国,然后继续读完我的大学学业，会是怎样？无论如何，那时的我对美国的教育体制已经有了一个非常好的印象了。有一天，我发誓，我还是要去那里上学，就像我的父亲和他的兄弟姐妹一样。不过我当时没有想到，北京是去美国的中转站，而且更没有想到，我会作为一名考古系的学生去美国。我到了中国才明白，考古学是我的专业，我的未来怎么办？中国的考古学那时在德国不能作为专业学习。在北京，我认识了两位美国学生，他们是专门从事中国考古学的。他们慕张光直教授之名而来。张教授自1977年起任教于哈佛，之前在耶鲁讲授人类学，备受尊敬。我经过了一些调查之后发现，张先生不仅是中国考古的专家，他首先是美国重要的考古学家之一。我直接从北京向张光直先生递出申请。不久后，我在中国首都见到了他，这是一次小心谨慎的接触。

张光直先生，华裔，1931年出生，其父张我军先生是日本文学教授，他在我开始哈佛的学业的时候警告我说：考古就像是一个压力锅，并不是适合每个人的，如果被他的考古学博士项目录取的话，他期待我全力以赴。一些人形容哈佛是"知识分子的西点军校"，像传奇军校对待他们的后备军官一样，哈佛也向它的研究生要求相当程度的纪律。已于2001年去世的张光直教授就是"我的将军"，我的博士导师。我已经做好准备，迎接挑战。因为我已经在美国的大学待过一年，可以免除托福考试，中文考试我到哈佛就通过了。最先，一个硕士生项目接收了我，让我住在宿舍里。张光直教授预告过的压力，我在最开始的两年人类学的博士课程中就感受到了。在哈佛做研究生期间，我完全没有时间在马萨诸塞州（Massachusetts）的美丽海岸休闲旅行，也没有去科德角（Cape Cod）或马莎葡萄园岛（Martha's Vineyard）泛舟游览，这两处是肯尼迪、纽约和波士顿的贵人们经常出入的地方。不过，我有一次在缅因州（Maine）的岸边参与了一个夏天的考古发掘。

人类学、考古学、古文字、出土文物，然后又是考古学。我只有这个。德意志学术交流中心又给我提供了一次奖学金，去日本留学两年，作为对我学业的补充。因为日本在我的专业领域是非常重要的，日本学者是研究中国考古学最好的专家。于是，除了现代汉语和古汉语外，我又学了日语。在京都的这段时间，我获益良多，它又一次带给我对专业的各种新的启发。相比中国和美国，日本学者的工作风格是很不一样的，这点至今仍然吸引着我。在日本留学之后，我再次回到哈佛，撰写我的博士论文，历时24个月。论文题目是《中国的编钟》，之后也成为我的第一本书的题目。29岁，我完成了我的学业，硕士、博士一共历时七年，在人文学科里，算是非常迅速的。

这既美且好，但并没有为我解决生计。德国有什么？贬损中国学的话说，这是"兰花一样的学问"（指美丽而脆弱无用），是"窄轨"，荒谬地侮辱一个如此重要的领域。没有适合我的位置。1988年，我在几种选择中选择了在斯坦福大学完成我的博士后，因为在不远的加州大学伯克利校区（UCB）①有一个年长而依然活跃着的同行（即吉德炜教授，David N. Keightley），从他那儿我能学到很多东西。斯坦福不仅是一个学术天堂，光是校园就美得像风景画一样。我也是在那儿开始了我人生当中的最初几堂课。但是我的位置只限定为两年。在我的专业领域中，教席非常有限。因此我很幸运，在斯坦福读完博士后之后，申请到加州大学河滨校区（UCR）②艺术史专业的职位。加州大学河滨校区坐落在盒泉山（Box Springs Mountains）脚下，离洛杉矶不远。那时，这里有8000名学生（今天已达两倍之多），当中大多数是移民，尤其是中国人和越南人——这正是美国大拼盘。当然，我自己也是外国人——我是之后才成为美国公民的。

但我并没有感受到美国人仇恨德国的这一面。我也听过一些故事，关于德国的犹太难民受到很差的对待，因为他们通过口音被认出是德国人。我个人幸免于此。可能的话，偶尔有人阻止我领取学术奖金，仅仅因

---

① 应为University of California, Berkeley.
② 应为University of California, Riverside.

为我有德文名字，但这只是单纯的推测。天知道，我得到的学术奖金够多了。当然，我的大学同事笑话我的所谓德式严谨，不过他们首先发难的是我的穿衣风格。对于他们来说，我穿得太正式了。夹克、领带、优雅的法兰绒裤子和相配的鞋子。系领导甚至正式地建议我尝试一下不拘小节的风格、比较酷的外观，基本上指牛仔裤、暇步士休闲鞋和格纹西部衬衫。但我依旧忠实地保持了我的风格，学生们应该从我的外观学到"严谨"，这也是对他们的尊重，这种尊重我同样希望从他们身上得到，还有最重要的，对这门专业的尊重。我就是这样。我的时尚方式符合我所受到的教育——古典。我喜欢交响乐演奏会，我同样享受伊戈尔·斯特拉文斯基（Igor Fëdorovitch Stravinsky，1882—1971）的《火鸟》（*l'oiseau de feu*）和阿诺尔德·勋伯格（Arnold Schoenberg，1874—1951）谱写的歌剧《摩西与亚伦》（*Moses und Aron*）。而且，勋伯格恰好也是加州大学洛杉矶校区（UCLA）的教授，当我从1993年起在那里教课的时候，我们的音乐大厦已经以他的名字命名了。

我知道，勋伯格和他的"十二音音乐"对一些音乐爱好者来说太抽象了，但这些音乐却激起了我的思考。在西好莱坞（West Hollywood）我的家里，触目皆是画廊，我的周围被书环绕。我在加利福尼亚生活了近20年，这儿是我的家，但我并不时尚，美乐加过滤咖啡一如既往，比加了糖浆或冰淇淋的星巴克更令我喜欢。我并不闭锁返回德国的路，但我的经验却对此说"不"。

1992年，对我来说只是一个例子，我得到了慕尼黑所谓的C-3教授职位（类似于美国的终身副教授）——教中国考古学和艺术史。这样的职业历程，友好地说，是罕见的。首先，我被出资的政府当局暗示，在德国大学得到教席已经是个不可思议的荣誉，因此我不必再提其他要求了。教授职位都有哪些配备？"您必须接受我们提供的东西"。在我收到的通知信件里，并不是以我的任命这么一条重要信息开始的，而首先是一些冗长的条款，依此，慕尼黑大学的教授们的住处需要在距离大学半径50公里的范围内。还有，在我受聘之前，慕尼黑大学必须召开一次特别会议，来讨论一个问题——哈佛大学的博士是否够资格在德国当教授。好在他们最后的决定是肯定的。我不可能习惯德国教育官僚们用官僚主义的方式治理大学的作风和方式。相关政府部门人员相当傲慢地警告了我，一个教授的收入大概不足以在慕尼黑负担日常生活的开支。照我的印象，他期待我拒绝这个职位，这样一来，他就有可能撤销这个职位了。我的确是拒绝了。我更愿意去加州大学洛杉矶校区（UCLA）。慕尼黑大学的这个职位幸运地保留了下来，现在有别人在那里教书。我后来在德国曾两次就任客座教授，因为德国大学体制对我也有所吸引——1998年在海德堡（Heidelberg），2008年在明斯特（Münster），各一个学期。当然这些经验是局部的，不足以对德国大学作出一个根本的判断。除了在波恩的两个学年和两个作为客座教授的学期之外，我还缺少完整的观察，因此我只能以印象为依据。

海德堡大学很美妙，它的中国艺术史专业是世界公认的。海德堡大学艺术史研究所所长雷德侯（Lothar Ledderose），自1976年起出任东亚艺术史系的教授，是世界上顶级的中国艺术史甚至整个东亚艺术史的专家。2005年，雷德侯获得了"巴尔赞奖"（Prix Eugenio Balzan）这一殊荣，这是除了诺贝尔奖项之外世界上最有意义的学术奖了。雷德侯早在我之前，从1969年到1971年，在哈佛和普林斯顿完成了博士后的学习。好几年以来，美国名校只要有职位空缺，就会给这位学者提供重要的教席，这并不是奇怪的事情。虽然雷德侯曾在日本、中国台湾和芝加哥任过客座教授，但他始终都拒绝美国的这些邀请，首先他不想舍弃德国的退休金（他是1942年出生的），其次他想要阻止他在海德堡的教席因后继乏人而被废除。

明斯特也很讨我喜欢，我访问的是明斯特大学的汉学研究所。该所不大，但它的图书馆很好，学生勤奋活泼。系主任艾默力（Reinhard Emmerich）教授是著名的中国古文献学专家，25年前我们在日本共同学习过。我在明斯特的这段时间，我们多次探讨了中国研究在德国高校里的历史及其在我们当代的作用。

虽然我十分钦佩这两位教授和年轻一代的同事们，并非常欣赏他们尽管面对官僚主义的阻碍仍旧在专业里拿出了重要的科研成果，但是我依旧坚信德国大学显著存在着严重的、系统内在的弱点。首先，德国学术界对外界的普遍态度极为褊狭，一旦说到中国或印度，他们的反应就是：不重要，即使是中国的觉醒、印度的发展，即使是媒体的每天报道，哪怕它们可能接替美国成为世界大国。谁知道，十年、二十年之后不会是呢？

汉学专业在德国的大学体系被成批地取消。我只能这么呼喊——多么短视。在加州大学洛杉矶校区，我们在所有关键的专业领域已经拥有七十多名中国专家了。德国呢？在少数有汉学系的大学里，一般一个学校就一个教授、一个助理教授，通常连基本令人满意的图书馆都没有。官僚主义总是以缩减名额为由，想要毁灭这不多的几个职位。毫不奇怪，德国最好的年轻的汉学家都移民去了英国、澳洲、瑞士、荷兰，最多的是来了美国。依我看，国家并不做什么工夫让他们留在德国，尽管政客们日常宣传他们重新让德国的大学回归到世界一流水平的意志。将来有才华的学者是否还会不得不移民？问题始终存在着，因为德国不给他们提供教授的职位。

我再说一遍：我是在遥远的异国，从与身处其中的同事们的偶然谈话中得以判断的。不过我也认识到，一些改革思想的推进，是多么令人不可理解和毫无逻辑。举个例子：德国的大学体制有种适应美国的渴望。德国有一项改革就是所谓的"青年教授"。青年教授这个头衔应该相当于美国的助理教授。我的几位年轻的德国同事不再被称为"助手"，而称为"青年教授"。这是一个好的头衔，至少"教授"这一部分显示出他们的社会地位有所提升。只是他们做了"青年教授"若干年之后，还是面临没有饭吃的状态。因为美国教育体制中真正重要的元素是德国的改革没有汲取的，或是有意识地不接受的。那是所谓的"往终身制的轨道"(tenure track)。这意味着，美国学者从助理教授做起，如果在研究和教学上证明了自己，大约七年之后，会被提升为终身雇用的副教授，之后再大约十年，就成为教授（美国教授和德国不同的是，他们并不拥有"公务员"的特权）。德国的"青年教授"站在铁路侧轨上，看不到变轨的车站，内心只有不安。这些结构上的问题和以往的助手的一模一样。我反对德国过早专业化，比如本科学习法律，就永远都是法律，无法学别的。在美国，在大学的最初四年，学生有很多时间去广泛了解，在最终决定未来研究方向之前拓展自己的通识。但在德国，"博洛尼亚进程"（Bologna process）的欧洲一体化教育改革，彻底消灭掉了大学原有的广泛教育的使命。尽管已有诸多改革，但奇怪的是，有一些最过时的东西仍然保留了下来。让不让德国的博士生用英语写博士论文，以便使他们的影响传播到全球？不行，只可以用德语或拉丁语。如果用英语，则需要申请特殊允许。这只是官僚主义阻碍的一个小例子，对我而言则显示出了整个系统的基本症状。德国的大学如何站在国际前沿？有时我会试着说：全部关闭，重新开始。

教德国学生的经历，带给我很多快乐，他们从文理中学受到的教育，一直到现在都比大多数美国学生要好，外语的训练尤其如此。然而，根据我的观察，他们当中相当一批人，甚至包括高年级的研究生，学得越多，就越照搬教授教给他们的知识，从而成为教授们的附庸。有创新思维的学生会被当作捣乱者被排斥，附庸之人，则会在将来某一个时刻升为教授。除此之外，大学常常吸引一些一辈子都不毕业的学生，成为他们的一种职业疗养。学生们太缺乏压力。我来举个例子，不知道是否有代表性。我在海德堡任完客座教授七年后，有一个女学生才把她的作业报告寄给我。我给了分数之后，应该签字的表格，那位学生始终没有寄给我，所以她的成绩到现在还没有正式注册。这简直不可想象。德国的教育体制并没有真正地迫使学生投入学习，或者按照预先规定的时间结束他们的学业。

我的意思并不是说美国的教育体制就是完美的或是

世界典范。我指的是，美国像哈佛、斯坦福、耶鲁、普林斯顿、麻省理工、哥伦比亚、约翰霍普金斯、杜克大学、乔治城大学、卡耐基大学、加州理工学院、加州大学伯克利校区、康奈尔大学、芝加哥大学或者是我们的加州大学洛杉矶校区那样的名校，比德国任何大学提供给学生的教育都更好。因此，不想浪费时间的德国学生应该来美国这些大学学习。学校的各种设施是极为丰富的，比如我们加州大学洛杉矶校区有医学系下属的顶级的医院、若干所演奏厅、一个可以举行比赛的网球馆等等。

加州大学洛杉矶校区（UCLA）是一所公立高校，有大约24000名学生，其中93%的学生都来自加利福尼亚。他们每年支付8500美元的学费，如果这在他们能够承受的范围之内的话。数千名学生可以通过申请免除学费，一些还可以在大学前四年（作为本科生）获取额外的奖学金。其他人虽然不会获取奖学金，但是可以向银行申请贷款。同私立大学一样，在我们这里，博士研究生也会得到进一步的奖学金，前提是得到奖学金的学生得偶尔做做助教的工作。这当然对他们以后的学术研究也是很好的锻炼。

比如为了争取2007年秋季入校当本科生，超过50000名学生提出申请，有近12000名被录取了，当中43.1%是"亚裔美国人"。这些学生必须通过称之为SAT

的考试，这是一个智力测验。学校会评估他们的高中考试成绩，并查看他们中学老师写的推荐信，以便考察这个学生是否有能力进入大学学习。此外，这些学生还需要在一份"个人陈述"中说明为什么想来加州大学洛杉矶校区学习，对自己未来的学术或职业有何种规划。即使存在这些阻碍，聚集在这里的也不仅仅是精英。我们的学生的来源和社会背景很杂，但是他们和睦相处，并没有过大的摩擦。和美国社会的某些其他领域不同，大学基本上符合熔炉的理想。

美国的教育体制也有明显的缺点。公立大学总有不少本科生尝试，试图拐弯抹角地穿过这个体制。很多人获得了学士学位以后就感到他们的教育已经足够了。他们当学生期间已经开始计划之后的事业了。有的去参军——他们可能在校期间已经参加预备役军官训练军团，或者他们到CIA注册——不，不是中央情报局（Central Intelligence Agency）那个声名狼藉的秘密组织（也许就是那里，但这点我们当然不会知道的），而是美国烹饪学院（Culinary Institute of America）——一个盛产优秀厨师和饮食的学校，坐落于旧金山，在纽约也有分院。加州大学洛杉矶校区或者诸如此类的公立学校和学院的很多本科生对此都泰然自若，学习对他们来说就意味着压力，约会、聚会、橄榄球、冲浪和上课都具有同样甚至更高的优先级，但是他们还是要及时通过考试。加州大学洛杉矶校区比斯坦福大学（Stanford）一类的私立学校便宜，后者每年的学费大约是三万到四万美元，但加州大学洛杉矶校区仍有很多学生需要为了支付学费而打工，这种金钱的压力毫无疑问地使他们比起他们的德国同辈更加专注地、有目标地学习。他们有出色的消费者意识，大学是他们购买的商品，没有好好利用时间，考试失败会让他们花费更多。因此，在美国，不论是学生还是教授，对自己的要求都比欧洲高出许多。

当然，教授也在给学生施加压力。不过，不满的学生可能会影响到教授的职业生涯，在每堂课后，我都会收到匿名评价："那位教授是一个无聊的人！"或者是："我从来没有上过这么好的课！"这些评价是有评分机制的，可能会造成相应的后果。比如经过量化之后，我获取的分数在我们艺术史系的平均水平之下的话，学校则会有所反应。这样的制度当然有其不好的一面，一些教授为此会去讨好学生，或是做出妥协。当然学生的评价并不是唯一的标准，学校会评测这个教授在学术研究方面的贡献，如他参与了哪些会议、出版了哪些学术著作等等。

我们多关照所谓的"少数族裔"，如来自贫民窟的黑人学生等。可惜的是，他们在学校里人数并不多。他们很不容易从他们不佳的生活环境里走出来，但是幸运加天赋，总有一些能上大学。2007年秋季入学的12000

名学生中，只有392名非裔美国人和44名美国土著印第安人。最基本的问题是给我们提供大部分学生的公立高中在质量上极为不平衡。与德国的教育系统迥然相异的是，学校的财政开支很大程度上来自于当地的税收，所以像比弗利山庄（Beverly Hills）、派洛斯福德（Rancho Palos Verdes）、马里布（Malibu）、圣莫尼卡（Santa Monica）等这些富人区，老师的工资更高，师资水平也更好，这和贫穷地区是不一样的。

每个地区老师的工资、假期、退休金标准都不一样。很多家长因为想让孩子上更好的学校而搬家，不惜为之支付更高的房费。这样的结果是：有钱人家的孩子的老师是最优秀的。相反，贫民窟的高中，无论在黑人或白人街区，还是印第安人保留地区或拉美裔居住地，多半令人担忧、同情。因为贫民窟的老师的工资普遍较低，缺少培训，相应地也缺乏思想或创造动力。教师工会会阻碍每一项改革，比如用年轻的好教师替换年长的无能教师，后果是好的老师离开了公立学校系统，被私立学校聘用，因为私立学校的工资更高、工作条件更好。

据我目前的观察，美国学校占据的社会位置与德国不同。美国孩子的主要参照组不是家庭，而是同龄人。按照我的想法，这可以说明几乎所有欧洲人和美国人之间的心理区别。我们美国的孩子几乎全天都在学校里，和同学相处的时间比父母多得多，同辈压力变得一发不可收拾，比我回忆中的德国学校的情况要强得多。小团体决定了学习是否值得，小团体会激起无论父母还是老师都无法影响到的动机。孩子生活在自己的世界里，不被真实生活控制。他们自己决定什么很酷，有的人会觉得学校什么都不是。美国人已经意识到了公立学校的这个窘境，但是他们不知道该怎么办，而且老师对于这点是没有任何义务和责任的。问题的主要原因——照我来看——在于很多婚姻解体，孩子在家得不到多少安全感。这种社会的缺失是学校无法补救的。

父母必须加班和做兼职来赚钱，支付信用卡、按揭，租赁汽车，缴纳养老金、医疗保险等各项事务，他们用电视代替保姆哄孩子，结果显而易见，孩子会对电视上瘾，电视里的疯狂会是他们眼里的正常现象。当电脑征服世界的时候，他们已经开始变傻了。互联网更是推动了这种呆滞。尽管Google和Yahoo带来了陶醉感，但我们不要忘记信息爆炸也会制造受害者，学生们迷失在虚拟世界的丛林里，没有导向，没有控制。

近年来，在大学也能够看到这种后果的蔓延。对我来说，作为教授，教学生如何负责任地回避互联网的海量信息以及如何分辨精华和糟粕，变得越来越重要。前些年，我一直反对研究中普遍使用互联网的做法，不过近来一段时间，网上可下载的电子信息质量有了大幅改善——只要人们懂得批判性地接受、评价、使用它们。

最近,我有一种印象,学生们已经无法专心致志地去读书。就算他们通读完一本书,却还是无法在脑子里加工这本书的内容。我不是研究相关事物的学者,但是我想,其原因和某种生理上的消耗有关。有时候我会害怕,我们的社会和它的教育体制会发展成两极世界。公民中的大多数穷人,无论黑人还是白人,可能会沦为可怕的"愚民",被权力忘记,被政治操控。我们都太容易忘记,名校中的精英知识分子是优秀的,但他们是少数派。美国的这种少数派当然在数字上比起欧洲、德国的人数要多得多了!

我观察着,美国的大学做出了何等的成绩,他们的学生能带来什么。在和学生共同工作的过程中,我有了希望。他们不会被基督教狂热分子所诱惑,他们既不为保守倒退的政治家辩护,也不会庸俗不通文化,他们热心于环保、人权以及推动再次取消我们无以言表的禁止加州同性恋结婚的"8号提案"。我在这里认识的人——不管同事还是学生——之中没有人哪怕有一点支持小布什,他们和我一样热烈为奥巴马投票了。我们是别样的、美国的希望。

Ab nach Amerikal,141—152

(李昂译,冯坤、孟繁之校)

考古：匡正书本上的历史

访谈人：李志鹏

2009年6月，中国社会科学院考古研究所助理研究员李志鹏采访了哈佛大学校友、美国加州大学洛杉矶分校艺术史系的罗泰教授。罗泰在采访中向我们介绍了他在考古过程中特有的研究方法以及对中国考古学学科发展的独特见解。让人印象深刻的是，罗泰对待此次访谈的态度非常严谨，反复修改，数易其稿，是在出版社的反复催促下，才"交稿"的。

李志鹏：您最早是怎么对中国考古产生兴趣的？

罗泰：我从小对考古感兴趣，但是当时西方人对中国考古一无所知。我最早开始学中国考古是1979年到中国来留学的时候。那一年恰逢中国政府将北大的考古学专业对留学生开放。当时我决定选择考古专业，我的主要目的并不是想学考古，而是想学汉语。因为学考古要描述具体的实物，要学很多词汇，所以我想通过学考古来解决汉语的问题。而且考古界的学问比较杂，也比较扎实，可以学到有关中国的很多有趣的东西。其实，那个时候我们留学生在中国人文学科能够学的课程比较有限，而且因为20世纪70年代末期、80年代初期离"文化大革命"还比较近，大部分学习的内容都是套话，我们在德国国内已经学过了，在中文教科书上都有。反过来讲，我觉得学考古就能接触到在西方没法学的新东西。另外，我觉得学考古能给我一个很好的理由到处去旅行，看一看中国各地的考古遗迹和博物馆，顺便还可以了解中国各地的地理环境和民间习俗。我那个时候并不想将来做一个考古学家，也以为不会有这样的机会。原来在波恩大学读书的时候，我的专业并不是考古，而是汉学。我模模糊糊地知道中国有很多重要的考古发现，但是这方面的研究并不属于汉学范围，也不是当时德国考古界所重视的，所以我认为中国考古显然不可能是以后维持我生活的职业。当时我想在中国留学两年以后回国，也许会进德国外交部，也可能改行去做生意或者做点其他事情，反正对于未来还不确定。那时候我才20岁，就我在中国期间所接触的东西来说，足以为我将来做任何事情打下一个好基础。父母也并不反对我的这个想法。我虽然原来在德国上过一点点考古和美术史的课，也看了几本书，但是准备得很不够，所以那个时候在中国学考古也是我第一次真正学考古。

李志鹏：您后来是怎么到美国学考古的？

罗泰：我当时在北大考古学专业学习。那个时候还没有考古系，只有历史系考古学专业。这个专业对留学生开放是因为那年是中美建交的第一年，美国学生第一次可以到中国留学，来的都是高级博士生，可以说水平都很高。中国政府当时也比较看重他们，要给他们机会，使他们能够在比较高的水平上进行他们的汉学研究。在这种情势下，考古学专业就开放了，我也就进去了。当时陆续来了张光直的两个研究生，他们的中文名字叫顾道伟和高有德。我已经听说过张光直，德国波恩大学也有他的书，而且我自己也带着他的《古代中国考古学》（第二版）这本书，是我父亲从美国给我买的。我们在波恩大学的老师说，在西方有两个中国考古专家，一个是郑德坤，他写过一套4册的《中国考古学》；还有一个年轻的，叫张光直，只写了1册，所以当然郑德坤比张光直学问好。我在知道要来中国学考古学后，就先借了郑德坤的4册《中国考古学》来读。张光直的书比较轻，我就带到中国来了，到中国再看。郑德坤对材料的掌握在20世纪70年代末已经完全过时了，但我那个时候不可能知道，而且从方法论来说也是过时的，这一点连当时的我都能意识到。总的来说，那套书非常枯燥，现在已经没有人看了，但那时还很有权威性。后来看了张光直的那本书，我才知道，尽管他写得短些，但学问实际上深了很多，而且也写得有意思得多，和郑德坤根本是不同层次的。加上他当时在北大留学的两个学生都对他赞誉有加，我就知道他不仅是一个世界水平的好学者，而且人品也非常好。我当时想，如果回德国的话根本就没有办法再学习中国考古，但在中国待下去也拿不到博士学位（当时外国学生还不可能在北大拿到博士学位，和现在不一样），所以如果要继续学的话，必须要到别的地方去。当时有两个选择，一个是去日本，一个是去美国。那个时候我日语还不够好，当然我并没有放弃去日本的愿望，后来不就去了嘛！可是，那个时候最现实的是要先进入一个用英语交流的学习环境，美国当时唯一能专门学中国考古的地方就是张光直所在的哈佛。所以，我就给张光直先生写了一封信，从他的学生那里打听到他的地址。我跟他说，我是某某某，现在在中国大陆学考古，如果去哈佛继续在您那里学，您觉得怎么样。张光直先生回信非常谨慎，他既不说"是"，也不说"不"。他说，你先试一下，来学个硕士，然后再说。其实，他的这个说法是对的，因为哈佛这个环境，学生的压力相当大，你去过也知道，不是随便每个学生都能承受的，许多人会受不了。不但压力很大，而且自己要确定方向，导师并不跟你说你要怎么做，你要自己知道该怎么做。张光直先生要先考验我一下，是很有道理的，对我自己也有好处。我第一次和张光直先生见面是在1981年5月他来北京的时候，当时我已经被哈佛录取了。他那时住在现在的台湾饭店，当时是另外一个名字，他约我在那里和他吃午饭。他当时就说，哈佛像是一个压力锅，不是每个人都会喜欢的，你先试一试。其实我16岁时去过一次美国，作为一个旅游者参观过一次哈佛，非常向往，当然根本没想到自己有一天会到那里上学。所以后来我真去了哈佛，一点也不觉得陌生。当时我要是不去哈佛，而是回国，那么我很可能在拿到我的中文文凭后，就会去做其他事情。除了哈佛，我也没有申请美国的任何别的学校。这样的做法从现在的情况来看，显得非常冒险。现在有学生申请我们那儿的时候，我的第一句话就说，你不要只申请我们这里，被拒绝的可能性极大，你要好好申请所有可能去的地方。但我那个时候反正也没有想去别的地方，要么就去哈佛跟着张光直先生，要么就改行。

李志鹏：那个时候做中国考古学的外国学者没有办法在中国从事第一线的田野考古工作，这给您学习中国考古学会不会造成一定的困难？

罗泰：当时外国学者在中国做田野考古工作是被

禁止的。那个时候,夏鼐先生是这样形容的:考古就像参加奥运会,每个国家都有自己的一队,中国的奥运会队伍里不会有什么外国人。原话我记不太清楚,大致就是这个意思吧。当时北大的宿白先生为我们留学生做了很大的努力,让我们至少可以看一下北大给学生安排的考古实习工地,只是不能正式参加考古发掘。北大有一个老师带我们过去参观了两天半,实际总共大概4~5个小时,但不让我们住在那里,也不让我们真正接触。虽然如此,我们至少也受到了一定的影响。另外的时间都是去看人民公社之类的。那个时候中国的情况是现在二三十岁的人不大容易想象得到的。

刚开始在哈佛学习的时候,并没有直接进入人类学系,而是先进入东亚学系学习,因为我的背景是东亚学,主要是汉学方面。尽管我在中国学了一些考古知识,但不是像美国那样在人类学视野下进行的考古。所以,我是否能进入哈佛的人类学系还是一个问题。于是,那个时候我以张光直为导师,先念了一个东亚学研究的硕士,同时旁听人类学的课程,看看是不是适合我自己,我也看看自己是不是真正喜欢。没过几个星期,我就已经确信自己的决定是正确的,人类学系是一个适合我的地方,我可以学好,完全没有问题!张光直先生的意见也差不多。所以第二年我就改系,进入人类学系。人类学系那个时候的观点是:要写考古学的博士论文，就应该有一个自己的考古工地，自己收集资料，再根据这些资料写博士论文。当时在中国当然不可能。张光直20世纪50年代当哈佛大学博士生的时候，他也没有做到。他当时也没法去中国大陆，也不想回台湾。他的导师们考虑到他在台湾的田野经验已经够了，所以就叫他写所谓的"图书馆博士论文"——以理论为主的博士论文，后来并没有发表。我进入哈佛人类学系时好像已经不是那么严格了，但是有一些老师说（包括张光直先生也这样说），如果你想做田野考古工作的话，你就最好改方向，因为中国将来不知道有没有给你做田野考古工作的机会。后来，我就去了两次韩国，因为张光直有一个学生叫崔梦龙，当时已经在韩国做了好几年教授，是一个很好的研究者，他邀请我和张光直的一个韩国女学生到韩国参加工作。我对韩国的文化环境也很感兴趣，所以就欣然前往韩国。我那个时候接触了韩国的文化传统，这又为我对中国和日本的认识提供了一些很特殊的参照物，对我在韩国做田野考古工作也很有用。当时，他们说可以随时来做田野工作，我跟着他们做，不一定自己开一个工地，也没有必要，跟着他们做也可以写出论文。可是，最后我还是觉得自己对中国的兴趣更大一些，毕竟在世界的古老文明中，比起韩国来，中国还是重要一些。而且在西方，也要考虑到工作市场的实际情况，虽然作为一个中国专家找到工作比较困难，但至少要比韩国专家好得多。所以我后来就和张光直先生一样，写了一篇"图书馆论文"，是关于中国的古代乐器的。

李志鹏：就是后来您的《乐悬》那本书吧？

罗泰：差不多。论文比书的内容更丰富，写得详细得多，因为篇幅有限，只好删掉一些。删掉的那一部分，我后来当作另外的文章发表了。

李志鹏：谈到这本书，我就想到您对中国青铜时代礼乐器物和礼乐制度研究的一个贡献。大家都知道，中国古代文明的一个重要特点是礼乐文化。礼器的研究已经很多了，但是对于乐器、音乐的社会背景及其与经济、社会的关系，基本上没有做过一个系统的研究。

罗泰：其实这方面的资料比较好找，反正史书上都写过。不过，随着后来考古资料的增多，我们可以根据考古资料写得更仔细、更具体一些。再就是曾侯乙墓发现的65件青铜编钟，青铜钟上还有铭文，提到它们的音名，为我们了解古代音乐理论提供了一些新的材料，跟古代文献上的材料可以连接起来。但它们是另外一个系统，有很大的特点。我写博士论文的时候，中国、日本、欧美都有一些人已经注意到这些材料，而且写了很多文章。我的那篇论文当然也有一些自己的新发现，但也就是首先向西方学术界介绍这些材料，再就是看了许多其他人的研究之后，选择了里面有价值的，否决了没有价值的那部分内容，算是做了一回总结吧。

李志鹏：无论如何，您是首先从考古学的角度出发把各类材料整合在一起的，而且放在一个社会考古学的框架里，涉及经济因素、制造技术、音乐理论等，从各个方面都做了很详尽的研究。

罗泰：这些都是连在一起的。我比较感兴趣的就是精神文化和基础结构（Infrastructure）二者之间的联系。从理论的观点说它们有联系是很容易的，但我们要从考古的立场去证明这些联系的存在，也要揭示出这些联系到底是怎么样运行的，所以有时候情况就比较复杂。我对这些方面一直很感兴趣，所以选取的研究对象既有文献，又有考古资料。我主张在研究的时候要采用平行研究的方法，不混合。就是说，一方面用适当的方法研究文献，一方面用另外一套适当的方法研究考古资料，最后在得出结论的时候再把它们结合到一起。我认为这种"分行合击"的方法才是正确的研究方法。

李志鹏：就是从考古学研究的角度，单独把它的研究优势发挥到一个极致，然后也从文献研究的角度尽量挖掘文献的价值，最后才看二者可以结合的地方。

罗泰：是的。物质文化和文献是两套非常不一样的资料，各有自己的研究方法。我当初做研究是从文献的角度开始，进入汉学领域，然后再接触到人类学的方法和考古学的这些材料，得到了双重训练（尽管现在以考古为主），所以我对两方面的需要都很敏感。我觉得很多的学者，西方的学者也好，中国、日本的学者也好，都有这个问题，就是他们过早地把不同的资料混合在一起。直接把资料拿出来进行比较往往容易产生一些问题，也就是说，对考古非常精通的学者随便处理他们并不熟悉的文献的时候，会让研究文献的专家觉得他们很无知；反过来，我们考古学家对那些纯历史学家或者说纯以文献为主的历史学家使用考古材料的方式也很不满。如果等到两方面的研究各自做到合适的地步以后才结合起来考虑，研究结果就会更加可靠，也更加有意义。

李志鹏：大家经常说，中国上古或所谓三代考古的研究就是文献跟考古并重，但就像您说的那样，许多学者在还没有单独做好研究之前，就很早地把它们结合在一起，所以就有很多问题。关键在于既能够利用文献和考古学整合的优势，又避免那种跟着文献走并且过早地结合的弊病。

罗泰：就是我刚才说的。我主张的这种"分行合击"的研究方法根本不是新方法，但我们搞人文科学和社会科学的还是不太容易做到。最近我又写了另外一本书，就是关于社会考古的。这本书的中文书名叫《宗子维城》，你也可能看过，但是还没有出中文版，希望将来有人能够把它翻译成中文。在这本书里，我一开始就提出我要用这种方法。大家对从西周到东周这段时期的文献应该都已经比较熟悉了，所以我在这本书里面对这方面的内容谈得比较少，主要是为了让大家多了解一下考古方面的内容。然而，有人在写书评的时候，一上来就说罗泰这个人否认文献资料跟铭文的重要性。其实，我并没有这个意思，我在书里也强调了它们的重要性。我只是认为，我们看文献已经看了几千年了，而考古材料都是最近几十年才出来的，还没有真正地被吸收进去，所以要对出土材料作同样精深的分析。目前大多数人都来不及做这个工作。大家都忙着应付新的发现，尤其是做田野考古工作的一些同行，根本就没有时间做这个工作。大家都忙着写考古报告，而且写完报告马上就要着手下一个新的田野项目。当然，这是极为重要的，而且我们西方的学者常常羡慕中国的田野考古学者，能够实地接触很多具体情况。但是如果完全没有人做总结工作，整个学术研究根本就没有希望发展下去。我们在国外的学者，到中国做田野工作的机会自然少一些，反而就有时间多思考一些比较大的问题，能够考虑如何把各种新的发现、新的资料放在当时整个物质文化发展的框架里，但这要慢慢来。我在那本书里以提出问题为主，并不想完全解决这些问题。完全解决问题是不可能的，还需要花很多年的时间，并要等待很多新的发现以及发现已久的材料的正式发表。文献的研究也需要花很多年，才能够比较全面地弄清最近新出土的文献数据和它们在整个古代文化系统里的正确位置。就是传世的文献也还没有研究完，何况这些新出土的考古材料呢！

李志鹏：您在《宗子维城》一书里也提到，考古学家也是做了很多年的艰苦工作之后，才使我们注意到，从西周到孔子前后250年之间社会发展的一些脉络跟文献记载的不太一样。

罗泰：有一样的地方，也有不一样的地方。可以看出，我们以前对文献的理解并不完全正确。或者文献在一定历史环境里面提出一件事情，在当时是很有意义的，可是并不符合他们写的更早一个时代的情况。我们考古学界有一个优点，就是处理的材料往往年代比较清楚一些，所以就可以想象、勾勒当时的情景。最有意思的一个例子就是"三礼"，尤其是《礼记》提到的周代礼器的使用，往往并不反映《周礼》《仪礼》《礼记》等书成书的那个年代，也不是周代最初或者说西周早期的事情，而是从西周晚期到春秋初年的情况。就是从公元前850年左右到公元前600年左右这一段比较短的时间内，礼器的组合才基本上符合后来那些礼书（包括东汉时期学者作的注释）里写的那些情况。青铜编钟也是这样的，文献提到的那些编钟的组合并不是春秋中期以后到战国时期的组合，也不是商代到西周早中期那个时候的情况，而是西周晚期到春秋初年这200多年里的组合。这是很有意思的，如果我们不搞考古的话，我们永远不会知道。我们会认为，中国的礼制基本上没有变，因为后来的人对文献的理解基本上都是把它作为统一的事物来处理。我们现在可以想象，这套知识是逐渐地发展起来的，"三礼"等书在战国时代或者汉代初年成书的时候，是用不同时代的不同片断联结起来的。更有意思的是，战国时期的文人并不是根据他们当时流行的情况来描述铜器的组合，而是描述着更早的，也许被认为是更正确的组合。这让我们可以推断，对礼制的学问已经哲学化了，变成一种从实际宗教习俗独立出来的知识体系。考古发现能够证明这一点，是一个非常重要的贡献。

李志鹏：您刚才提到，特别是在西周晚期，周人才逐渐形成自己的礼仪制度和文化，这就是您说的西周晚期的礼仪制度改革吧？

罗泰：这个也不是我最早提出的。以前王国维已经特别注意了商代和周代之间的区别。商周是有区别的，后来20世纪有不少的学者，中国的学者也好，日本和欧美的汉学家也好，都注意到了。但所谓商周的这些区别，并不是在武王克商的时候就已经显现出来的。20世纪90年代，英国的罗森夫人（Jessica Rawson）很明确地指出，周代并不是一开始就有别具特色的制度，是从西周中期以后才发生比较大的改变的，而且是系统性的改变，具有很重要的历史意义。这个观念我同意。早在20世纪30年代，容庚、郭宝钧以及瑞典的高本汉这些人，他们都意识到了这一点，注意到这是物质文化发展理念的一个变化，可能还涉及礼制内部的变化。只是他们没有看得更远，还没有把它当作一个历史现象，没有考虑到当时的礼制在整个社会体系中的作用。这方面，应该说罗森夫人是第一个比较大胆地作出一些解释的学者。我在她的基础上也陆续提出一些自己的意见，后来我又分析出春秋中期类似的一个比较大的变迁。

李志鹏： 您称作春秋中期的重建或者重构。

罗泰： 对。西周晚期的也好，春秋中期的也好，都很直接地反映出那个时候的社会变化。有关两个时代的文献资料也暗示出，在那个时候确实发生了一些重大的变化。

李志鹏： 就像您说的，从考古学的角度单独研究就能看出这个趋势，然后再比勘文献就会发现很多问题。

罗泰： 根据物质文化内部的这些趋势，有时候自己可以先"胡思乱想"，可以推测考古材料可能反映了一些什么情况，然后看一看是否有人对此作过一些解释，再看看是不是有别的资料能够给我们提供一些线索，能够证实或者否决自己的一些假设。到这个时候，文献资料就可以完全派上用场了。物质文化往往只让我们看到一种形式，为了能够看到它具体的思想内容，还是要到文献中去查找，但未必每次都能找到。如果文献提供不了线索，就不要勉强，只要根据考古资料把问题提出来就可以了。

李志鹏： 那您是怎么看待这种礼制改革背后的原因的？

罗泰： 第一次礼制改革，就是西周晚期的那次改革，背景刚好是西周王朝经过一段时间的分裂之后又统一了，但是力量不如以前那么强，而且统治阶层的人口也大量增加。从西周建立（夏商周断代工程认为是公元前1046年）到公元前9世纪中期，人口已经自然而然地增加到没法安排所有的人，所以必须想出一个办法，把王族里那些能够得到特权和财富、能够做地方政府首领的人，从另外一些亲戚里头分出来。可以说礼制改革还反映着一个家庭或家族制度的改革，也就是把家族里面或者宗族里面地位高的人和地位低的人区分得越来越细致、越来越系统。这种倾向在礼器上面恰恰可以看到，在墓葬的变化中也可以看到。第二次礼制改革不太一样，主要反映了春秋中期统治者的地位越来越高，而一般的贵族或者一般的原来有特权的人的地位越来越低这样一种趋势，加上有一些原来地位很低的人，财富并不少于那种低级贵族，以至于商代和西周时期以来的阶级划分越来越不清楚。从春秋中期开始，在上层社会里面可以看到一些分化，有一种人手里集中了很多不同的特权和财富；反过来，同一个地方，甚至跟他们有亲属关系的其他一些原来地位也相当高的人反而已经没有这些特权了，而且地位越来越低。在战国时代发生了一些重要的社会变化，这符合我们从史书上获得的一般性知识，但史书上没提到这些变化在礼制里的反映。物质文化资料反映的礼制变化比史书更加具体，也让我们更加清楚地看到这些变化在社会的每一个阶层里的表现。奇怪的是，礼书的作者显然并不以他们当时的实际情况作为出发点，而是以他们记忆中更早、更纯、更正统的另外一种礼制——第一次礼制改革之后，系统化的、有一定的内在逻辑性的那样一种礼制——为出发点。后来的思想家则把这一套他们已经不怎么熟悉的礼制哲学化了。

李志鹏：那么可以说，礼制改革影响到东周时期很多思想流派（包括儒家）的形成，但是儒家却自以为，他们继承的这些文化是因为西周初年有如周公制礼作乐等一些事件而形成的。正如您在《宗子维城》一书中提到的，他们实际上把西周晚期的礼制改革的成果继承下来了，却当作了西周初年的一些文化制度。

罗泰：对，他们后来已经不太明白他们继承或坚持的这套礼制的源头并不是西周初年就有的。他们把这套礼制跟西周初年的那些圣贤、英雄连接在一起。最近几十年来的考古发现已经证明这是不符合历史事实的，而是公元前6世纪到公元前5世纪以后儒家的一种思想意识。但是我们也可以证明，孔子所说的"述而不作"其实是真话，他并不是过于谦虚，因为各种考古的材料可以给我们暗示，孔子那个时候提倡的一些基本态度和对礼制的基本认识，是孔子之前一二百年就已经在上层阶级（即知识阶层）中间普遍有了的，并不是从孔子才开始的。

李志鹏：所以孔子的治学方法还是"知之为知之，不知为不知"，很客观地"述而不作"。

罗泰：孔子当然起了很大的作用。可以说，他是一条纽带,把早期的这条织带又加工了。当时,他当然还不知道后来的人会怎么利用它。在他的那套思想体系里,他把原来作为一种宗教习俗的东西——就是礼制的,也可以说是社会组织的一种原则——当作一种哲学的理念,而且使其在更广泛的层次上超出社会和宗教的原则,这一点应该说是孔子或者孔子的嫡传弟子的一个很重要的贡献,对后来的历史产生了很大的影响,也是使中国和古代世界的其他文明发展方式不同的一个重要因素。所以我的这本书称为《孔子时代的中国社会》,是有一定道理的。尽管我开始谈的这些资料发生的年代比孔子早好些年,而且还谈到了战国末年,但我谈的这些比较早的材料,对孔子的这套思想应该是有直接影响的,而后也通过孔子影响到下一代很多的思想家,并不只是儒者。当然,其中儒家无疑是比较正统的,也是一个焦点。

李志鹏: 我开始看《宗子维城》的时候,对您把书中涉及的时代称为孔子时代还有点疑惑,后来再看您序言里讲的,才明白,您的意思是:从西周到孔子再到战国时期的这套文化在儒家文化的形成过程中扮演了很重要的角色,为中国整个后来的文化奠定了很大的基础。

罗泰: 不只是儒家的,但儒家的重要性更大。写书评的人又批评我的这一说法，难道罗泰不知道孔子的年代是从公元前五百多少年到公元前四百多少年吗，等等。他明显没有看到我的这个解释。我也得指出，我用这个书名有两个用意：一个是您刚才说过的，十分有道理；另外一个用意是，如果我把这本书称为《中国青铜时代晚期的社会考古》的话，考古学家也许还会看到，但是一般汉学界根本不可能对这本书感兴趣，不可能想到这是跟他们有关系的。但我的意图恰恰是，要指出考古学在一定程度上能够给思想史提供资料，能够让我们了解一些很关键的思想和意识是在什么时候、在怎样的具体情况下形成的，也就是说，能够帮助我们更加正确地理解这些思想原来的意思。换句话说，一般的史学家应该多注意一下考古学的新贡献。所以我把孔子放到书名里头，另外一部分读者也许就会被吸引过来。我想指出，这本书并不只是为考古学家写的。

李志鹏：还是像您前面谈到的，对考古资料的研究不只是考古学家做的事情，也是汉学家与文献学家需要整合的方面。在撰写古代史特别是在撰写上古史的时候，大家扮演的角色是不同的，应该互相补充。

罗泰：考古可以提供很多根本没有文献记载的东西，使我们能够更加全面地理解古代文化和现代文化，在这个基础上就可以作跨文化的比较。因为也许有的文献出现得很晚,不可避免地夹杂一些后来的文化理念;也许某些方面刚好没有文献记载;也许被记载下来的东西是出于偶然的原因;也许当时识字的人喜欢写这种东西而不喜欢写那种东西。还有不同地方之间的区别。但是考古却是一门社会科学,所以就可以采取社会科学的方法,在基本的跨文化的范畴内处理各方面的材料,让我们看到在中国符合这些材料的范畴是怎么样的。比如说,像国家、古代饮食营养、社会分层等等,反正在各种各样的范畴内加以处理。把这样的材料处理合适之后,再以同样的方法处理其他古代文明的材料。这样,我们可以作出一些很有意义的比较。如果拿古代文献来做研究,当然也是可行的,比如战国时期思想家的各种思想跟古希腊时期的就可以进行比较。但是这种比较操作起来很困难,因为不但在语言上是不一样的,而且有的时候在整个文化环境里提出的问题也不太一样。把两种从完全不一样的文化环境里抽离出来的思维直接作比较的话,有的时候结果会不太理想。当然,如果掌握好适当的方法,也能做得到。

李志鹏:世界性的视野在做中国考古学时非常重要,像中国原来所谓的边疆地区,如西南、西北以及北方地区等,都可以在世界范围内做比较研究。西南地区跟东南亚地区,西北地区跟中亚地区,北方地区跟欧亚草原，东北地区跟东北亚，山东地区、渤海湾地区跟日本、朝鲜的关系都牵涉世界性视野的问题。核心地区——中原也是在跟世界各个不同的地区的交流互动中发育成长起来的，而不仅仅是在一种完全独立的或者说自成一体的区域性的文化中慢慢发展起来的。这些当然是很多学者的共识。在您的研究中，您是如何处理世界性视野中的中国考古的？或者说是怎么关注这些问题的？

罗泰：当然一方面就是作跨文化的比较。刚才已经说过，也许互相之间完全没有关系，像新大陆的那些古代文明，很明显没有受到其他地区的影响，更不是别的星球上的生物创造出来的，那是它们自己发展过来的。这些也可以拿来跟旧大陆的一些文化作比较，可以了解人类在社会发展过程中会经历一些什么样的阶段，有什么共通点，有什么特点。当然特点更有意思，反映出当地的一些特殊性，通过它可以发现当地特有的一些东西。共通点有的时候是很抽象的，但是要想认识特点的话，就得知道这些共通点。把这些共通的、基本的抽象原则弄清楚之后，也就更清楚这些特点到底在哪里，而且也能明白为什么这些特点能够在这些环境里出现。这是研究的一个方向。另一个方向就是复原实际存在的一些联系。当然，欧亚大陆的几个文化之间都会有一些关系，其中没有一个完全是孤岛，但是说来说去，反正黄河流域、长江流域离欧亚大陆其他古代文明的发源地距离最远，在地理上的分界也比较清楚，中间的一些地方不太容易过去。从事旧石器时代考古的同行，他们从来都不怀疑人类是到处跑的，那些还比较接近动物的早期人类到处都可以去。在旧石器时代，尤其是在旧石器时代晚期，不同地区之间的文化区别有是有，区别也越来越明显，但比较少，互相之间的影响总是能够看得到。一些专家坚持认为，到了新石器时代农业生活开始的时候，各种地方文化才开始独立发展。这大致是对的，因为人类一旦定居下来，变动的可能性确实就不那么大了。当然还是可以迁移的，局部的一些人可以这样。可是总的来说，到了新石器时代，大多数人的活动范围就变小了。我们知道，两河流域和古代埃及互相之间是有一定的关系的，二者跟古代印度也有一定的关系。如果先关注它们之间的联系，然后再把这三者跟中国作一比较，一下子就能看出中国和这三者的区别是很明显的，虽说不一定完全没有关系，但是关系比较少。我不喜欢"影响"这个词，太泛，说明不了任何问题。你要具体说明这是在什么情况下发生的：到底是他们直接拿了外面的哪些东西；或是他们听说过，然后自己使用，试一试再自己做；还是来了一些人，把那些东西带来了，等等，各种可能性都存在。而且所谓的影响，在不同的场合中都会有完全不一样的形态，所以这些方面要慢慢地找材料。西方的学者往往喜欢举马车从西亚传入中国的例子，但"车"这一运载工具本身的情况好像更复杂一点，可能中国在拥有马车之前就已经有一些简单的车子，比如二里头遗址就有一些二里头文化时期的车辙，也没有人说这些早期的车是从外面引进的。可能晚商之前人们已经形成了"车"这个概念。然而到了出现作战用的马车的时候，这些马车无论从它们所代表的社会地位，还是从它们的形状和制造技术的各种细节来看，似乎都能发现跟草原与欧亚大陆西侧的一些马车的联系。但当时中国内地的人不可能像现在美国进口德国车一样，从米索不达米亚或者从哈萨克斯坦那边进口比他们原有的车子更好的马车。因为目前中国内地所发现的早期马车很显然都是当地制造的。事实应该是：他们得到制作马车的这套知识，然后自己制造，在这个过程当中又有所发展和变化，结果到了商代晚期，中国的马车就很有自己的特点，与前面说的那些地区的马车已经不太一样了。像那些用青铜做的车的配件，就明显地体现出中国青铜文化的特点，跟西方的不一样。所以当时就是这么一种情况：有联系，但并不是全套吸收。其他的很多文化因素和技术也是这样，比如早期的制铁技术，专家们现在好像基本上都认为，尽管早期中国可能有利用陨铁的萌芽，可是真正开始好像是在中亚、西亚的影响之下。关于青铜器的制造好像还有争议，孰是孰非，我也判断不出，但是中国内地一开始大量制作青铜容器的时候，那些容器就沿袭了龙山时代陶器的制造传统，在这个基础之上，创造了一种在其他任何地方都没有的新的文化产物。至于是不是中国内地人自己发现怎么冶炼青铜、铸造青铜器的，这个问题也许是次要的。

另外，是否需要采用全球性视野，也要看你研究考古学的哪一个方面。比如说你研究动物考古，那很容易采用一个全球性的视野，因为在这个领域采用的方法是统一的。当然我们可以根据中国特有的资料对动物考古学做出新的突破，像冈村秀典一样，他是一个很伟大的学者。一方面，他做着大家都做的动物考古工作；另外一方面，他还很系统而无偏见地把考古材料跟礼书、史书的记载放在一起，这一点在中国以前没有人做过。他得出了许多新结论，非常值得注意。但是，动物考古还是比较容易采用全球性视野的。盐业考古也一样，很适合做一个国际性的合作项目。但是中国的盐业又有其特点，有很多文献资料，掌握住全球性的共通点之后可以更好地抓住那些文化特点。总的来说，采用全球性视野要看研究什么题目，如果把古代中国的青铜器拿来和古代印度的青铜器作比较的话，作是可以作，可是可以比较的范围好像很有限，而且意义也不大。印度河文明虽然也发现了一些青铜容器，但是在当地的文化环境里不太重要，既不太醒目，也不太美观。如果在全球性的视野之下研究日本人所谓的"威信财"（就是Prestige Goods，威望物品）的话，比较之下可以发现，商周文明以青铜器作为威望物品；印度河文明尽管也有青铜器，但是却选择了另外一种东西作为威望物品；而两河流域又是不一样的。所以，要做全球性的研究，就先要把范畴定好，把题目选好，然后根据题目的需要进行。

李志鹏：所以研究的视野要根据你要研究的材料和问题进行调整。

罗泰：是的，研究的视角要符合问题的需要。但是把问题定好了之后，就不可以再说诸如"我是考古学家，所以我不管文献，不管美术"之类的话。这是张光直先生一直对我们强调的，要研究古代中国，必须很踏实地做工作，任何一方面至少都能压下去，都要把握住。比如你研究动物考古的话，就不能完全不了解礼书里面谈到的关于动物的作用，否则就不能深入地了解你的研究结果的意义。

李志鹏：这也正是张光直先生一直强调的，上古史的研究不应该局限于哪一个具体的学科，应该把每一个学科都联合起来。虽然你做的是考古学，人家做的是史学，但是你要对彼此之间的学科发展都有一个深入的了解。

罗泰：这方面我们搞考古的人历来都做得比较好。目前以文献为主的历史学家也许还没有足够重视跨专业的研究，但是将来他们也必须这样做才能够得到新的突破。西方的这个过程也是很慢的，开始的时候大家都以文献为主，不太关心其他方面的材料。我们从20世纪历史学的发展史可以看出，随着研究的不断深入和展开，研究者的视野也逐渐扩大。在这方面，我们搞考古研究的可以为史学家提供一定的帮助。

李志鹏：您曾经提到考古学既是人文科学也是社会科学，在《宗子维城》一书中，您也特别强调考古学作为社会科学的一面。您认为考古学作为人文科学和社会科学，不同和共通的地方分别在哪里？

罗泰：我觉得考古学既属于人文科学，又属于社会科学，而且考古的资料又可以为这两者提供很重要的线索。只不过我在那本书里面主要讨论的是社会结构和社会发展，所以我采取了社会人类学的一些基本概念。我主要还是想讨论具体的材料，然后用社会科学的一些方法作一些初步的分析。但我在别的著作里，比如在有关乐器的那本书里，就比较偏向于人文科学。我从来不想过分地把社会科学、人文科学和自然科学分成三个完全不同的门类，它们彼此之间应该有很明显的联系，德国的哲学传统也强调这一点。科学态度应当是统一的，无论你是从事自然、人文或社会科学研究的。具体的论证和范畴当然会有所不同。你从事考古研究，就不能像从事纯自然科学研究那样做实验。别的考古学家不能完全像研究自然科学那样根据你的实验再重复一次，看看你做得对不对。下一次发掘同一类考古遗址的时候，研究的结果可能会很接近，但你无法保证这一点，也可能会有让你吃惊的地方。而且第二次发掘同一类遗址的时候，你的意图也不应该是重复上次的研究，而要用更新的方法来探讨一些新的课题。无论如何，作为学者，我们都要采取严谨的科学态度。

李志鹏：前一两年，中国考古学界讨论过中国考古学的定位问题。在美国，考古学一直归于人类学的范畴。您原来写文章说，将古代中国文明的研究跟人类学的课程融为一体，这是需要我们未来一代来完成的迫切任务之一。您认为中国考古学现在的情况怎么样？这方面的结合是否还要加强？

罗泰：人类学有四个分支：社会人类学、体质人类学、语言人类学，还有考古。前三者有很多地方影响到考古，可以给考古提供很好的方法论，考古也在某些情况之下给另外三者提供一些很好的线索。它们连接成一个学科是有历史原因的，比较偶然，因为在美国，原来的人类学就是研究印第安人，研究古代的印第安人就是考古，研究现代的印第安人就是社会人类学，体质人类学就是对印第安人的骨骼的研究，语言人类学就是对印第安人的语言的研究，把印第安人的研究放在同一个系里面最初就是出于这个原因，并没有多么深刻的哲理在里面。英国剑桥大学也是这样做的，尽管不牵涉美国印第安人，但还是可能和帝国主义有某种关系。然而，欧洲大部分的大学跟中国一样，把考古当作跟历史有关的学问来对待。这也是有道理的，我在我的书里也谈到过。我这么说，也许人类学的考古学家听到可能会不太高兴，可是我觉得我们从事考古研究的，原则上还是要研究历史，而且跟传统历史学是同一个目标，只不过方法不太一样，而且不应该允许传统历史学家过分地给我们从事考古研究的人指定任务。因为那样的话，我们就没法正确地理解自己的材料，我们就会只注意到那些他们感兴趣的局部的、狭隘的问题，而没法对那些只有考古学才能提出的问题做出研究。你们从事动物考古学的大概更能体会到这一点。

李志鹏： 我们动物考古学的研究也会涉及一些祭祀的问题，发现跟文献上面记载的会有一些不同，当然也会有一些符合的地方。

罗泰： 所以要先从考古的角度去研究，这也不是我先说的，20世纪60年代，夏鼐先生就写过这样的文章，写得非常正确，但是好像没有多少人跟着他走。（笑）

李志鹏： 大概缺乏在个案上做得很好的人。1993年，您在《论中国考古学的编史倾向》这篇文章里面说，中国考古学最需要的不是时髦的理论，更重要的是培养中国的考古学家对自己的学科的一种自信，不再根据以前的学者的权威标准确定研究目标，这样也许我们能找到适合中国的方法论，就像世界其他地区有适合它们的方法论一样。那是您那时的一些期待，您觉得从您的文章发表之后到现在，中国考古学在这方面有什么变化吗？

罗泰： 随着中国对世界的开放，考古学也越来越迅速地扩大自己的研究范围。我很高兴地看到现在有很多人研究考古学的各个方面，甚至连我们以前不太涉足的地方现在都有人感兴趣。这并不是在张光直先生的影响之下，更不是在我的影响之下发生的事情，我相信学科发展的自然规律就会是这样子的。这样一来，我们在国外的人和中国考古学家就更容易合作了，因为在思想上的这些间隙（gap）变得越来越小。说实话，这些间隙原来也不大，像夏鼐先生跟西方的任何一个考古学家都能很直接地对话，并没有什么根本的文化冲突。但是语言方面的沟通和互释还是需要的，从刚开始做考古工作一直到现在，我把中国的考古学家的著作翻译成英文或德文的时候总是要作一些解释，这个一点也不奇怪。我们在国外做中国考古研究的人，作用可能就在这里，就是可以把中国学者的理解介绍给西方学界。这应该是我们的任务之一，也是我们的责任。

李志鹏：感谢您！张光直先生以前在这方面做了很好的工作，您也做了比较多的工作。

罗泰：当时张光直先生鼓励大家不要受传统的约束，尽量自己确定自己的研究范围，然后采取严谨的科学态度，在资料所允许的范围之内做得尽量好。他自己在这方面也是这么做的，他是一个很好的模范。可惜张光直先生去世得太早，假如他能够享受一般人的寿命的话，他肯定还会做更多事情，也许会使中国考古在世界考古界的位置更加巩固而突出。但无论如何，中国考古在世界考古界的地位一直在提高，总的来说还不错。我知道，你去过亚特兰大美国考古学会，美国考古学会2009年给有关中国考古的一本书颁奖。这是非常好的事情，也是原来想象不到的。张光直先生如果还在世的话，这本书的作者肯定是他，不会是别人。

李志鹏：当然不光是他，您也在其列。我们刚好谈到张光直先生的教学方法，他在考古学人才的培养上其实也是起到非常重要的作用的。我记得您在回忆张光直先生的时候说，不管是教学方法，还是人品，他对学生的影响都非常大。特别是您在引用《礼记·学记》中的"善待问者如撞钟，叩之以小者则小鸣，叩之以大者则大鸣，待其从容，然后尽其声"那一段话来形容张先生的教学时，我们都非常感动。

罗泰：张先生当然不是一般的学者，颖悟绝伦。只要他愿意，任何一个学科他都可以做，都可以成为专家。他选择考古作为事业有其自身的非常具体的原因，在他的回忆录里面也有非常清楚的说明，这对考古来说是极大的幸事，一般很少有这么聪明的人进入考古的领域。所以他对学生的期待自然也就比较大，但有的学生不一定能满足这样的期待。出现这样的情况，他好像办法也比较少。有的老师还有各种各样的手段，碰到那些不行的学生还能够尽量想办法。到了张光直先生那里，如果你自己非常清楚应该做什么，那么他会帮你很多很多的忙；如果你不清楚自己要做什么，那么他只好对你说声"对不起"。不是不值得跟你说话，他其实很愿意跟你说话，很愿意说很多话，可是如果连你自己都不清楚自己要做什么，那么他就没办法帮助你发展，就是这么一种困惑。我在培养学生的过程当中，发现这并不是张光直先生才有的一个问题，我也有。有的时候，碰到一些学生，我只要稍微指点一下方向，给他们一个空间，他们就能自己发展。这样的学生当然最理想。当然，还有一些学生还不太清楚自己的目标，经过我的指导，他们也可以做到那样。但是，张光直先生很善于调整每个学生的个人需要，只要这个学生愿意做，无论是做什么东西，他都会支持，包括他自己不太懂的题目，例如我想写古代音乐的时候，他就给予我支持和帮助。所以，作为他的学生，好像我们每个人跟他的关系都很特别。我们每个人回忆张光直先生的时候都有一些独特的记忆，每个人记忆中的张光直先生都不是完全一样的。

李志鹏：张光直先生很注重因材施教。

罗泰：是的，这一点很不容易模仿，因为很多老师自己的个性太强。而张光直先生的特点是，他虽然个性非常强，但是他并不让他的个性压制、妨碍他周围的学生的发展。这一点我非常佩服。所以我自己在教学的时候，也就试图不让自己对学生产生太大的影响。我要让他们自己发现他们的学习领域，让他们自己选择有用的东西，让他们自己钻研他们想做的东西，创造出新的理论和方法。在这个过程中，我有一些和张光直先生一样的体会：每个学生都不一样，需要不同的对待方式。这也是因为我们西方愿意做这方面研究的人很少，他们能够去的地方也少，所以没有两个学生做一样的东西，我们就尽量安排他们自己做。比如，在中国，如果你想研究唐三彩的话，你不会找一个研究秦汉时期的考古专家当老师，对不对？但是在西方呢，也许只有一个研究秦汉时期的考古老师，那唐三彩你自己去了解吧，你就是专家，你必须对自己负责。老师可以发现逻辑上的问题或者常识上的问题，可是具体的问题他发现不了，那是要你自己做主的。我有一个学生，唐三彩研究得非常好。虽然我不太懂甲骨文，但我的学生中还有研究甲骨文的，而且他的博士论文写得很精彩。张光直先生也是这样，所有的学生都各有各的兴趣。他在耶鲁任教的时候更是如此，因为在耶鲁的时候，他的工作范围并不只是中国，而是旧大陆的全部，所以他的学生研究的领域很广，除了中国以外，还有非洲、印度、东南亚、日本、朝鲜等等。张光直先生不但不怕学生超过自己，而且还期待学生超过自己。我本人虽然并没有达到张光直先生对我的这种期待，但我对学生有同样的期待，而且有一些学生已经接近我的期待了。

李志鹏：您在中国、美国、日本、韩国还有欧洲都有学习的经历，您觉得这些国家和地区在考古专业的学生培养方面各有什么特点？您觉得中国的教育体制应该吸收日本或欧美的哪些优点？他们的培养方式给我们的最大借鉴是什么？

罗泰：这个问题很难讲。因为客观条件不一样，而且中国考古学跟别的国家和地区的学习传统和学术文化都不一样，更加专业化。其实中国学者现在已经不怎么做很广泛的研究工作了，当学生的时候已经只做汉代考古或者玉器考古的工作，然后一辈子只研究某个领域。这种情况在欧洲和美国不大可能出现，因为我们所培养的学生要进入的工作市场很杂，如果他们不具备在很宽的范围里教学生的能力，他们就很可能找不到工作机会。日本学者虽然专业化得很厉害，可是在专业化之前的培训范围也是很宽的，这是没有去过日本的人可能不了解的。如果你只看到他们发表的文章，就会觉得他们很枯燥，只研究一些小问题。可是如果你参加过日本大学里面组织的研究会，你就会知道，这些人的理解范围还是非常宽的，尽管他们很善于批评极小的细节，但是大的思想框架他们也很注意，而且很懂方法论。日本比较好的大学，例如我曾经上过的京都大学，有这么一个特点，学生（包括本科生）虽然平时从早到晚都在研究室里各做各的，但他们也经常在一起搞集体活动。他们互相协助，高年级的学生教低年级的学生，上面还有一个助手，当然还有老师给他们讲课。他们就在这样一个环境里得到非常全面的教育。这个教育不只是专业知识的教育，还有怎样成为一个学者的教育，所以20世纪的日本教育，至少到我这一代，培养出一些非常优秀的人才。日本大学界最近经过一些改革，现在不知道是不是还这样做。反正，日本20世纪这种从本科起专门培养学者的教育在别的国家不大能看到，即使偶然也能看到，但都没有系统化。而且，这种培养方法在其他国家的大学里也做不出来。我在美国也想开像日本这样的研究会，但是完全不成功。你知道日本的研究会是怎么样的吗？

李志鹏：不太清楚。

罗泰：那是京都大学的一个教授邀请好几个大学的老师到京都大学一起办的一个研究班，每期都有一个重点题目，例如1985年我在京都大学留学的时候曾经参加过著名学者林巳奈夫先生召开的"中国青铜器时代之诸文化"研究会。因为当时京都地区只有几个学校才有研究生，大部分以本科生为主，所以那些研究会给平时只教本科生的老师一个和同行进行学术交流的机会，互相讨论他们的研究，同时还让他们在某种程度上参与京都大学研究生的教育。因此达到这一水准的研究生也会被邀请参加。这当然是一个相当大的荣誉，给研究生机会，使他们慢慢习惯在学者圈子里的活动，把他们的研究成果拿出来跟众多水平比较高的学者一起探讨。这种经验在培养学者的过程当中是极为宝贵的，当然也会给参加研究会的研究生带来特别大的压力，因为他们一定要给前辈们留下一个好的印象。参加者大概2/3是老师，1/3是研究生，本科生一般不可以参加。每个星期或每两个星期聚一次，会议一般持续一个下午，有的时候4~6个小时（正式会议完了以后还要一起喝酒，这是日本文化必不可少的）。每次开会由一个人讲话，有的时候是一个老师，有的时候是一个学生，将自己的研究讲上2~3个小时，之后大家讨论。讨论非常严格，纷纷挑错误。不仅这样，大家还讨论怎么和其他人的研究范围连接起来，讨论哪里有意思，哪里还应该加强，还批评最近学术界流行的作品和方法论。绝对实事求是，也比较平等，不问谁是学生、谁是老师，有什么话都可以说，只要有学术价值就行。参加这样的研究会的学生，除非他太不聪明了，否则绝对会有很大的提高。在美国，只有哥伦比亚大学才有办法召开类似的研究会，利用纽约市的广泛学术圈子，但是据我对它的了解来看，我觉得它的水平远远不如日本。我们西海岸，加州大学洛杉矶分校也好，我以前待过的斯坦福大学也好，也许研究中国早期文明的学者不像京都那么多，但周围地区能够选来参加研究会的人还是有的，我曾经试办过像京都大学研究会那样跨学校的定期学术活动，但是完全失败了，连一个学校里的同行都无法叫到一起。大家都太忙了，教学的任务都很重，交通不方便，实在没有时间参加这种纯学术的活动。加上我们有的学生过于自信，让他们和老师平等地讨论学术问题就会错误地认为自己真的已经变成了成熟的学者，不肯接受批评，一有批评就会觉得难为情。日本人反而在这一点上很有自知之明，学生一方面因为自信心不足，另一方面觉得自己能力太小，另外他们还清楚，如果他们有机会在研究会上发言的话，就不能失败，无论怎样都要做好，所以他们会很刻苦、很刻苦，花几个月的时间去准备。我们美国的研究生任务太多，拿不出时间做好准备，所以像日本研究会的学术环境在美国很难开展。哈佛当然也有定期开展的各种演讲活动，但感觉不太一样，参加者水平参差不齐，有的人是去听着玩的，乱问问题，而且社会人士也来参加。记得我在哈佛的时候，有一个穿蓝色大衣的女士，每次有关于中国的演讲的话，她都会来。她每次都会提问，往往与演讲的话题没有什么关系，浪费了大家的时间。当然，有的时候问得很幽默，或者回答得很幽默，也能减轻现场沉闷的学术气氛，可是这至少表明我们治学的精神和水平同日本的教育方式是很不一样的。中国现在不知道能不能做到，但以前肯定做不到，因为人与人之间的关系太复杂了，他们无法控制。现在的年轻人可能稍微好一点，但是往往有学生过分尊敬老师、老师又过分爱讲话的问题，真正的学术讨论也许还是不太容易进行下去的。

李志鹏：那欧洲又是什么样的一种情况呢？

罗泰：我不能笼统地评价欧洲，每个国家的制度都不一样，尽管最近他们想统一起来。最近欧洲的大学制度改革发生了许多问题，把原来各个国家制度的优点基本取消了，留下的往往是不伦不类的东西。我最近又在德国待了半年，那里的大学好是好，但学术环境比美国糟糕，图书馆条件差，老师太忙，没有时间帮助学生。当然，只要个人自己下功夫，想做好的还是能够做好，而且欧洲最好的学者和学生根本不比其他任何一个地方差。可是最近学生的整体质量一直在下降，所以培养一个好学者越来越困难。看到一个好的学生就尽量给他到国外留学的机会，去美国或日本，这样就可以比较全面地培养出一个人才来。欧洲出身的学生到国外往往会表现得非常好，因为他们已经习惯没有人帮忙，因此比较善于独立工作，比较能吃苦。在美国，像哈佛这种私立学校，学生从老师那里得到的帮助还是相当大的，有的学生就会被惯坏。

我们美国的公立学校有点像德国，学习和生活的条件没有私立大学好，学生要艰苦些，这一点在教育上未必完全是坏事。总的来说，我想大学制度是次要的，主要的还是人。谁做得好不一定是因为是某一个制度的产物，而是因为自己有学术精神，碰到一些好的条件自己就抓住机会尽量利用。

李志鹏：所以，学生的个人努力也是很重要的。

罗泰：个人的努力，加上碰运气。像我，如果没有碰到张光直先生，我也没有把握会是现在这样。同样的，如果我没有去日本，没有接触到日本学界对古代中国很好的理解的话，我就会变成一个很传统的美国人类学家。这当然也不坏，我有一些学生基本上就是这样，但是在日本留学的经历让我研究的领域加宽了一些，研究方法也丰富了一些。此外，我在日本还碰到一些欧洲来的学者，包括法国东方研究院的一些研究东亚宗教的专家，其中对我影响最深的是已故的索安博士，她组织当时待在京都的外国学生和学者在他们的研究所里召开研究会，我也参加并且发了言，学到非常多的东西。在我后来写青铜器的铭文或者写编钟的作用的时候，就受到他们的影响和启发。如果当初没有碰到这些人，没有接触到宗教研究的角度的话，就会封闭在一些狭窄的观点之下，学术成果不会像现在那么丰富。

李志鹏：中国的考古学生需要在这个方面多学习。

罗泰：反正大家要早点明白自己喜欢什么，尽量地做，拼命地做，广泛读书，不要过分听老师的话，慢慢就会做出来。

（张冠梓主编《哈佛看中国：文化与学术卷》，北京：人民出版社，2010年，199-222页）

谈中国考古学的缺失

访谈人：黄晓峰、陆静

美国加州大学洛杉矶分校的罗泰教授（Lothar von Falkenhausen）很喜欢中国的美食，性情也相当温和，但谈及中国考古学的现状时，他会很激烈地批评电视台的鉴宝类节目，批评一些大学考古系开设的面向文物收藏家的公众考古课程。作为著名考古学家张光直先生的学生，他对维护中国考古学的纯净有着近乎信徒般的热忱，这种情怀值得圈内的人士深思。

黄晓峰、陆静：最近中国考古界最热的话题就是曹操墓，似乎考古发现不能与历史名人联系起来就无法引起足够的重视，这是否背离了考古学的本质？

罗泰：曹操墓是一个很有代表性的例子，从中不难看出中国考古学家的一种压力。他们把很好的考古学材料拿出来，但是只把它当作纯考古学材料是不够的，一定要和某个著名的人物联系起来才行。仅仅发现一个很好的青铜器是不够的，必须是某某名人使用过的，那样才能引起观众的兴趣。其实考古学的本质并不在于把这些东西和已有的文献记载结合起来。如果仅仅着重于这样的连接，即使不是从事考古学的人也能做到。考古学应该先把那些物质文化本身弄清楚，在此前提之下，与曹操之类的人物联系起来倒也无妨。但重点并不在于某某遗迹现象是否和人们已经认识的人物有关系，有关系固然不错，没有关系也是无所谓的。

考古学自己有一套可以向公众表达的东西，排除那些与有名的历史人物有关的东西，仅将考古的发现放到博物馆中展出，依然可以吸引大量的观众。这样要强调的大概就是它们的艺术价值、在器物史上的功能或者科技方面的重要性等。考古学有自己的研究方法，不需要依附于历史学，两者是平行合作的关系。通过考古学特有的一些方法，考古学可以自己写一套历史——非文献的历史，当然也必须有一定的历史方面的底蕴。考古学家在这方面的问题并不大，大家都受过必要的历史训练，所以到了某种程度也会运用到历史文献。相对而言，历史学家现在也越来越喜欢运用非文字材料，但是我发现考古学家用历史文献材料的时候，往往在方法上存在缺陷。文献有一套适合自己的研究科学，真的要对此做出贡献的话，必须对文献学有很深的了解，但99%的考古学家其实对这个领域并不了解，而且考古学家有时在运用这些文献的时候显得别扭，还不如不用，把这类的工作交给真正以文献为本的历史学家。反言之，历史学家用考古材料也有类似的问题。

当历史学家根据文献得出的结论与考古学家根据物质材料得到的结论相左时，差别是显而易见的。由于每个时代所得到的文献资料具有时代的局限性，历史学家所得出的结论与考古资料的不一致，很多时候是年份上的差异造成的。以用鼎制度为例，这是考古学在近半个世纪以来对古代中国研究做出的伟大贡献之一。但若仔细探究的话，文献和考古材料并不完全一致。考古材料在每个时代都有变化，而文献资料又比较笼统，而且资源匮乏，两者之间甚至互相矛盾。当文献完成的时候，学者已然有了各自的理解，考古学也可以证实，文献完成时期所实行的用鼎制度与文献中所记载的已经有所不同了。任何一种文献记载的与考古学在同时代的发现都不相同，所以两者之间存在空隙，但是这些空隙都非常有意思。并不是因为学者研究得不地道，导致了两者之间不完全一致，或者说这种不一致其实是正常的。根据考古学的发现，那些文献资料虽然是从战国末期到东汉之间完成的，但它们描述的用鼎制度，其实通过考古学的研究，可以给出明确的时间点，在公元前850年到公元前600年左右，远远早于文献创作的时代。好像那个时代用鼎制度的遗留还被后代的知识分子保留下来了。虽然仪式的执行者已经不按照记载中的方式进行了，但是他们仍然保留着应该如何进行的文字记载。我相信，在当时，孔子提到的那些周制也应该是这些制度，而不是他真正生活的那个时代的。所以我并不是说考古不能帮助文献学家把他们的文献理解得更清楚，而是它依然有自己的范围，与文献学区分开来，又要把文献中的意图、限制和时代背景都弄清楚，最后才是综合性的研究，讲出很有趣的故事。关于这样的一种方式，在德国19世纪有一个将军在军事上也有运用，叫作"分行合击"。

黄晓峰、陆静： 您提到"分行合击"的方式，但在中国也有自己的一套行事之道，比如夏商周断代工程，就是将所有的资源整合到一起去进行研究，在您看来，这对考古学是好事还是坏事？

罗泰： 其实考古学和所有其他的学科都一样，应该在学科间寻求必要的合作。说到夏商周断代工程，当然其中有一些令人不满的事，但有一点是必须承认的，当时考古基本上已经开始用自己的方法来进行研究了。物理学、年代学更是如此，文献学也是如此，它们并没有互相加入对方的领域。我当然没有参与其中，好像他们那个时候并不欢迎外来的学者。西方其实对此非常重视，当然从基本的方法论来说，他们当时希望得到的结论是无法得到的，至少考古学是提供不了的。因为考古学在原则上往往无法确定某段历史的演变过程或者某个事件具体是在哪一年发生的，它可以指出一个大概的范围，如果把地层学、地形学做好的话，可以将范围尽量缩短，可以到十年、二十年内，那就算特别不错了，它的学科性质就决定了无法给出确切的某一年。它只能提供一个95%的可能性，还有5%的可能根本不在这个范围里面。如果不明白这个逻辑顺序，那就是对学科工具本身的一种误用。而唯一能够确定某个具体年份的是文献学，根据文献的记载可以确定具体的某一个时间点。我们已经知道，在夏商周那个时代，特别是西周早期到公元前840年，这个部分的文献记载是缺失的，而有一些文献又互相矛盾，无法结合到一起。在这方面，司马迁的做法是可取的，不妄下结论，而是把一切都并列，以便后世参考。我们清楚大致的时间段，只是不能具体地指出是哪一年。从考古学的角度出发，这已经完全足够了。我们研究考古的人，不需要知道武王伐纣具体是公元前1050年还是公元前1046年，考古对于物质文化的研究，十年的范围是可以容忍的，而且历史文献已经可以给我们指定出这十年的范围，可能性较大，但也不是

100%。可是仅仅为了了解这个,就不需要庞大的夏商周断代工程了。这些是原先就已经知晓的,可以开一个会让专家讲几句话就解决了。当然还是有些不同的声音在,也不能说是完全解决了。但是从考古学的角度讲,二十年和五十年这样的差别也是可以容忍的,只是能在十年的范围内更好。所以其实在夏商周断代工程中,考古学可以做的,在工程开始之前就已经完成了,之后仅仅只是文献学和较为专业的天文学方面的工作。要解决这么具体的年代,考古学没有用,但是它也可以在背后帮忙,划分商晚期和西周早期文物之间的一个分界线。可能很模糊,因为在物质文化中并不是非常容易就能看出来,尤其是处于某个时代的晚期和下一个时代的早期,特别是商代晚期的一些现象被保留到了周代的早期。

黄晓峰、陆静:既然中国的考古学家已经知道在夏商周断代工程中,他们所能起到的作用很有限,为什么还要参与进去呢?

罗泰:他们是被逼迫参与的,我的老师,现在已过世的邹衡教授,当时从考古学的立场提出了非常尖锐的批评,包括他周围的一些人,都写过批评的文章,一些不参加断代工程的人可以提出批评意见,邹衡先生就是被逼迫参加这些会议的。他一开始就对基本的方法论提出了怀疑，别的学者也不见得不同意他的观点。因为他是一个元老，也已经退休了，所以比较敢言，但那些年轻的学者就不敢过多地表态了。但是我觉得这个工程也不是完全没有好处，这种将几个学科放到一起合作研究的精神是可取的，只是提问的方向可能不是最恰当的，带有一些政治因素和民族的情绪，当然这是可以理解的。我虽然不是中国人，但对于这种想法完全可以理解，甚至有很切身的体会。因为在国外，从某种程度上，我也是代表中国的文化，也会碰到研究埃及、两河流域的学者的一些质疑，也觉得非常刺耳。其实大家都知道中国文明非常重要，但是这种重要性要如何界定呢？是否要将所有的古代文明放在同一个标准上衡量？如果将古老作为标准，那么第一名就是两河流域，其次是古埃及，再下来是印度河流域，之后是中国，接着可能是南美，最后是非洲。但毫无疑义的，各个文明还有其他内在的东西，是否发生得最早不很重要。想象一下，一个家族中并不一定是老大在历史上最为杰出，也许老三更伟大。李学勤教授也很直接地指出，再怎么研究也无法将中国的文明变得和埃及、两河流域一样早。要确定中国文明的重要性，不要根据它的早晚，而是其他的因素，并且这些因素是很容易被发现的。只要不进入某种固定的模式，就会有各种不同的发现，我在自己的工作中也非常注意这点。比如现在的美国，一些人类学的主流比较热衷于新进化论。写不出论文的学生觉得,他们一定要解释出他们所研究的领域说明了原始社会向国家的发展是怎么形成的,这才是一个像样的题目,才能找到像样的工作。在我看来,这就和刚才所说的论资排辈一样,是限制学术思维的任意构建出来的模型。现在,中国的年轻学者受到美国的影响,也有这方面的热潮,这当然不失为考古学上的一个好课题,但仅仅只是众多好课题中的一个。

黄晓峰、陆静:最近一些年,青铜器和简帛文献出土很多,这恰好是文献与考古材料的结合,芝加哥大学的夏含夷教授就做了很多这方面的研究,您对他的研究似乎有一些批评?

罗泰:首先我觉得夏含夷的书写得非常好,而且我并没有批评他的内容,只是将他没讲到的内容补充进去,将他重要的研究放在比较宽阔的文化领域里面。我并非专事研究铭文本身,但对作为实物的青铜器很感兴趣,因而把那些铭文看作青铜器时代非常重要的考古学资料,因为铭文是铸在青铜器上的,所以也变成了物质的一部分。撇开铭文的内容不说,它们一方面也属于文献史的范畴,可以用文献学的方法进行研究;另一方面,让我们更了解了它们被铸上青铜器的原因。我们首先要问那些铭文为什么铸在青铜器上,由谁所铸,又是为谁而铸,在文化中起什么作用。这些不是夏含夷所感兴趣的，他更关注铭文的意思，逐字地剖析并翻译成漂亮的英文。我只是觉得，作为考古学者，必须在阅读夏含夷等人的著作之后，提出一些新的问题。这些问题夏先生不去问是可以的，但是如果一定要说批评的话，就是他让人觉得这些问题都是可以被忽略的。作为我来说，只是从读者的角度出发，认为应该把自己对这些问题的看法告诉读者。

西方的一些学者现在认为中国的文献是很晚才成文的，甚至可能晚到汉代，而之前都是代代口述相传的。这个看法在西方研究中国古代文学的圈子里得到重视，比如宇文所安先生。但是他们的基本观点——文献很长时间都是口述相传，成熟很晚——我却是无法同意的。夏含夷也不同意，他一直认为西周时期从有铭文开始就已经写书了，有了一些编年性的历史记载或者是像《尚书》一样的文献。当然我们不得不承认会发现文献有改写的痕迹，但这也无法断定在较早的时候没有出现成文的内容。我并不是说持口述这类观点的都是笨蛋，也许他们比我更聪明些，只是他们被困在了一种不太可能的理论当中，相信有一天他们自己也会意识到这个问题。其实作为考古学家的我根本不需要关心这个，仅仅只是对可以当作物质文化看待的文献有些兴趣。从物质文化研究的观点，我可以说在我的想象中，春秋和西周那段时间里有成文的文献流传下去。

黄晓峰、陆静：在中国，公众对考古学大都不很了解，您觉得如何才能让大家更了解这门学科呢？

罗泰：在这个问题上，最值得模仿的是日本。在日本，考古是大众非常关心的一门学问，每一个小镇都有考古博物馆，都有从事这项工作的专业人士。还有一个不得不提的例子是苏联，他们甚至让孩子直接参加考古挖掘，几乎每个孩子都有机会在假期里参加这样的活动。某位苏联的考古学家还告诉我，孩子们都做得非常认真，而且有的孩子非常敏锐。这在中国还是比较缺乏的。近一个世纪以来，中国的考古往往是为国家做的，总是和民众保持距离，多数时间是一种自上而下的传递，而非平等。当然也有例外，我的老师俞伟超先生像教学生那样和农民们谈论考古，让他们明白考古对他们而言也是一件好事。在现在的中国，这样的人几乎看不到。需要在考古学的边缘培养这样一批考古学的工作者、记者，在教育机构或是媒体上推动考古学的工作。这些措施在现在的中国实施也正合适，因为现在中国又富起来了，一些人也有时间来关心这些。还有一点非常之重要，必须禁止那些收藏类的节目，类似于《鉴宝》之类的节目真的非常之可怕。因为这些节目是和考古直接对立的，它们对大规模的盗墓活动也许起了推动的作用。最近，有篇文章不知用何种方法，计算出从1986年大规模破坏文物以来，至少有二三十万个墓被盗，而考古学上真正发掘的从1920年算起也远远不到这个数。全国还有几万人是以盗墓为生的,对社会的危害是巨大的。所以普及这方面的教育不仅是为了保护文物,也是为了保证一个国家的稳定,杜绝社会的一个部分被犯罪集团控制,可以说具有很宽泛的社会功能。

(《东方早报·上海书评》2010年7月18日,第1-2版)

罗泰与中国考古学

访谈人：张　莉
审　校：李水城

　　罗泰（Lothar von Falkenhausen）教授是国际上著名的中国青铜时代考古研究专家，也是继张光直先生之后，在美国研究中国考古学的执牛耳者。

　　罗泰教授本科就读于德国波恩大学汉学专业（1977—1979年）；1979年，他作为中国"文革"以后首批西方国家的留学生之一，就读于北京大学考古专业（1979—1981年），师从吕遵谔先生、严文明先生、邹衡先生、高明先生、俞伟超先生、宿白先生等；此后就读于哈佛大学，师从张光直（K. C. Chang）先生，先后获得东亚研究硕士学位（1982年）和人类学博士学位（1988年）。博士课程学习期间，曾前往日本京都大学进修两年。

毕业以后，罗泰教授先后执教于斯坦福大学和加州大学河滨分校。自1993年起，任教于加州大学洛杉矶分校（UCLA）艺术史系，1997年当选为教授，目前，他还兼任该校扣岑（Cotsen）考古研究所副所长。

罗泰教授的研究领域为东亚考古，主要研究方向为中国青铜时代考古，研究范围涉及古代中国青铜器与铜器铭文、礼仪制度、区域文化、跨地区长距离互动以及考古学方法论和学术史等。

罗泰教授已发表论文百余篇，其中包括在西方学术界颇具影响力的两本专著：《乐悬：中国青铜时代的编钟》（*Suspended Music: Chime-Bells in the Culture of Bronze Age China*）、《宗子维城》［*Chinese Society in the Age of Confucius*（*1000–250 BC*）：*The Archaeological Evidence*］。《宗子维城》一书荣获"美国考古学会（SAA）2009年度最佳学术图书奖"，也是首次获此殊荣的中国考古学研究专著。

罗泰教授是《东亚考古学杂志》（*Journal of East Asian Archaeology*）创刊主编之一，曾任"成都平原及周边地区盐业与景观考古学研究"（中美合作项目）美方负责人，并在多个大型文物展中担任顾问。

张莉：当初您在波恩大学就读时学的是汉学专业，1979年到中国留学之后转向了中国考古学研究，可否谈谈考古学对您的吸引来源于何处？是什么原因让您从最初的汉学转向考古学的？

罗泰：我当时的初衷是想探索中国文化。在这个过程中，很自然地发现最近几十年最重要的研究进展就在考古学领域，而且当时西方学者基本没有能力真正深入到这一行业进行研究。我在中国学习的时候，恰好碰上第一次可以学习中国考古的机会，我自然而然为之所吸引。在那之前，我基本没有什么考古的背景，虽然对考古也有些兴趣，看过一些通俗的考古著作，包括德国史前史，希腊、罗马等几个地中海周围国家的考古学，但并没有特别专业的考古训练。我在波恩大学的时候也修过罗马考古以及较晚阶段的美术史，即中世纪到20世纪的美术史。我到中国留学之前还不大清楚做一个考古学家应该干什么。最初，我把中国考古当作汉学的一种形态，当时的想法不外乎把考古学作为全面了解中国文化的手段。没想到后来会去美国留学，而且会进入正式的人类学系。我刚到哈佛时，曾想做个双学科的博士，也就是东亚系和人类学系两个学科的博士，而且当时哈佛校方也认可这样的学习，恰好张光直先生又是这两个系的教授，只是后来他因为学术政治的原因辞去了东亚系的职位。不过，就我读双博士的打算，张先生劝我不必这样。他告诉我，有人类学的训练就可以了，东亚系仅仅是着眼于一个区域的研究，没有专门的方法论；既然对考古感兴趣，就应该把考古地地道道地学好，不要一半做考古，一半做其他学问，何况这会花去你大量时间。我听了张先生的建议。后来的经历证明，张先生的这个建议是正确的。同时，我自己觉得在人类学系做研究生能够接触全世界的古代文明，可以把中国作为一个社会科学的研究对象，放在全世界的研究范围里进行对比，这当然是很有价值的，也是仅仅研究中国汉学的学者们做不到的，毕竟一个学者的能力有限，不可能精通所有地区，但人类学家所具备的世界观层次远高于一般汉学家。所以，我从汉学到人类学，学科转是转了，但研究兴趣并未发生变化，只是研究方向有些改变，而且变得更加严谨了。

张莉：您所接受的教育和学术背景非常多元：本科在波恩大学主修汉学，继而求学于北京大学考古专业，研究生阶段接受的又是美国人类学传统下的考古学，还在古史研究积淀深厚的日本进修，目前供职于艺术史系，同时兼任扣岑考古研究所的负责人之一。那么，您如何定位自己的学术身份?这种学术背景的多元对您的研究产生了怎样的影响?

罗泰: 就我的学术身份而言,虽然我觉得能够受到正式的考古训练是很大的福气,也只有这样才能做我想做的学问,但我仍然认为我就是一个汉学家。人类学和考古学是比较严谨的学问,这一点我在中国学考古的时候就有体会,而且这个特质对我很有吸引力。在美国,社会科学里有一批学者认为,专门做某个地区的研究是没有价值和意义的,他们希望做把所有文化的各个方面分隔开来的更为抽象的研究。当然,我很不同意这种说法。我认为,如果没有区域研究所能探索到的具体文化框架的话,所有社会科学的抽象方法论不但没有用处,而且也没有研究的价值。尽管我发表的第一篇论文并不是关于中国而是关于玛雅文化的,而且在我能去中国发掘之前,我先去了北美、英国、韩国参加发掘,但我并没有正式在其他地方深入研究的经历,也没有意愿成为那种跨地区、跨文化研究的专家。我们扣岑研究所有这种政策,就是鼓励这里的学生不仅要去自己研究的地方发掘,还要去研究领域以外的地区至少发掘一个季度。这些学生通过在其他地方发掘的经验,可以学到许许多多的新观点、新方法,这对他们将来在自己研究领域的工作会有很大帮助。比如我的学生傅罗文(Rowan K. Flad)就去过土耳其,安可(Anke Hein)、何敏娜

（Minna Haapanen）到叙利亚参加过发掘。何敏娜在那儿学到的陶器研究方法在很大程度上帮助了她做有关商代陶器分析的博士论文。其实，跨区域研究和区域性研究是一个问题的两个方面，只有两个方面都做，并且两方面都做得比较好，才可以真正做出比较有趣的学问。也许中国学者目前还感觉不到这一点，因为他们理所当然地要以中国考古学作为研究对象，但近几年也有一些研究中国以外考古的学者开始将其他国家的考古介绍到中国，比如我们UCLA毕业的张良仁，他是欧亚大陆青铜时代领域非常杰出的专家，俄语学得也很好。当然这样的学者还比较少，我希望以后能够培养更多这样的人才。我们在扣岑研究所有这个条件，学生只要来学就可以做到。同时我也希望能有比较多的中国学者到国外开展合作项目。这两年，北大和成都市考古研究所就陆续派了年轻的考古学家和研究生到美国中西部的田野学校参加考古发掘。再如，李水城老师的学生就有数次到法国和美国参加发掘的经历。这种跨文化交流的机会在近几年会越来越多，中国学生在读期间能够到国外学习也越来越容易，这在以前是根本想象不到的！我也觉得我在读研究生时能够到不同地方看不同的人如何发掘、有什么不同的材料、采用了什么样的处理方法，并思考同样的情况是否见于中国、该怎样处理，这对我有很大帮助。但我在北大留学的时候还比较早，我们还不敢奢望以后能到中国进行田野考古。所以我当时面临一个选择，要么转向其他地方的考古研究，要么继续钻研中国考古。对我来说，这个选择不是很难，因为中国一直是我研究的唯一兴趣所在。所以我就选择了可以不做田野发掘的论文题目，即后来的《乐悬》（*Suspended Music: Chime-Bells in the Culture of Bronze Age China*）一书。毕竟考古研究是多种多样的，不一定非要做田野发掘。再者，我选择的这个乐器题目也很适合我，不仅可以囊括我各方面杂七杂八的兴趣，可以做得比较广又比较深，同时还可以把我对考古和文献的兴趣进行合并，而且不是简单的合并。

张莉：那您为什么会选择中国青铜时代作为您的研究方向呢？

罗泰：我在北大时最喜欢俞伟超先生的课，《宗子维城》[*Chinese Society in the Age of Confucius（1000–250 BC): The Archaeological Evidence*]一书也是献给俞先生的。喜欢听的原因，一方面是因为俞伟超先生很会讲课，谈得很有意思；另一方面，也是因为我觉得战国、秦、汉时期刚好是历史时代的初期，考古还比较起作用，再往后的历史阶段，文献基本上是主流。虽然考古材料也能提供很多秦汉之后的研究信息，但在当时的中国考古学界，后段的研究很难真正从历史文献里独立出来,还是文献历史的一部分,而且后段的研究对我们外国汉学家而言尤其有限制,因为文献很多,很难全部看完,也就无法赶上中国学者的研究水平。所以当时我就想做个研究汉代的专家。后来,当我看到我的同学巫鸿(现在是芝加哥大学的名教授)很认真地研究汉代时,就觉得外国学者要进行汉代研究的把握性也不太大,于是就把专门的研究兴趣稍微向前移动到东周时期。东周同样属于那个有意思的时段,有一定的文献,但又不是太多,考古资料丰富,还可以单独说话。在研究东周的过程中,我很自然地把焦点逐渐向西周延伸,因而《乐悬》《宗子维城》这两本书都牵涉整个周代。我的下一本书也许还会再往前探索。

刚开始,张光直先生对我的这个研究方向并不是太满意,他觉得我们都该去学习商文化。这里面可能有个大家都不大清楚的原因,即美国考古学界都很重视"文明"的概念,也就是第一层次的文明。而第一层次的文明全世界只有五六个,即中国、埃及、中美洲、南美洲、两河流域、印度,也有人加上了非洲的尼日尔河流域。相比较而言,我们常说的希腊、罗马都不属于这个行列,日本、韩国也在其外。中国之所以重要,就是因为它是第一层次文明中的一个范例,这一点大家都认可。尽管如此,在张光直先生在世时,中国考古学在美国特别不受重视,最近几年有所好转,许多学校出现了相关的课程和研究学者，但在我当初做中国考古研究时，尽管也有搞中国美术史、中国历史的学者，但真正做中国考古的只有张先生。他当时认为能体现中国文明最基本形态的就是进入文明的第一个朝代——商代。这也是因为夏代无从考证。张先生也愿意把夏朝考虑进去，他的提法比较广，说是三代，但这其中张先生最重视的还是商代。每次张先生受邀在跨文化比较著作中介绍中国情况时，他都会写商文明，所以后来就形成这样一种氛围，虽然美国考古学的主流到现在都不是很懂中国，但至少大家都听说中国有这么一个商文明，是代表中国的古代文明阶段。可以说，张先生想把"商"等同于中国古代文明的标志（brand）。因此，在这种情况下，我研究周代的中国，就会为刚听说商代的美国考古学界带来一定的迷茫，过于强调了中国文明的复杂性。张先生也许害怕，在当时的情况下，给美国考古学家再介绍一套新东西，很容易让大家糊涂，还不如让大家都先进行商研究。这一层考虑，张先生当时并没有挑明，但我感觉他可能有这个想法。同时，如果我做商研究，他可以更直接地给我提供帮助。也许是我当时太胆大了，不过我也不希望完全跟着老师做，我成长的学术环境也不鼓励这样。

如果换成其他学生，可能就留在哈佛跟着一个老师一直学下去，但是我后来又去了日本，师从另一个教授。张先生很宽容，还到处给我写介绍信。我当初在北大给哈佛写的申请书是这样的：我现在去你们那里学习，是因为我还没有办法去日本。毕竟，日本的学术研究水平非常高，尤其是在20世纪80年代的时候，美国也难以望其项背。全美国做中国考古的学者只有张先生，而同时期特别优秀的研究中国的日本考古学家却有好几位。因为我在北大时碰上了几个水平很高的日本同学，我当时就知道，如果要达到第一流的研究水平，必须去日本，但是首先要解决语言问题。我在北大留学的时候，虽然已经学了两年日语，但还没达到能够读学位的水平。留在北大拿学位也不可能，因为当时还没有恢复学位制，国外的留学生更不可能拿到北大的博士学位，后来才有变化。如果当时能够留在北大读学位，我可能也就留在那里了。好几年以后，我和吉德炜（David N. Keightley）先生提到这件事时，他非常吃惊地说：如果那样的话，现在就没有罗泰了。的确，我到哈佛和其他不同的地方学习是一笔财富。不过如果我当时留在北大，应该也会学习得很愉快，或许会失去四处游历的机会，但可能也就收获了别的东西。无论如何，我在哈佛的头三年，一方面在张先生指导下学习中国考古，一方面进一步学习日语，为以后赴日本学习打基础。如果我没有去日本学习，恐怕专业知识就不够深入。因为当初我在北大时，北大还没有开设我研究领域的研究生课程，俞伟超等先生的课讲得很好，但也只开本科生的课，为研究生设置的专题研究课程很少。在哈佛也没有相关的专题研究课（张先生的学生很少，因此偶尔才有办法开这类课）。我当时的阅读水平并不是最好的，每个学期能看完的书籍也达不到自己的预期目标，后来才慢慢训练出来。这方面当时在哈佛的中国同学都比我们有优势，但是我想还是应该试一试，尽量多下些功夫。

张莉：您的《宗子维城》一书获得了"美国考古学会2009年度最佳学术图书奖"，也是第一个获此殊荣的中国考古学研究著作。您认为这本书的独到之处何在？为何会在众多的候选书籍中脱颖而出？

罗泰：我这本书的主要特点在于把很多不同的东西缀合起来，但是就对具体材料的把握程度而言，在中国的各遗址的具体发掘者和各地区、各时代的研究专家肯定要比我认识得深。可能当这本书的中文版本发行之后，中国学者，尤其是进行这一段研究的学者，不会感到陌生，他们反而会认为某个方面还可能讲得不够细，在某些地方他们知道的比我会更多、更清楚。我这本书的视野比较广阔。当然，这也是源自我们在国外做研究的优势，就像坐飞机时看到的风景和骑自行车时看到的自然不一样。

张光直先生曾说过，研究古代中国，原则上没有本质区别。进行商代研究的学者不能说自己不是做甲骨文的，就不管文字；做艺术史的学者不能认为不懂考古材料是没有关系的。现在比较好的大学里这样的情况已经很少见了。但是在二十世纪六七十年代，还有不懂中文却研究中国绘画的学者，而且是非常有名的学者，不懂题款，也不觉得题款重要，认为和他的研究不相干。这在现在看来是多么的不可思议，更是无法接受的。做中国考古研究的学者跟这个情况是一样的，至少要对相关的领域有所了解，具备基础知识。比如说进行考古发掘的学者，也要懂得动物考古和植物考古，虽然要把这些领域都研究得很透彻是不可能的，但你毕竟应知道该找这些领域中哪个最好的专家进行合作。张先生当年在台湾地区和中国大陆的发掘项目就遵循了这个原则。

我认为我这本书获奖是很幸运的，正是因为此前从来没有中国考古研究的书获奖，这样一本终于能够入流的研究中国考古的书出现之后，自然也就引起了学术界主流的兴趣。今后在美国研究中国考古学的学者会逐渐增加，每两三年就能出比较好的总结中国考古的书，可能以后就不会再这么幸运了，不会都能从美国考古学会拿到年度最佳图书奖的荣誉了。

当然，我这本书能够得奖也反映了目前的一种趋势，即大家对中国考古学越来越感兴趣。这和越来越多的学者本人去中国看过、自己教过中国出身的学生有关。张先生一辈子都在劝大家要认识中国考古学的重要性，不过当时西方学者去中国并不容易，即使能够去，也不知道该去哪儿参观，很有可能即便去了也看不到什么考古材料，而且当时西方能读中国考古书的也没多少。最近几年，在美国的学者和中国的交流变得越来越容易，好书也出了几本，去中国旅游也更加便利，很多这边的老师又都有中国留学生。此外，我认为北美考古学家日益重视中国考古的关键在于，虽然很多人的专业并不是中国考古，但是通过这几年越来越多的合作项目，大家能够到中国进行田野工作，在中国的工作又都很开心，而且还认识了中国考古学家，也就明白了中国考古有多么重要、多么好。正是在这种情况下，出现了和以前完全不同的氛围。所以当有了这样一本中国考古的书，大家都觉得还不错，就会考虑给这个荣誉。其实，张先生的任何一本书都值得授予这个奖，但是因为当时并不具备这个环境，所以从未拿到过，这是非常不公平的。但是张先生拿到了别的方面的荣誉，比如美国科学院院士。从这一点我们也可看出，当时美国考古学研究的主流还是非常重视张先生的。但是，当时对张先生重视，主要原因并不是因为他做中国考古学的研究，而是因为他对考古学理论和方法的贡献。我虽然并不否定理论与方法的重要性，但我自己对理论与方法并没有做什么贡献，这本书也没有这个意图。

我这本书主要是把中国这几年最新的考古材料总结和介绍给大家，主要的目标读者是西方考古学家、西方搞中国历史的学者以及日本学术界，因为当初我写这本书就是日本学者的提议。我基本上就是把信息介绍出来，并无很宏大的理论框架，而且书里面的材料也不适合从某个具体的理论角度进行整体分析。我仅仅用了社会人类学的一些基本概念套在考古资料上，那是为了叙述方便，而不是为了证实某一种社会人类学概念的合法性。我一开始写这本书的时候就决定把焦点放在社会单元，而无涉政治史。这是因为考古材料比较适合直接谈社会，用它直接谈政治则会有诸多不妥。把这两者分开，集中谈其中之一，当然是一种方法论上的决定，将来很可能会有学者在研究同一套资料时采取不同的方式。

我这本书的主要目的是让大家知道研究中国古代社会有什么样的考古材料，而且希望大家明白，中国除了张先生一直提倡的商文明以外，在稍晚阶段还有如此的社会形态，也很有意思，可以解决很多人类学问题，并且能够和其他地方进行对比。对于研究中国历史的学者，我希望他们看了这本书以后能够意识到，不应该只考虑文献，还要注意到这些考古材料能够提供的背景，让他们更清楚地认识所看到的传世资料和出土文字资料的内容。我是在为大家提供便利，并不是在创立新的理论模式。所以我专门选择了最简单的理论,也就是比较任意地确定三个阶层——家族、氏族、民族——来分析与之各自对应的考古材料,揭示这些材料从西周到东周发生的社会变化。最后的结论也并没有同大家以往对中国古代史的传统理解完全不同,只是在有些地方的提法不一样,具体材料有差别,有的地方把重点稍微移动了一下。这当然并不是什么革命,但也还是一种值得关注的贡献吧。其中,书里涉及的文献和考古材料的关系,不仅在中国有,其他凡有文字的古代文明也存在,比如埃及、两河流域、玛雅、希腊、罗马。中国也可以给这些地方的研究专家提供一个范例。再如,这本书中讲到文献和考古的关系,也就是说两方面都要研究,但不要结合得太早,要先"分进"再"合击"。"分进合击"(getrennt marschieren, vereint schlagen)是德国军队传统的战略口号。我的德国学生安可在海德堡学习考古的时候,就从不是做中国考古的教授那儿听到一模一样的提法,这也比较符合张先生提倡的"都要知道"的原则。关键是,物质文化和文字资料有各自适当的研究方法,这些根本不同的方法尽量不要任意混合起来。

张莉:您曾说《宗子维城》一书更加接近社会科学,您早期的著作《乐悬》则人文科学色彩更浓,这种差异产生的原因是什么?多大程度上来自于研究对象、解决问题的不同以及不同时代研究思潮的导向？

罗泰：这个当然和研究对象有关系，不过研究对象又都是我自己选择的。似乎这两次研究对象的选择恰好都不是我应该选择的。我当时在人类学系做论文，选择乐器作为研究对象，似乎过于人文科学了。如果当时不是张先生说可以做，也许我不会被其他老师所允许。《乐悬》的研究的确距离田野考古和"文化进化论"都比较远，不过在当时的情况下，因为不能在中国进行或参加田野工作，所以也没有别的办法。另外，我认为这个题目很好，能够反映整体性的社会现象，即可以将研究这些乐器作为出发点，进而上升到整个文化系统的研究，而且在人类学范围中这样考虑的话，也完全可行。不过我用这个论文在人类学系求职的确很困难，最后也没有被哪个人类学系接受。虽然这个题目不符合大家对中国考古学专业研究生的期望，但它很适合我，又非常有意思，所以我到现在并不后悔花了这么多年研究音乐考古。

我在艺术史系工作以后，情况又正好反了过来。我在艺术史系的同行绝对不会反对我写比乐器更加人文的书籍，或许乐器在他们看来还不够艺术史，再写一本同艺术史关系更加密切的著作也乐观其成。但我的兴趣不在那里，所以也没有屈从。

《宗子维城》是我长期的构想，1990年我在中国社会科学院考古所做访问学者时就有写这么一本书的打算，不过当时胆子比较小，只是先零星写了点文章。后来我在写《剑桥中国古代史》东周早期阶段时，写了些相关的内容，不过那本书的限制比较多，不可以提到任何和西周时期有关的事情，所以我要写的整个社会发展过程没能表达得太清楚。再后来，我感到可以把这部分扩展成一本书，最终写成了《宗子维城》。这也是兴趣和自信逐渐发展的结果。我不可能只写乐器，那样的话范围太窄，何况现在还有其他学者专门在做乐器研究，某个学校就有老师及其门下的学生专攻这个方向，所以我想还是让给他们去做吧。我在《宗子维城》开篇的时候就讲明，我要写的是社会科学，但并不是特别硬的社会科学。这也是故意的，因为我的目标读者之一就是历史学家，而历史学就是在社会科学和人文科学之间的学科。同很多自认为是人类学家的考古同行相反，我认为考古学家就是搞历史的，这或许是我当初在北大受训的结果。这种学科定位的差异自然也和研究者自身的研究范围有关。比如说，做史前考古的，尤其是做旧石器考古的学者，和历史研究的关系相对而言就不那么紧密。我所说的考古学家是做历史研究的，主要是指历史时期的考古，但是我觉得从方法论上讲，考古应该是独立的。尽管我们算是做历史研究的，但毕竟和文献历史学家不一样，应该互相取长补短。现在有些历史学家也关心考古材料，但他们在使用这些材料的时候并不是很得心应手，而这恰恰是我们考古学家的优势所在。反过来讲，考古学家在用文献资料时也常常极别扭，还不如把这方面的研究让给历史文献学专家。

张莉：您在《宗子维城》一书中对目前中国考古学的现状进行了总结并提出了反思。您认为这本书会对中国考古学家产生怎样的影响？

罗泰：最近，斯坦福大学的丁爱博（Albert Dien）写了《六朝文明》一书，并且已经被李梅田翻译成中文。我觉得这本书中国学者一定要看，因为全世界都还没有类似的全面介绍中国魏、晋、南北朝物质文化的书，虽然也有零星的相关文章可以拼凑在一起，但达不到这种系统性、全面性。丁爱博写此书花了三十多年，下了非常大的功夫，这才是真正的经典。《宗子维城》并未达到这个层次，中国的读者可以看，也可以不看。

我认为《宗子维城》之所以有译成中文的价值，是因为此书能让中国读者知道一个西方学者是如何思考考古材料的。中国当然有这个阶段的各种教科书，它们把相关的考古材料总结得很好，但近年来并没有与《宗子维城》类似的著作出版，所以这本书也可以在一定程度上弥补这个缺憾。但即便这本书的中文版不发行，中国国内的学术也会照样前进。不过我还是希望这本书能起到一定作用,希望中国的读者同西方、日本的读者一样,不用花太多时间就可以明白这个阶段的大致情况。

我很明白,这本书现在已经有一些过时的地方,毕竟出现了新材料或者新的报告,连我自己都写文章把其中一些地方谈得更具体了些。这个学科一直在发展,经常有新的发现,这是考古工作者必须面对的,也是好事情。过几年,完全可能有其他人写类似的书,希望会写得更好,非常欢迎!到时候我这本书大家不再看都可以。不过就这些年而言,这本书也许还是有其自身价值的。我的第一本书到现在出版社还在卖,已经十七年了,我十八年前发表它的时候完全没想到会延续这么久。有的人对这本书意见比较大,我也承认很多具体的地方有新的材料需要补充,可以写得更好,但我觉得书中基本的思路和观点还站得住脚。或许我不够谦虚吧!

张莉:您供职的扣岑考古研究所涵盖了世界各地不同传统的考古学研究,这种跨文化的考古学交流平台对您的研究产生了什么影响?

罗泰:好在我们这里的学者已经认识到有个东亚考古学实验室是理所当然的事情。在他们看来,有南美、北美、中美、埃及、近东等实验室,就应该有一个中国的实验室。这方面,我们和其他学校很不一样。大部分美国学校还都没有中国考古的教员,而我们这边有做中国新石器考古的，有做中国旧石器考古的，以后还会有中国古文字的专家。同时，学校还有好几个很不错的中国文学、历史、美术、音乐、社会人类学等方面的学者，总共七十多个人。可以说，UCLA中国研究领域的实力是很强的。因此我们这里东亚领域的学生可以得到比较全面的训练，即便有学生想接受文献、考古的联合训练都没问题。对韩国考古而言，全美目前还没有一个该专业的教授，我们这里虽然也没有，但是有不少其他领域的韩国专家，所以想做韩国考古研究的学生，在UCLA也能享受到比较好的教育条件。可惜我们目前还没有做日本考古研究的学生，但我们完全可以提供这个学习条件。这里的学生每天都可以和从事其他地区考古研究的人交流，每周都有各种各样的活动，大家可以经常获取最新消息。这种平台不仅对学生有好处，对我们教员也同样有好处。我们基本不用出门，全世界的好东西都往我们这里汇集。比如上星期就有美国考古学会的会长来这边做土耳其考古的讲座，非常精彩。很多时候，倒是这边的活动特别多，根本赶不过来，赶得上的就已经不少了。在这种情况下，做中国考古的学生和老师都不是孤岛，能够在整个考古学科中被接纳。可以说，这方面我们非常幸运，对很多学校而言，中国还是很陌生的。并且，如果没有像我们这样一支人数众多的专家团队，或者说专家之间不合作，就不可能达到我们这里的状态。扣岑研究所比较特殊的地方还在于，它并非一个院系，所以基本不存在学术政治。大家到这里就可以从自己院系的问题里抽身出来，自然会很开心。这里的活动纯属自愿，我们如果在扣岑研究所做工作，完全是因为我们喜欢做、愿意做，不是上面什么领导安排的。像扣岑研究所这样的机构，在美国大学界也不常见。最近有几个学校想模仿我们扣岑研究所的形式，但目前UCLA在这方面还处于前沿！

张莉：您在《宗子维城》中对考古学和历史学的关系进行了非常精彩的论述。那么在考古学和人类学、历史学的关系方面，欧洲考古学是怎样回应美国人类学下的考古学研究体系的呢？

罗泰：其实欧洲，尤其是英国考古界，受美国影响较深。我觉得这也有好处，不过还是要看具体对象，再采用与之相适当的研究方法。美国考古学和民族学之所以走得比较近，当然是由美国客观的历史发展造成的。因为考古和民族学的研究对象都是印第安人，做考古的所谓的"我者"即所谓的美国人，并不是直接和印第安人联系在一起的。中国、欧洲和美国在这方面是不一样的。但是现在看来，欧洲也有很多和现在欧洲人没有关系的史前文明。现代欧洲人并不一定是所有以前在欧洲的史前民族的后代，说不清楚。所以使用美国这种比较中立的，也就是不把史前考古作为"我者"的方法论，在欧洲也越来越受欢迎，至少被认为是可行的。现在所有的学科，尤其是人文和社会科学，都对自己学科的历史越来越感兴趣，也在考虑自己的思维方式是如何形成的，为什么会将自己现在认为正确的观点认定为正确。这些问题出现后，所有的具体学术工作的复杂性进一步加强，学者不得不对传统的思维模式进行反思，也导致整个学术活动变得更加抽象。这一现象同时存在于美国和欧洲，比如我下周要参加的"世界金石学传统"研讨会，就是这种思潮的反映。

张莉：您在以前的采访中讲到中、美、日、欧洲考古专业的学生接受教育模式的差异。那在您看来，怎样的教育模式最有利于培养出优秀的考古学家？

罗泰：日本的教育方式在日本比较适合。我们这边的教育模式可能也就在美国能行得通。所以我们不能简单地把日本或者美国的教育模式引入其他教育传统。比如我在日本印象最深的是那里的研究会，我也曾经尝试在UCLA开展类似的研究会，但根本开不起来，大家都太忙，老师很忙，学生也很忙，后来也只好放弃了。田野培训在日本非常严格，虽然我没能在日本亲身参与，但是据我观察，那里的田野教育非常系统，上一辈学生很严格地训练下一辈学生，教授之下有助手，助手指示年长的学生，年长的学生再指示年轻的，教授基本就不用管了。这在我们这里是不可能的，我们根本没有这种助手。助手的概念在这里也不是给老师做事的人，学生之间的关系也不可能如此，因为两个社会传统就不一样。

在中国，大家都说教育很成问题，这个也是由社会决定的，也不能说中国就一定要全面向美国学习。我们这边的情况你也亲身经历了，但是在中国的实际情况下，因为各种各样具体的问题，很难把这些方法照搬到中国，谈得太抽象也没什么用处。当然，也有一个解决办法，虽然我很不愿意把自己作为典范，但是我认为能解决这个问题的最好办法是让每个有这种兴趣的人到不同的国家留学，有个人的亲身体验。当然这不但要学习不同的语言，还要发挥一定的文化弹性，也就是一旦到一个地方留学，就要尽量接受这个系统的习惯，在每个地方都学最有用的，并尽量在这个系统中做一段时间，之后再回国。我看很多在美国的中国留学生就是这样的。

这个问题和中国教育的变革也有关系。现在，中国的学生更能够接受自然科学，中国的中学教育似乎也更重视自然科学而不大重视文科。理所当然，考古学的学生就会觉得技术方面的知识更容易接受，古汉语、古文献的底子反而不够，和以前刚好相反。这个大家也都知道，是社会大环境变化的结果。另外，中国社会知识分子的定位和自我认知较之以前也有改变。现在做考古的学者多将自己定位为本领域的专家，而不再像以前的知识分子那样，把国家兴亡当作自己的历史责任，即使是在大学教书的年轻教员，也是同样的态度。大家同样热爱本职工作，但并不像以前那样，认为做这项工作就应该承担起民众文化认同的义务。这在原先尽管也是一个很玄的概念，但是传统的知识分子是有这个认识的。现在也有一些尊孔人士想把这种情况扭转过来，但在当前的社会环境中似乎是不大可能的事，也不一定可行。但是大家的古汉语水平下降，的确很让人痛惜。在中国，像我这个年纪的人，但凡中学毕业的，古汉语都还能读。但我们这边的中国留学生，哪怕是中文系的，古汉语水平反而不一定比这边下功夫的西方学生好，甚至有时还更差。比如以前就出现过这样的情况，中国留学生上《史记》课的时候，去图书馆借了《史记》的英文翻译本来读。西方出身的学生还能懂得古汉语语法，很多中国留学生却忽视了语法的重要性，误以为读出个大概意思就行了。这在我们这里是行不通的，大概意思远远不够，必须翻译出准确的意思。

张莉：众所周知，您精通多门语言，并且您对您门下学生的语言能力要求很高。能谈一谈为什么您对语言如此重视么？

罗泰：我觉得，研究不同的文化，首先要做的事就是学习它的语言。我们现在带很多非汉学背景的考古学家到中国参加考古项目，效果很好，对大家也都很有用，但是他们永远成不了中国考古的专家。要做某个地区的专家，必须懂这个地区的语言，尤其是做中国考古。因为中国几乎所有的考古报告和研究文章都是用中文写的，如果不会中文，根本入不了这行。同时，学语言对自身也有好处，学习一种语言就相当于学习一种文化，而且学多了，思维方式就会灵活一些，可以进入一个不同的思维体系，拓宽思路和视野，并进一步反作用于学术思想。再者，掌握了相关的语言，就可以和世界上所有对这个研究领域感兴趣的学者直接对话，能够直接阅读他们的著作。当然，有的国家相关的学者没有几个，或许不值得为了这个目标下这么大的功夫，但是学语言本身也很有意思，除了学习不同地区研究中国考古的成果外，可能还有其他值得了解的东西。

张莉：您除了进行考古研究之外，还担任多个博物馆的展览顾问。您认为好的展陈设计应该是怎样的？

罗泰：我在这方面很不符合潮流。我希望美术馆墙壁白白的，所有展览都以展品为主，但现在大家都喜欢把墙壁涂成各种颜色，我很不赞成。另外，我主张看展览的首先应该是欣赏展品，这也是个很不时髦的观点。当然展览可以提供一些文字说明，但不要太多。如果观众希望多了解情况就自己去多看些书。当然还要看具体的陈列。考古博物馆自然要多介绍文化现象，而美术馆就可以少些。现在，中国也有做得很好的博物馆，比如说上海博物馆和成都的金沙博物馆。

张莉：您的演讲除了在专业人士中很有影响外，对普通公众也颇具吸引力。扣岑研究所开展过多次面向普通大众的互动活动，而且看得出来，大家对和公众的互动是很重视的。那么您如何看待目前中国的公众考古学呢？

罗泰：这是个很复杂的问题。我个人希望大家都了解中国考古，谁请我做演讲，我都会去，对情况进行全面介绍。但是现在很多人之所以做公众活动，就是为了钱。好在扣岑研究所有一批"所友"，都是社会人，不是学生或知识分子。他们经常来这里参加活动，我们有专门针对他们开展的活动，他们可以来自由地听其他讲座，甚至旁听课程都可以，给不给钱无所谓。我们这个学科如果没有群众基础，会很危险，总有一天社会上会有人质疑，会有人说我们不需要这群人。另外，考古作为一种工作，其从业者自然有责任同别人分享知识，包括学生、同行、其他专家和一般的群众。可惜的是，并不是所有人都对这个感兴趣，但那是他们的问题，即使如此，也应该给他们机会。而且，我还是觉得知道的人越多越好，对考古了解得越深越好。有人听了我的讲座后去中国旅行，他们会自己去找讲座里面提到的遗址，这也让他们在中国的旅行更加有深度，等他们回来以后又会进一步了解考古知识。

张莉：在《宗子维城》之后，您的下一个研究方向是什么？有怎样的学术计划？

罗泰：我目前正在做"世界金石学传统"研究，并且负责其中的东亚部分。在我完成这个项目后，下面打算写"中国古代经济"。既然我的上一个项目是关于社会的，那下面就写写经济吧。现在的构思是汇集中国青铜时代的材料，也许不局限于《宗子维城》中涉及的时段，可能会把从公元前2000年到秦始皇统一中国的将近两千年都包括在内，考察其经济关系。同样，我不打算搞很复杂的理论框架，也就是把所有相关的材料罗列一下，看看能观察到什么现象。这是来自我们盐业考古项目的启发，目前还只是个人想法，不知道是否真的能写成这样的一本书，也不知道什么时候才能真正写出来。打算先写一些相关文章，其实已经发表了一些。我这学期开的"丝绸之路"课程也是缘起于这方面的兴趣。我并不打算专门研究丝绸之路，毕竟我缺乏这方面的语言知识，虽然俄语还可以看，但看得比较吃力。而丝绸之路和贸易自然有很密切的关系，所以是经济考古的一个重要方面。另外，有人打算做一个库车的项目，他们也希望我能参加，尽管我并不懂吐火罗语，也不知道是否会有时间，但可能还是会尽些力。还有一个项目是翻译《周礼》，因为《周礼》目前没有英文版，而且从考古方面去观察会比较有意思，但现在看来这几年或许做不到。那就先做些准备工作，如果有其他人要做，非常欢迎。

张莉：非常感谢，期待您新的学术成果能早日面世！

（《南方文物》2011年第2期，66-73页）

谈陕西文化与陕西考古

访谈人:《考古与文物》编辑部

访问者:罗泰先生您好,首先欢迎您到陕西来,同时非常感谢您能够接受《考古与文物》的采访。您到陕西来是因为对陕西的文化和考古有特别的兴趣吗?

罗泰:陕西是文物大省,世界上所有的考古学家应该都到这里来参观。(笑)石兴邦先生说他去过世界上所有的文明古国,没有一个地方比陕西的文物更好。他的说法是有根据的,陕西各个时代的文物都有,非常丰富,而且也比较有特点,所以我每次到陕西来都特别兴奋。我是研究周朝的,周朝的渊源就在陕西这块地方,所以我一直很想到这里来。我曾经写过有关周王朝的始祖后稷这个传说的硕士论文。当时我就特别想到周原和武功那一带去看看跟后稷的活动有关的地方,但是当时周原还没有对外开放,所以我到1991年才第一次跑到周原这一带。后来又去了好几次,每次都有很多收获,昨

天又去了。（笑）

访问者：正如您刚才所说周人的渊源在陕西，秦人也崛起于陕西，您觉得这是一个巧合吗？

罗泰：秦人应该说是起源于甘肃，后来秦国发展的阶段才是在陕西。秦人的起源也不好说，任何一个族群，从哪里起源都是很复杂的问题。有关秦人也好、周人也好，都有很多不同的说法，考古学无法很直接地证明其中的某一个。考古学研究的是物质文化，有的时候我们可以确定无疑地知道某一部分的物质文化是周人或者秦人所利用的，但是把某一个族群和它的物质文化相关联并拉得太紧好像也不太合适。我们不要忘记，某一种陶器，比如说我们称之为带有秦国特色的陶器，其实并不是所有秦人集体做出来的，而应该是某一个陶器作坊的产品，这个陶器作坊本身又有它的各种各样的工作习惯与模式，生产出考古学家所谓"秦文化风格"这么一种现象。所以，秦地所出的陶器也未必都只给某一个民族去使用，还要考虑到市场交易等可能性。我们在几千年以后很难说清楚当时的情况，原则上要保持一定的怀疑，不要谈得太死。我们通过考古材料可以在陕西看到有周人和秦人活动的史迹，这是肯定的，但怎么样看就是另外一个问题，某一种陶器是不是就一定代表着他们的某一种民族身份标志，这一点我很怀疑。这种陶器和族群的联系确实存在，陶工也当然属于当时的民族社会，但不是一种必然的联系。

周人和秦人在陕西的崛起应该与时代氛围、自然环境及新石器时代以来的农耕文化的发展水平等诸多因素都有关系。

访问者：周人在建立周王朝之前和商发生过一系列复杂的关系，您如何看待先周在陕西崛起的过程以及它和商之间合作与斗争的这种关系？

罗泰：首先我应该说我同意你的这种说法，我也觉得周人是崛起于陕西，但你知道，有不少学者不一定同意这个观点，包括我的老师邹衡先生。他始终主张周人起源于山西说，这是民国时期钱穆提出来的，现在西方有几个学者仍然主张这个说法，包括芝加哥大学的夏含夷（Edward L. Shaughnessy）。我倒觉得从考古方面完全没有办法证明周人起源于山西说，反而可以比较清楚地看到周人早期王朝的根基怎么在陕西的岐山南北这块地方从一些很复杂的地方性文化的关系中发展出来。当然我们不能排除先周时期的早期周王朝的某一支也许是来自山西的，但如果是这样的话，也并不是考古遗迹所能够证明的，而是要完全根据后来的文献资料才能知道。我本人对这些文献的可靠程度仍有所保留。无论如何，所谓先周时期在当时周人主要活动范围的陕西中部流行的物质文化是土生土长的，这一点根据这几十年的考古工作就可以肯定。这其实是中国考古里面一个非常有趣的题目，我目前还没有仔细研究过，但一直很感兴趣，而且我们现在也不敢太直接地把某一个族群和某一种物质文化（或者考古学文化）连接起来，这个带有一定的危险。目前与此有关的历史文献在这方面也比较暧昧，所以现在陕西的学术界，还有全国各地的学者，对这个问题好像有许多不同的看法，我也不太确定其中哪一个最值得接受，可能胡谦盈先生（中国社科院考古研究所研究员——整理者注）根据碾子坡的材料提出的观点比较好。可是先周时期的周文化，似乎包括很多不同的成分，而且这一点在考古学材料里面也有所反映。它和商人的关系主要看历史文献，也可以看甲骨文，这不是单纯的考古学问题，但是从考古学的角度可以这样说，在周人还没有建立自己的王朝以前，一直到西周早期那段时间，受商文化的影响很深。在物质文化里面，晚商（也就是殷墟末期）和西周初期的界限是很模糊的，甚至可以说在很多方面并不显现出任何差别。当然陶器的序列实际上各个地方有自己的传统，我们也不期待它随着一个新的王朝建立而发生突变。所以到了周代，陕西、河南等地的陶器序列都保持着自身的特点是并不意外的现象。高级奢侈品因为它内在的政治性比较强，所以更有可能会受到朝代变革的影响，但是周初的青铜器与晚商的也很难分辨，有的时候不能分辨，到了西周中期才出现了一个较为明显的"周风"。我们好像可以推论，周人建立了自己的王朝以后，有相当一段时间他们主要的目标也许就是延续商王朝的传统，然后在此基础上逐渐发展了一个新的制度，而不是一下子就改成周制了。近几十年的考古发现已经充分证明了我们现在所谓的"周制"不是文王、武王那段时间周公创立的，而是西周晚期，大概在公元前9世纪才产生的。

访问者：陕西的北部有一些属于北方长城沿线的考古学遗存，这些遗存所代表的人群既对黄河流域的古代人群造成了威胁，也是沟通中西的桥梁，这种关系是整个欧亚大草原的一个重要题目，您是研究周朝的，您如何看待周王朝与西方和北方的关系？

罗泰：这提醒我们，现在的陕西未必是跟古代文化区相符合的单位，所以其实陕西是有好多不同的文化同时存在的。陕北的那套其实我也没有深刻地研究过，但是据我的初步印象，它主要的关系应该是中国大西北地区和所谓的北方系统的，那么也可以说和西亚的中部、欧亚大陆的很多地方都有一些联系，但是跟中国内地也有联系，它刚好是它们之间的桥梁。所以将来这一定会变成一个很有前途的研究课题，到现在好像还没有开始深入地做。西方也没有好的专家研究这个，有研究欧亚大陆文明的学者，但是他们不太懂中国。能把这两者结合起来的学者目前很少,西北大学的张良仁是有条件做这个研究的,他既会俄语又会中文,好像要做这样的题目最起码要会这两个。商周战马车的"西来说"在西方学术界的确已经是定说,欧亚大陆各地的考古发现已经基本上证实了这一点。不过,二里头等地的考古发现也证明,战马车在商代中期从西方进来之前,中国已经有了其他种类的车辆,它们的具体遗迹目前还没有被发现,只看到了轮迹,这些车子具体的形状还无从复原,是否为中国当地所发明还说不清楚。车子这个例子提醒我们,欧亚大陆在古代是一个非常重要的文明传播渠道。我希望将来会有很多中国学者在国内外沿着古代的文化传播路线做比较系统的工作,来弄清各个来自中国以外的文化因素的确切来源以及它的传播路线、传播方式、传播年代等等。我认为这种问题应该具体地谈,从考古学的角度能够做清楚就做清楚,尽量摆脱"我先你后"这种学术之外的思维放射。这里再说一句题外话,历代陆陆续续的所谓异民族的皇朝,对中国文化起了十分重要的作用,例如元朝应该是中国文化(包括汉人的传统文化)最繁荣的时期之一,我们现在好像已可以放弃20世纪那种狭隘民族主义所带来的否认异民族贡献的态度。

访问者: 对文献记载的夏代是否存在这一问题,国外汉学界是如何看待的?您自己是怎么看的?

罗泰：夏代作为中国历史的一个时间概念，从公元前的某年到公元前的某年，这个提法应该是不成问题的，好像现在有分歧的是夏王朝这个概念到底相当于物质文化的哪一个现象。中国学术界现在已经基本上接受了夏王朝就是相当于二里头这个阶段的说法。这一点我们在西方也都知道，是不是这样子，从纯粹考古学的立场来说好像是不重要的。西方对这个问题往往兴趣比较弱，而且西方学者在研究中国古代文明的时候最有兴趣的是更加抽象的问题，如社会复杂化过程等等。

严格地说，夏朝的问题首先是一个文献历史学问题，不直接牵涉考古学。西方汉学界在研究古文献的时候有这么一种习惯，就是首先把文献的成文时间及它的性质弄清楚。比如《孟子》里有关夏王朝的记载，就要首先探索这些记载在《孟子》中的上下文，要明白作者在提到夏王朝时候的意图。换一句话来说，我们不把《孟子》作为关于夏朝历史的一种很可靠的信息，而作为战国时代的某一个人有关夏朝的记忆——而且他刚好在这个地方提到这个记忆背后有具体的、跟战国时代的情况有关的需要，是不是他当时真正知道这个比自己早那么多年的一个时代的实际情况，这一点现在很难说。当然我们可以看考古材料能否有线索让我们判断《孟子》有关夏代说得对不对，但是考古材料往往不适合解决这个问题。无论如何，把《孟子》拿来解释公元前两千年前的考古学材料绝对是不行的。所以如果西方学者谈到夏王朝的话，他往往采取这样的一个提法，就是说夏朝在后来某某一个时代的文献中有所反映，是不是真的有这么一些事情，那就要等到将来有更可靠的材料再来判断。

另一方面，现在也已经不可否认二里头有一个庞大的国家存在，跟二里头以前的晚期新石器时代不但不一样，而且达到了一个完全新的发展阶段，在中国大规模国家首先出现，西方学者称之为社会复杂化的一个突破。这也许就是以前所提到的那个夏朝，是不是这样，好像从考古的立场来说是无所谓的。我们现在从考古的立场可以很自信地说，社会发展史的现象如何如何，但是这个阶段当时叫什么名字，后来人叫什么名字，好像都比较模糊，而且这也不是考古学一定要关心的课题。

访问者： 近些年国内学术界提出"走出疑古时代"这样一个说法，您认为现在具备"走出疑古时代"的条件了吗？到底能不能"走出疑古时代"，或者需要不需要"走出疑古时代"？

罗泰： 我觉得这个问题的提法比较怪，也许我误解了所谓"疑古"的正确含义。在我的理解当中，所谓"疑古"，就是用科学的方法来研究所有的古代文献。假如我们有一个和西周初期有关的文献，就首先采取如语言学等方法，来看它处于中国文言文发展史当中的哪一个阶段，是不是《尚书》里边所说的周朝的早期，是不是符合那时候金文材料的语法，是不是已经进行过一种改变，这都可以根据科学的方法研究出来，而且文献越多（现在幸亏出土了很多新的文献材料），就越可以研究类似的问题。为了能够提出这些问题，首先需要采取怀疑的态度，有了证据，怀疑就可以消除了。如果不采取这个态度的话，对文献的态度就相当于一种宗教信仰，我们作为学者，这样对待文献是不合适的。清朝考据学家就不是这样的，尽管清朝的很多人认为"四书""五经"，还有"十三经"，都是圣人之书，一句都不可以怀疑。要强调的是，"疑古"根本不是最近的现象，更不是外国汉学创造出来的，传统经学就有，而且相当发达。放弃"疑古"精神等于放弃文献学的科学基础，是一种巨大的退步，我们研究历史的现代学者绝不应当再采取这样的态度。研究历史，尤其是考古学家研究历史的时候，对历史文献的态度应该跟对考古材料一样，就是说用各种严谨的科学方法来精确、系统地研究它的特点。其实，考古学家往往缺乏充分的文献研究的训练，所以考古学家，包括一些很伟大的考古学家，使用文献的方式常常不是很地道，很容易犯大错误，有鉴于此，我也不主张过早地把这两者结合在一起。考古学家最有把握的就是谈物质文化，要引用文献，最好先仔细看文献专家的研究结果,然后再用,或者把这个任务让给纯文献历史学家(也可以两者合作研究)。

访问者: 与三代有关的文献主要是甲骨文、金文和传世文献,其中传世文献具有非常重要的地位。自从顾颉刚先生提出"古史辨"的方法以来,对传世文献有了很多的质疑,但是同样对传世文献进行了很多充分的分析,把其中不可信和可信的部分做了区分,而且把某一部分为"信史",或者某一部分为"传说",或者某一部分在一定程度为"可相信的历史",都做了一定的区分。如果我们将传世文献中关于"三代"的一部分看作"信史",那么与"三代"相联系的"传说时代"的文献应该怎么看待?您知道,特洛伊(Troia)的发掘者海因里希·施里曼(Heinrich Schliemann)是相信《荷马史诗》的,"传说的证明"对考古学家和公众都非常有吸引力。

罗泰: 这个问题我也没有专门研究过。我觉得顾颉刚的贡献是非常大的,但他常常被误解。他根据清代考据学家的研究结果,自己发扬一套相当现代的史学观点。有的人错误地认为他受西方的影响,其实完全没有,就是中国自身的一个传统,到了民国时期形成了这么一套学问,反而影响到了西方汉学界。恰好西方19世纪以来对古代文献的重新理解也做出了比较相似的观点与方法,这可能不是完全偶然的,但好像并不能用直接影响来解释。

如果要根据文献资料去研究古代史，最有价值的当然是原始的文献材料，而不是传世文献。在中国青铜时代，最重要的应该是甲骨文和金文，比传世文献可靠得多。铭文的材料已经证实了一部分传世文献，但往往这个关系比较复杂，据我的理解，也并不能那么简单地说"证实"，仅仅可以互相参照，互相没有矛盾，或者显然有矛盾而这些矛盾能够解释。大家说铭文和文献有一样的时候，有的时候也不完全一样。我刚才已经说过，引用任何一个文献，首先要弄明白它编写的环境和意图。铭文背后当然也有这些，但铭文至少有这么一个好处：它们基本上不存在世世代代被重新构造的可能。没有当时的第一手材料存在的时代，即史前时代或者所谓的传说时代，我不主张根据后起的传世文献研究，我觉得就是要从考古学的立场来观察，在考古材料的基础之上能说什么就说什么，其他的东西最好不要听。最近有一篇文章，把陶寺文化说成尧、舜、禹的遗迹，这好像不是很严谨，是缺乏根据的一个提法。其实，我们研究陶寺遗址，可以研究出它的很多文化特点，根本不需要知道它和战国时期或汉代的文献里面提到的很远很远的祖先有没有关系。20世纪上半叶，高本汉先生已经很正确地指出，传说里言及的时代越早，有关的传世文献出现得越晚，意思是比较早的传世文献就提到商晚期和周朝，再晚一点的提到商朝初期还有夏朝，到了战国和汉代才能够看到有关所谓的"传说时代"的记载，那好像并不是因为战国、汉代的知识分子对于远古时期的知识逐渐有所增加，而是因为他们逐渐地重新造出了神话，而且通过这些神话满足他们当时的某一种文化上或者政治上的需要。尤其我们都知道战国时期的情况，当时好几个小国家发展成我们现在称之为"华夏民族"的这么一个体系，在这个环境之下，他们需要一种思想和仪式体系把他们的祖先都综合起来，所以就造出了越来越早的祖先给他们一些共同的过去，于是就造了一个黄帝。黄帝好像出现得特别晚，到战国时期才有，更早的盘古到了东汉、三国时期才出现。

神话研究也有它自身的方法论，和考古的方法论不完全一样，跟一般的文献学方法也不一样，是一套社会科学方法，以不同的文化之间的比较为基础。其实，类似于上面高本汉所分析的神话体系的构造过程，在中国以外的别的地方也有。因此，我们通过跨文化的神话比较就能够更好地理解中国古代的传说。中国的一个特点是，原来明明是神话传说的记载，后来基本都被认为是历史。这方面中国跟其他的古代文明还不完全一样，像埃及、希腊、印度的传说就非常丰富，但在那些地方，显然并没有严密地把它等同于历史来对待。与此相比，中国可能过去也有类似的情况，但是从传世文献保存下来的传说体系其实是比较薄弱的,因为中国比较早就开始写我们现在称之为历史的东西,用它代替了传说故事,这应该当作中国的一个宝贵的文化遗产,但这样一看的话,好像更不应该给那些传说时代在考古学当中弄出一个很重要的位置。

文献的甄别和与考古结合的工作不一定是考古学家一定要做的。考古学家的主要任务是要把物质文化研究清楚,然后把结果报告成历史等学科的专家能够使用的方式,让文献学和考古学的研究并立存在。两者结合的地方不一定能够找到,当然两者是同一个现象的不同侧面。

访问者:实际上刚才您在某种程度上已经作了回答,就是陶器的问题。现在,中国的考古学研究中把陶器看得比较重,尤其是像一些史前研究,一些学者不仔细地加以分辨,简单地将陶器和人群等同起来,用来研究人群在整个时空中的变化。您怎么看待这种方式,或者说您觉得这种研究应该怎么去改进?

罗泰:我当然不主张把陶器的一些组合很简单地等同于某一种族群,有的时候确实有这种关系,但是首先陶器是陶工制作的,所以我们通过考古学能够很好地去区分不同的陶器制作传统,然后可以把它们跟物质文化的其他方面连在一起,有的时候还真的能够把某个族群的生活习惯通过这样的陶器和各种其他东西作一个界定。我是一直希望能够通过经济学方法，就是人类学经济史的方法，来弄清这些我们现在称之为"文化传统"的东西之间的区别，然后就不再说某某某"文化"，而是说也许某一个制作传统，或者某某一种交易网络，或者某某一种市场范围之类的。陶器和其他物质文化不一定都有相同的时空分布，不同类型的物质文化的分布区不完全一样。那么，我们仅仅根据陶器来界定古代文化和民族、氏族之类人群的认同的话，我们很可能会误解他们，而且只是把这些族群里面做陶器的人搞清楚。在早期农耕的新石器时代，这个问题可能不大，因为在这个时代，也许每个家庭都做自己的陶器，而且每个家庭的女性都是陶工（这是根据民族学材料想象出来的），所以在这个时候，陶器可能真的能够在很大层面上跟这么一个共同体互相重合，但是到了有更高程度上的人力分工的时代，这样的做法可能越来越不适合，而且不符合于历史事实。所以我想将来如果有时间的话，再写一本书作为一个试验，就是说不再提"考古学文化"这个概念，就提某一个遗址所能看到的什么现象，然后把它跟周围的遗址如何联系，把这种市场关系、经济关系、网络，还有动力，慢慢地研究出来。这当然还要考虑到古代环境、自然资源等等，这些都会变得很复杂。将来如果能够以这样的方法研究中国早期历史时代的考古学文化，也许可以更加具体也更加全面、正确地从物质文化方面去了解它。到了那个时候，也许考古学会越来越从那些历史文献所提到的某一些人名、人群之间的互动关系中脱离开来，然后探索其他的方面，比如说一般人的生活方式以及对它们的各种态度和观念。也许将来我们在书写历史的过程中，可以更广泛地复原古代历史的事实，给社会中更大的人群在历史中展现自己的一个机会，而不只是一些王者、将军以及与他们有关系的一些人。考古学确实能够对这样的历史学提供材料。将来也许会这样，只是我们现在还没有做到。

访问者：现在以数学方法为基础的包括GIS、数据库等各种各样的方法，在中国考古学里面开始越来越多地被使用，但是如何给这些方法一个合适的定位，它们和考古学的关系目前还不是很清楚，所以想请您谈谈关于这个问题的看法。

罗泰：我希望将来考古学能够做出一套真正数字化的、可以进行详细统计学分析的材料，到目前为止几乎还没有。我们现在说做统计的时候，大都没有统计上可靠性的数字，所谓的统计，往往是大概的印象而已，并且很可能是错误的。将来如果尽力细致地收集在统计学意义中有代表性的材料，那将来我们的各种观点也会更加科学、更加有根据，所以我非常鼓励对各种数字化研究方法感兴趣的考古学家尽力做下去。你知道搞计算机的人有一个说法——"garbage in, garbage out",你把垃圾扔进去,电脑还给你的还是垃圾。所以你光掌握数字化的技术是不够的,还要懂得如何在田野设计一个系统的方法去采集材料,并且如何适当地处理所取得的考古资料以做出可靠的统计数据。最近和我一起来陕西的几个人(指成都平原郫县古城调查项目的参加者),为这样的方法能够在中国考古学实行做了很好的贡献。他们在数字化的分析上做得很好,更关键的是,取得这些资料的过程一直遵守一个非常严谨、科学的原则,所以我想他们将来的研究结果是比较可信的,我们可以期待一个很精彩的研究报告。这方面的研究到处都可以做,其实成都平原还比较难,因为当地到处都是水田,所以做地面调查很不方便。在中国北方相对更容易些,做过的也比较多,但成都平原调查使用的方法更可靠些。我非常希望将来更多的考古工作者在各自研究的地区都去做类似的调查项目,做多了就会完全重新认识到各个地域内从古到今的社会、文化、经济的发展以及各个地域之间的互动关系。这样我们将来对历史、民俗、人文地理等方面就会有一个更具有科学根据的了解。我现在还比较年轻,希望还能够有机会给大家为了这个目的而奋斗的过程提供一点帮助!

(《考古与文物》2012年第1期,108-112页)

谈考古学方法论

提　问：张良仁
整　理：张　莉

【引言】罗泰（Lothar von Falken-hausen）教授为美国加州大学洛杉矶校区艺术史系教授，国际知名的东亚考古学家。有关他的学术经历，以往的访谈（《哈佛看中国》，人民出版社，2010年，199-222页；《南方文物》2011年第2期，66-73页）有过详细介绍，兹不赘述。他的学术思想在以往的访谈中也有充分的反映［除前面两次外，还有《考古与文物》2012年第1期，108-112页；《上海书评》（《东方早报》副刊）2010年7月18日，1-2版］。2012年春季，他应邀来到北京大学考古文博学院讲学，一共讲了12次，内容涉及中国考古学的各个方面，包括金石学、类型学和美术史，在北京的考古学界引起了轰动。

2012年6月,罗泰来到西安,为中美国际田野学校的学生授课,借此机会,张良仁约他做了访谈。本次访谈就由罗泰教授在北大的讲学内容展开,进一步阐述他的学术思想。需要说明的是,2013年6月,罗泰教授再次来到西安,为中美国际田野学校的学生授课,在百忙之中对本文初稿做了细致的修改和补充。之后张良仁又对部分文字做了修改,所有文责将由其承担。因为篇幅较长,所以分为三个部分发表。这是第一部分,谈的主要是考古学方法论。

张良仁:你说你是在中国学的考古学,然后带着中国考古学的方法在哈佛大学做的研究,而这种方法与美国人类学有些冲突。你的两本著作《乐悬》和《宗子维城》将考古资料与历史文献相结合的研究方法确实体现了这一点。那么你用中国考古学方法写的论文在当时有没有碰到阻力?你在UCLA工作时有没有遇到阻力?

罗泰:我并不习惯把方法分为中国和美国。我主张首先要了解实际情况,多了解各种可行的理论与方法。因为每个题目有它自身适当的方法,它在研究的过程中自然而然就会显现出来。你所谓的"中国方法",大概说的是20世纪中国一部分考古学家对蒙特留斯(Oscar Montelius,1843—1921)的类型学方法的引进、利用吧。我在我的博士论文里的确用了这种方法，因为适合于研究题目，所以没有任何人提出反对。但是应该强调的是，我当时对编钟的分期、分类，主要是希望能够把双音钟几个世纪的发明和发展过程表述出来。我为此尽管利用了传统考古学的类型学方法，但是背后的问题并不是来自纯粹的传统的器物学，而是来自科技史和音乐史。就像我在北大讲的，在使用类型学的时候要有一个目的，这个目的会影响到分期、分类的标准和质量。在研究一个题目之前，我们首先要把研究的目的弄清楚。所以我在研究编钟的时候，根据我自己的研究目标，对中国学者利用传统方法做出来的结果进行了重新梳理。如果我的论文光以这种分析为止的话，哈佛大学人类学系的教授们也许会提出若干意见，但我的博士论文还包含了很多其他内容。我对中国古代音乐的文化背景作了很充分的讨论，为此引用了社会人类学、民族音乐学、语言学等学科的理论与方法。我还用到了较多的铭文资料，使用了文献学和文字学的理论与方法。总的来说，我的论文又长又杂，我把它写成书的时候删掉了很多内容，其中一部分改成文章发表了。现在看来，尽管有很多新发现证明我当时的一些具体理解是错误的，但当时基本的论点还是站得住脚的。如果现在再让我讲编钟的文化背景的话，我就会更加强调西周中晚期编钟对礼制改革的重要性。

我尽管是从哈佛大学人类学系毕业的,但是后来一直在艺术史系工作。因为美术史的方法论比考古学更加庞杂,更加缺乏一种固定的系统,所以我在UCLA从来没有遇到同行来批评我在研究著作中对理论与方法所做的选择。

我的第二本书总结了庞大的考古资料,而且这些资料都是中国的学者根据各自的方法整理出来的。不过我在这本书中进行的分析并不局限于原报告的内容,否则还不如直接把它们翻译过来。我就是想用这些资料来说明如何使用西周中晚期到东周的材料来研究当时的社会发展,作为当时的思想史发展的背景。这个问题大家都关心,但是好像没人专门从考古的角度来讲它。以前的学术著作大多从文献出发,然后把考古的材料套到文献的框架里去。我就是想从这个框架中跳出来,让大家看看能否从考古的角度来谈类似的故事。最后的结论也表明文献历史学和考古学之间并没有基本的矛盾,有的时候可以互补。但是两者牵扯到的文化面貌是不一样的,有的时候从考古学的角度可以把一个时代的情况看得更加清楚。这本书也没有一个很好的结论,也就是把这些情况谈了一遍,大家可以根据这些情况继续研究。下一本书也打算这么写。

张良仁:我刚才可能没有讲清楚,因为我听说有个中国学生拿着唐代的墓志去找一位美国的老师请教的时候,对方说不要拿任何文字的东西给她看。我想说的是,美国的考古学家对文字类的东西是不是有一种天然的排斥?如果是这样的话,你在哈佛写博士论文的时候是不是因为使用文字的材料而出现过阻力?

罗泰:还好,张光直先生完全不像你说的那位学者。那位学者是做西亚史前考古的,她在自己的领域可能碰到了一些只研究楔形文字而不注重考古背景的学者,所以她会认为这位学生也存在这种趋势,才会有那样的反应。西方人类学、考古学界也有好多学者把考古和文献的材料整合起来,使两者能够各得其所。而张光直先生的思想非常开放,他完全不想局限于某种学科,他认为研究中国古代文明要采用所有能够采用的资料和方法。他认为从人类学的角度研究考古的材料比较容易把整个文化的框架研究出来,这样就会比较全面和多样地理解中国古代文明。这是做人类学的好处。当然有的时候分析结果会比较笼统,但是这个缺点可以尽量克服。

我的论文答辩委员比较少,哈佛对我管得非常松。我当时只有两次口试,第一次是把课上完了,然后我们一个年级的所有学生都在一个下午进行了面谈。面谈时有三位老师,我记得他们问了我二十分钟的问题。第二次是我从日本回来,当时我把博士论文题目定了,作了开题报告,也是三个老师面谈。他们根据我提前提交的方案问了几个问题,然后说"好",我就可以走了。我记得当时也就半个小时的时间。我觉得当时哈佛对自己招收的学生比较自信,并不是老师不负责任,而是他们觉得没有必要管得太多。他们还让我在公共场合作了几个报告,他们知道我的学术研究水平,尤其是张光直先生,每两三个星期就会让我和他谈半个小时到一个小时。看我的论文的三位导师中,除了张先生以外,其他两位并不是参加我面试的老师。其中一个是音乐学的专家,赵元任的女儿赵如兰教授;另一个是我自己选的,是我最尊敬的老师之一,Stanley J. Tambiah(1929—2014),他是社会人类学家、哲学家和社会运动家。他们好像都并不怕我在论文里除了物质资料以外还引用了大量的文字资料,相反,了解了我的题目的性质,他们大概期待我这样做。

张良仁: 关于考古学的使命,你似乎同意中国考古学家的观点:考古学家和历史学家的共同任务就是了解古代人的生活和思想。但是关于历史的范畴,你似乎与他们不同,他们搞的更多是马克思主义史学和民族文化史,而你关注的则是社会结构、性别和生产,属于欧洲和美国考古学关心的问题。是否可以说欧美考古学研究的也是历史,无非他们借鉴的更多的是民族学材料而不是历史文献?

罗泰：突出的矛盾不在于马克思主义和非马克思主义的思考方式，而在于社会科学和人文历史学的思考方式。马克思主义深深地影响了古代文化的社会科学研究。虽然我们的材料比19世纪多，也复杂，但是我们仍然非常关心马克思、恩格斯当时所关心的问题，民族文化是其中之一。只不过中国国内的一部分学者恐怕还没有完全看透19世纪马克思等学者关于民族和民族文化的理解，更没有考虑这些观点是否完全合适，或者是否有其他的材料可以补充。在研究民族文化这方面，非马克思主义的现代人类学似乎可以提供很丰富的新理解，而且这些理解可能更符合材料的本质。我在《宗子维城》中对人类社会问题的讨论，毫无疑问深受欧洲的社会考古的影响。不过，如果看伦福儒（Colin Renfrew）的《社会考古学方法》，你会发现他对社会考古学的理解比较宽，凡是牵涉古代社会的，都可以包括在里面，他并没有去建立一个严格的理论体系。我也没有这样做，也没有感到这样做的必要。重要的是，要用非文字材料写历史，就要做全世界范围的跨文化比较。这是社会科学的本性，人类学的研究作为社会科学也基于此，无论是否是在马克思主义的理论框架内进行的。这一点有的文献历史学家不能忍受，他们感到跨文化比较伤害他们的民族特色。从社会科学的立场而言，这样的态度是不能接受的。我认为，哪里有合适的比较对象，就和哪里作比较,无论是不是属于所谓的高等文明。当然,作任何的比较的时候,首先要把比较的范畴弄清楚,必须确定可以进行比较的基础,要挑好可进行比较的范围,文化人类学和考古学的跨文化比较绝不是例外。

张良仁: 考古资料能够提供历史文献所不能提供的信息,但是它们本身往往不能直接告诉我们什么。实际上,人们往往依赖民族学材料和历史文献来作解释。而你以前讲了不少关于如何正确利用历史文献的问题,那么你认为引用民族学材料时应该注意哪些问题?

罗泰: 最近几十年,后现代的学者提醒我们说,如果一个民族学家到有原始文化的地方进行考察,这个地方的原始文化就会因此改变,所以调查结果往往不会正确地反映出该民族学家原来想了解的情况。并且,被调查的人对这个民族学家说的话不一定是对的;即使他们告知的是真实的,这个民族学家的文化背景也有可能使他无法正确理解和客观交代这些异国的信息。他原来问的问题是否能够被他调查的民族理解又是一个大问题。还有,现在的人对自己的民族传统不见得有很深刻的认识。比如现代的中国人看古代的铜器铭文,也不会因为他是中国人而且懂现代汉语就能够体会这些古代铭文的文化背景。这其实和民族学家去体会异国、异族的文化背景没什么两样。英国地理学家David Lowenthal

写了一本书叫《过去是异域》(*The Past Is a Foreign Country*),说我们看过去的东西会觉得在很多方面比较陌生。同样的,如果我们去现在非洲的原始部落看的话,也会觉得很多方面很陌生。但有的方面不陌生,有的方面还会让我们想起我们自己国家以前的习俗。这符合于做社会科学的基本认同,就是人类的心理具有统一性。如果没有这个的话,我们就没有办法做社会科学。就是因为所有的人在心理上都有共同性,虽然有地理等方面的不同,但还是可以想办法沟通。作为学者和人类本身,尤其是现在各个地区的交通如此发达,我们可以想办法了解不同地区的人类的共同性,不同地方不同的原因在哪里,能否在尊重差异的情况下找到共性,为世界和平做出贡献,这就是现代社会科学的使命。

在利用历史文献的时候也会碰到这个问题。比如,敦煌的原始资料本身不能说明什么事情,要通过各种方法去分析才变成能用来写历史的材料。各种材料都有自己的研究方法,具体要看该文献产生的文化、历史和政治背景。民族志虽然是社会科学著作,但是在某种意义上也是一种历史文献,它背后也有记录者的历史、文化和政治立场。当然这些材料作为研究资料是有价值的,虽然有自己的局限性,但是能够给我们提供信息,能够帮我们更好地了解我们想了解的东西。考古报告也是如此,读它的时候首先要把它所编写的年代、作者的教育背景等都弄清楚。研究考古材料本身的时候，为了弄清它的文化形式和在物质文化体系中的位置，从它那里抽出历史意义，不见得非要依赖历史文献。比如史前就没有历史文献，只能从物质文化推理，这样的推理会牵扯到我们自身的生活常识。使用常识有其好处，但是也存在危险，因为不同时代和地域的人的常识可能是不同的。民族学材料能够帮助我们从另一方面了解这个问题，让我们对自己的所谓的常识提出一定程度上的疑问。它当然不能作为绝对的标尺来研究考古学的材料，但是可以作为参考资料，也就是有的时候可以让我们看出一些共同点，即刚才说的人类心理的共同点，所以才使得研究不同文化成为可能。有的时候只能暗示一下，也就是说有这种可能，有的时候可以得出比较自信的结论。

历史材料要看它产生的历史环境、作者、作者的意图等等，有的时候可以和考古互补，但是并没有强制性。很多考古学家用历史文献用得不太理想，因为他们不掌握历史文献的背景知识和历史文献的基本形式，比如是什么文类。研究文献需要专业知识，尤其是中国古代文献。包括我尊敬的一些考古学家用文献都不那么可信，还不如把文献方面的让给专家做，或者和文献专家合作。张光直先生也说过，他很遗憾在台大（按：台湾大学）的时候没有继续学经学和处理文献的方法，到哈佛后也没有机会再补。看张先生的著作就可以发现，他虽然也用文献的材料,但是从来不把文献作为论证的要点,而是使之成为侧面的参照。张先生在这方面一直非常小心。

张良仁:在谈到蒙特留斯(Oscar Montelius)的时候,你说蒙特留斯通过他的分期、分类仅仅可以恢复他所研究的实物的生命过程,他并不认为我们通过实物可以复原它后边的人,不提历史环境和人口移动。这听起来很像20世纪上半叶的美术史理论,那时候人们认为风格也是有生命的,它的诞生、发展和衰落是不以人的意志为转移的。类型学和风格观念是否有共同的理论来源?他们是否都与黑格尔有关系?

罗泰:蒙特留斯的意图首先是把北欧当地的文化和西亚古国联系起来,这当然是通过器物而不是人,这可能也是他个人的兴趣。蒙特留斯是否受到黑格尔的影响,我不清楚。黑格尔弟子中有个英国人是做考古的,R. G. Collingwood,是非常出色的学者,他就认为能够通过考古实现哲学。他认为,如果发现古代人类的遗物,能够通过你的想象力进入古代人的脑子,能够充分复原创作它的文化,不但是技术,还有和技术有关的思维方式,那样就得到了部分古代的现实。他甚至说如果人们能够正确地复原古代人类的思维过程,那么我们现代的和古代的就是一样的东西。这种观点虽然听起来有一些过分,但并不是完全没有道理。他对黑格尔的辩证法提得比较少。

关于类型学和风格的关系,这可能是我的土理论,我认为这两个是同一回事,只不过是同一个事物的两个方面。类型学是把大的现象分为一层一层的小的方面,那样当然是科学方法,可以做成一个清单,上面写各种特点,符合某个特点的就属于一个类型,不符合的就不属于这个类型。风格和这个刚好相反,是一眼就看得到的。风格的分析和类型学的分析是并行的,我当然不认为考古学等同于类型学分析,我认为类型学分析是在进行正式的考古学研究之前必须做的初步工作,是必须做的,而且有好坏之别,但不是考古学研究最终的目标。我们并不知道类型学可行的真正原因是什么。最近有些神经生物学、心理学的解释,但是还不全面,我们并不知道为什么器物形态会随着时代而变化。

张良仁:在研究中国青铜器的西方学者中,高本汉(Bernhard Karlgren)和罗越(Max Loehr)是两位出色的学者,但是他们对于商代铜器的演化规律认识不同,得出的结论也不同。比如说,商代铜器的分期,他们得出了完全不同的结论。后来的考古发现证明了罗越的分期是对的。这是不是说明他们的学术传统不同?你怎么看高本汉的学术成就?

罗泰：高本汉的研究做得比罗越早。两者依靠的都是博物馆的收藏，他们当时还不可能用正式的发掘资料，他们代表着一种现在只能称之为陈旧而过时的学问。两者之间，高本汉毫无疑问是更伟大的学者，他的青铜器研究仅仅是他一辈子的汉学研究的极小的一部分。高本汉是一个语言学家，他想做出铜器纹样的语法，将其做出体系并且梳理出其中的意义。他的主要兴趣并不在分期和年代，而是在纹饰的各种因素的分类。我们现在很容易能够批评他的做法，能够说这种分类的确不是很恰当，但是从下的功夫来讲，比起罗越简简单单地根据形态做出的一个序列，贡献要大很多。张光直先生还用20世纪70年代初级的电脑技术来分析殷墟的青铜器的花纹，来看是不是能够看到高本汉所讲的三个组合及这三个组合在时空中分布的规律性。他的结论是否定的，但是作为一种实验——尽管是失败的实验——还是很有价值的。在最近出版的一本书里，贝格利（Robert W. Bagley）还对高本汉进行了非常严厉的批评，但这完全是鞭尸的行为。罗越的那个序列没什么了不起，就是根据形式进行非常初级的排队。贝格利作为罗越的好学生，认为罗越的这个结论是美术史的巨大突破，这完全是胡说八道。这种工作是研究生都做得到的。再说，罗越的五种风格论也不是完全正确的，后来的考古发现只是证实了它的一部分。其实，罗越在1953

年发表了他最著名的文章以后,还有不少机会接触到科学发掘的资料,他完全能够知道自己不正确的地方,他却没有改变自己的错误观点。可悲的是,他的那套很有问题的分析体系因为比较方便,所以一直到现在,在欧美的各所高校还普遍被非专业的教员传播给学生,在很多博物馆还被非专业的保管员介绍给观众。

我个人研究青铜器绝不以这些几十年前的材料为基础,而把焦点放在正式发掘的考古资料上。研究青铜器的真正经典著作,我想是林巳奈夫先生的《殷周青铜器综览》(以下简称《综览》)一套书。林巳奈夫的研究不限于纹饰的风格,他充分考虑了青铜器的各个方面,处理了一批巨大的材料。《综览》的第一部探讨的是从商代的二里岗期到春秋早期的资料,对每一个器类都做了从早到晚的排队,基本是按照蒙特留斯式的方法做的。林巳奈夫先生对年代的判断基本是根据器形,纹样是次要的,而罗越却正好相反。林巳奈夫先生的做法由于种种原因要比罗越的可靠,比如,复古现象在器形方面的表现比较少,在纹样方面表现得比较明显。但林巳奈夫先生在他的大作的第二部也充分地研究了各种花纹母题,对花纹的形成和发展的了解做出了巨大贡献。他的第三部把相同的方法引用到研究东周的青铜器上。他把那个时代的材料先分为地方类型,然后按地方类型讨论。除了形式排队和图像分析以外,林巳奈夫先生在该著作中还深刻地讨论了青铜器的很多其他方面,我现在不多说。这部著作真的应该有人翻译成中文才好。

张良仁:你在第六讲就提到了马克思主义对人类学和美术史的重要性,这是我没有听到的。你可不可以介绍一下,重要性在哪几个方面?

罗泰:对了,马克思主义在西方学术史上打开了一个窗户,现在大家都已经认为是理所当然的了,就是要把历史、社会和经济整合起来看待,在说明历史的发展途径时要把经济放在比较重要的位置,甚至放在主要的位置。再说,历史学早已停掉了盲目的英雄崇拜,还有军事的、民族的那种激烈的"凯撒主义",把焦点放在上面的阶级如何压迫老百姓的一些手段的发展上,还有被压迫者的反应等负面的问题上。这样就把很多考古学能够研究的方面纳入了历史学应该注意的范围内。这是马克思主义在一百多年前就已经开始起的一个作用,后来甚至反对马克思主义的很多历史学家也从自己的非马克思主义立场上来研究这样的问题。像法国的编年学派,它的代表人物并不是马克思主义者,但是研究的问题跟马克思主义者想研究的问题一模一样,而且他们发展出来的一套方法,其实也可以被马克思主义学者引用。在这方面,马克思主义史学的出现可能和欧洲19世纪末比较广泛的历史学界的一些变化有关系,就是说让历史学的研究目标变得更宽、更多样，也更加有意思，包括社会文化的各方面，脱离了传统的、过时的叙述性历史的写法。从这一点就知道马克思主义历史观的影响一直延续到现代的考古学。我们当然不能永远光把马克思、恩格斯本人在19世纪写出来的那些政治著作里的教条当作我们现代研究唯一的基础，这不行，也不需要。但是在基本的研究精神上，它们是脱离不开的，包括后现代主义历史观，也脱离不了它们。反而有的时候会出现一些比原来那种马克思主义更厉害的变异，萨义德（Edward Said）对所谓东方主义的批判就是一个例子。

张良仁：你说最近在研究金石学，你可否谈谈金石学的发展过程？你认为它从宋代到清代，是文人们的一种业余爱好，也就是玩古，还是严肃的学问，也就是有自己的理论和方法？

罗泰：我在北大留学的时候，老师曾经说过金石学是已经过时的学问，警告我们不要碰它。我也一直到最近都听老师的话，只是因为最近被拉进了一个大型的世界各国金石学比较研究的课题，我才开始对金石作了初步的探讨。金石学好像并没有被现代考古取代。我三十年前在北大的时候已经模模糊糊地感到，金石学并没有消亡，而是和考古学一同存在。有的学者甚至认为传统金石学比现代考古更好玩、更吸引人。做青铜时代的不少学者就有这个倾向,做史前的比较少,但也不是完全没有(连旧石器时代考古偶尔都能够看出很传统的、带有金石学味道的观点)。奇怪的是,跟三十年前一比,好像现在的考古学在很多方面和金石学更加靠近了。所以我认为有必要开展对金石学的研究,正确地了解它和现代考古学的不同,并了解它如何不知不觉地影响到那么多现代学者的研究。宋代欧阳修以来的金石学研究水平很高,当时的金石学是一门最前卫的学问,尽管也许不是严格意义中的科学,但至少可以称为proto-science(原始科学),很值得纳入严格的学术史甚至科技史的范围。张光直先生在他的《中国古代考古学》一书中早已指出了这一点。他很佩服吕大临的《考古图》对器物描绘、测量得准确,指出它已经十分接近现代的器物学的做法。我甚至觉得宋代金石学也许给之后一千年的学术建立起一个探索各种客观现象的基本模式。如果这个想法正确的话,它在中国思想史上的作用就可能类似于哲学在欧洲思想史上的作用。Benjamin Elman曾经暗示过类似的观点,但这个问题毫无疑问还需要更多的思想史专家去深刻地探讨。

当然,金石学还是极力同经学等儒家传统的学问联系起来,在这方面,它是中国现代考古学的前身。尽管现代历史学和20世纪以前的传统历史学不是一回事,而且现代考古学和金石学也不是一回事,但是它们的构造有一定的相似性。我看了Alain Schnapp的《过去的征服》(*La conquête du passé*)这本书,就明白其实欧洲的考古学也是这个样子,欧洲也有类似于中国金石学的"原始科学",英文普遍称之为antiquarianism。其实中国的北宋时期和欧洲的文艺复兴有不少相似的地方,其中一个相似的地方就是当时的知识分子离他们追求的古代已经非常的远,存在一个壕沟,需要通过做学问来架一座桥达到对岸。Antiquarianism的定义中就包含失而复得的意思,如果没有这层含义,就称不上复古。宋代想复活的孔子的时代和当时的时代已经是不同的东西,他们研究复古艺术、金石学,就是为了把已经失去的过去纳入自己的环境里面。欧洲文艺复兴对希腊、罗马文明的兴趣从这个层面上和中国十分相像。文艺复兴以来的物质文化研究对于欧洲近现代的所谓的民族认同有极大的影响,同样的,金石学在中国也起到了这样的作用。

但是它们也有不一样的地方,比如欧洲的antiquarianism都是在各个小国家进行的,强调地域的差别,而中国则是统一的,强调各个地区对国家历史的贡献。还有,欧洲的古文献,除了《圣经》以外,从来没有经典的位置,它们的可信性比中国更早受到怀疑。在欧洲,17世纪到18世纪初出现了古今的争论(querelle des anciens et des modernes),当时有学者认为只能了解同时代的东西,不可能了解过去。这种态度为当时学界带来了很大的冲击。这种局面一直到欧洲的金石学家提出手中掌握的具体的材料不支持这种观点才有所改善，后来大家承认不能轻易怀疑所有的东西。换句话来说，在一些很关键的情况下，金石学给学术界带来一些标准，来确定传统的文化遗产中哪一部分是可靠的，哪一部分是虚构的。这样，欧洲的金石学就抢救了历史学。虽然金石学的材料也有作假等问题，但总带有一些过去的真实痕迹，能够让我们通过它们来研究过去。这种态度在中国也有，但像欧洲的古今争论那样对传统那么激烈地攻击，要等到顾颉刚的疑古学派才发生。

据陈芳妹教授的分析，在宋代以后曾经有一段时间金石学变成了一种玩古，跟真正的学问有所分离，而明清时代的考证学带来了金石学的再次复兴，使其又成了学术的一部分，但其实学术性的金石学和玩古一直并行存在到现在。诚然，北宋以后有一段时间青铜器研究由于客观的历史原因有所退步，但同样属于金石学范围的碑刻研究一直保持在很高的水平上。欧洲金石学同样有学术和玩古两方面，收藏家往往近于玩古，但也不见得。欧洲的金石学在18世纪以后逐渐变为现代意义上的考古学，在这个过程中起重大作用的是大学和博物馆之类的公共机构。在中国，这种机构的出现基本上要等到民国时期。

现代考古被介绍到中国其实和晚清、民国初年一部分学者有关传统文化的真实性提出慎重的怀疑有关系。在20世纪的20年代,引进考古学的史学界人士都希望能够反驳疑古派的思想。尽管疑古派并不是说古代不存在或者我们无法知道,而是对文献采取了比以前更加严谨的研究态度,但传统史学界对他们极为反感,一直到今天还能够在一些学者的著作里看到20世纪20年代那些激烈的学术讨论的遗风。其实我认为疑古派的研究方法是正确的,可以用来确定古代文献的可靠性,能够为历史研究提供更加可靠的基础。但是在中国当时的历史状况下,不少人希望能够比较快和有效地通过某种可靠的方法来证实传统文献的可靠性。民国政府愿意支持考古研究也和这种民族认同心理有关系,认为如果否认古代文献的可靠性或许会影响民族自尊心。考古学能够被引入中国学术界并被中国学者进一步发展,就是因为大家认为这和国史有关,比金石学更为实用。所以尽管考古学提供了一个新的研究方法,但是研究目标仍然是旧的,是被传统历史学制定的。这样的话,现代考古学能够带来的优点没能够充分发挥出来,因为引入时的主要任务就在于研究考古学以外的文献问题,这也解释了为什么金石学和考古学到现仍然并行存在。这并不是什么坏的事情,这是它自身的历史背景造成的。只有我们明白这些情况,我们才能进一步了解中国考古的学术文化以及它和其他地区不一样的地方。了解到这个背景,也会让外国考古学家对中国考古学有更多的包容性。另外,传统金石学的研究方法和研究角度在一定程度上也比较适合中国传统的材料,所以我现在并不完全排斥金石学,而是提倡吸收它的优点。当然,我自己还是希望能够做以人类学为基础的考古学研究,并通过这种研究写历史,但是金石学作为一个历史和文化的现象及作为当代中国学术文化的组成部分是值得尊敬的,不能完全避开,也无须避开。

张良仁:好像当年顾颉刚对考古也很支持,也参与了燕下都调查等活动。

罗泰:顾颉刚当然希望用所有可行的科学方法来研究历史,但是李济、傅斯年他们的学派在中央研究院建立了考古组,他们极力反对顾颉刚,希望能够推翻顾颉刚的认识。李济认为作为爱国主义者就不能疑古。大家当时最愿意肯定的就是王国维,他虽然没有做过考古,但是从甲骨文中识别出了商王的世系,是很伟大的发现,也让人认为考古学应该做更多他这样的突破,以证实当前历史文献的真实性。在中国考古学后来的发展中,这个希望也的确实现了很多次。

张良仁:你能否具体讲讲金石学对考古学的影响?

罗泰:现代的考古学很复杂,西方来的考古学也是从欧洲金石学发展来的，但是也不一样，发展后自成体系，到了中国以后就变了模样，比如很多学商周考古的学生后来往往研究器物，而不研究遗址，关心历史问题，而不关心考古文化内在的问题，一发现像文字的东西就极力认为是文字，看到有人名的铭文就用各种手段在文献记载中找到对应，这就是金石学影响到中国考古学比较明显的例子。最近两三年还有更可怕的情况，纷纷有人写文章说新石器的考古学文化是黄帝、炎帝的文化等。我本来以为大家已经脱离这种状态了。这都是过分地信赖文献的结果，是很过时的，也不符合现代历史学研究的方法，是非科学的。还有，现在越来越多的学者研究私人收藏家手里的藏品，这里面因为藏品的来源说不清楚而有道德的问题，而且缺乏相关的文化背景，这是回到传统金石学中阴暗的一面。如果这样的所谓学术变得频繁的话，将来做学术史研究的人就会说：在20世纪20年代从西方、日本短暂引入了一套新的方法，新中国建立后还普遍使用，直到21世纪的某段时间下落不明，又回到以前的模式。我当然希望这种情况不要发生，可是依目前的趋势来看，不排除这种可能。

（未刊）

谈海外中国考古学

提　问：张良仁
整　理：张　莉

【引言】承上篇，此为第二部分，谈的主要是国外的中国考古学史。

张良仁：能讲讲你在日本留学的经历吗？你跟林巳奈夫（Hayashi Minao）上了什么课呢？

罗泰：我在1984年秋天在京都第一次见到了林巳奈夫先生。我当时还在大阪上日语课，但从此以后就开始参加京都大学的研究生活。林先生是一个很严格的人，埋头做学问。他非常守纪律，每天早上上班，中午和助手在办公室吃便当，晚上回家。他始终住在京都大学的教员宿舍，据说条件极差，退休以后才搬到他父亲给他遗留下来的房子里，在东京附近，我曾经到那里拜访过他几次，房子、环境都非常美。林先生的公职在京都大学人文科学研究所，他主要的工作就是做研究。他理解自己的工作任务是每年在人文科学研究所的所刊《东方学报》里至少发一篇很长的文章。因为他是研究考古的，没有人比他研究的时代更早，所以林巳奈夫在那边工作的时候，每一年《东方学报》上的第一篇总是他的，有的时候还会有第二篇。根据这些文章，他每几年要出一本大书，我在京都留学期间，他刚好在编他的《殷周时代青铜器之研究》。这本书总共四大册，从各方面研究中国古代青铜器，是一个空前绝后的杰作。中国学者看过的少，其实该书非常值得翻译成汉语。林先生教书的主要方式是开研究会。那不是一般的课程，参加者以学者为主，京都周边的研究学者和教员都会来，研究生已完成了基本功的也可以申请来参加。这样的研究会在学期中每两个星期在京都大学人文科学研究所的旧楼举办一次。我在京都的时候碰到了一个已开了好几年的研究会的尾声，是"中国诸文明的形成"。后来又有了另一个主题的讨论会，是"殷周时代の国々（殷周时代的国家）"。每回有一个人作主题发言，讲自己最近的研究。气氛非常死板，但是讨论的内容极为丰富，参加者的想法往往十分有创造性，我一辈子再也没有在比较短的时间学到那么多东西。主题演讲结束了之后就进行讨论，有的时候非常激烈，有任何错误，林先生一定会严格地批评，轮到做主讲的人往往十分紧张。我也曾经讲了一次，讲到青铜时代的山东半岛（那是当时我考虑写博士论文的候选题目之一）。我给大家谈了大概三四个小时，非常疲劳。研究会完了就要去喝酒，要么在外面的酒店，要么林先生把好几箱啤酒带到研究所来，大家就当场喝。林先生和许多日本学者一样，酒量大得惊人，偶尔会喝醉，但第二天总会准时来上班。林先生除了办研究会以外，在京都大学文学部也有讲课的任务，每年要讲一个学期，一个星期一次。我在京都的两年，他的题目是玉器和"三礼图"。但林先生不喜欢教本科生，他就是给大家发一大批资料，常常缺课。我的印象是，林先生对中国考古特别热心，也特别喜欢做研究，但并不愿意给大众做宣传，也没有把吸引年轻的学生当作他的任务。他的工作对象是学术界，培养了一代非常优秀的学者。他是一个非常难得的学术泰斗。

其实，我在京都留学的时候，除了林巳奈夫的以外，还有另外两个我经常参加的研究会。首先要提到的是樋口隆康（Higuchi Takayasu）教授每两个星期在泉屋博古馆（京都一家著名的私人博物馆）召开的研究会，题目叫作"金文研究会"，其实涉及中国青铜器的各个方面。泉屋博古馆是世界上最好的青铜器收藏家之一，他们刚好在那个时候对他们的编钟进行测音，十分符合我对中国古音乐的兴趣。樋口先生当时已经从京都大学文学部退休，成了泉屋博古馆的馆长。参加该研究会的也有十几个学生，其中好几个后来成了著名的学者，包括浅原达郎（Asahara Tatsurō）、平田昌司（Hirata Shōji）、冈村秀典（Okamura Hidenori）、宫本一夫（Miyamoto Kazuo）、吉本道雅（Yoshimoto Michimasa）、松井嘉德（Matsui Yoshinori）等，现在都是日本古代中国研究的骨干，是我的好榜样。第三个研究会是"中国考古学研究会"，以研究中国出版的考古报告为主。这似乎是一个半民间的活动，每个月进行一次，主要的组织者是秋山进午（Akiyama Shingo）教授，他后来还到中国做过重要的田野合作。

我在日本留学期间看了很多的书，参观了很多地方，中间还到台湾地区和中国大陆考察了三次。日本的学者就是一天到晚地看书，我也很受他们影响。我参加各种研究会以后很快就意识到，尽管学术讨论的水平极高，但大家从来不谈什么方法论。这个现象的原因是，方法论是可以随时改变的，重要的是对具体材料的研究。研究会很符合当时日本学术界的情况，就是给参加者提供机会来埋头苦读，除了读书和看博物馆之外，什么都可以不管。参加研究会是自愿的，参与者并不会因为这个得到学分。我将近二十年以后被京都大学请去教课，那个时候又去参加了一个研究会。那个时候林巳奈夫先生已经退休了，但是有一个研究西亚的学者——前川先生，组织了一个有关古代文明比较研究的研究会，研究古代中国的学者也都去参加，又是一个非常好的学习机会。我曾经也在UCLA尝试举办日本式的研究会，但是失败了，应该参加的学者和学生都根本拿不出时间每两个星期花一个下午来作这种讨论。美国大学的节奏就是太快，学术气氛不够严肃，非常遗憾。据我所知，在美国，只有哥伦比亚大学定期举办向校外学术界公开的讨论会（research seminar），比较类似于日本的研究会，但是水平和气氛和日本的无法比。他们之所以能够进行，似乎主要是因为纽约这个地方的特点：在比较小的范围内有好几所高校，还有很多的"独立学者"（没有教职的知识分子）。

张良仁：下一个问题就是关于国际汉学，以前在中国有过一些介绍，比如说《中国大百科全书·考古卷》里面就有梅原末治（Umehara Sueji）和斯坦因（Marc Aurel Stein）的介绍，当然很不全，好多人没有介绍，比如高本汉就没有。

罗泰：高本汉在语言学卷应该有，他主要的贡献在语言学。

张良仁：沙畹（Édouard Chavannes）也没有。

罗泰：沙畹到底放在哪里不好说，他可能在历史卷，他其实不是狭义上的考古学家。

张良仁：林巳奈夫也没有。

罗泰：林巳奈夫太年轻了。

张良仁：跟中国有关的，你能不能介绍一些比较有影响的，你熟悉的美国的、欧洲的或者日本的学者？

罗泰：我不敢说整个汉学界，只好把内容限制到考古方面吧。西方研究中国物质文化的历史可以分成三个阶段。一个是第一次世界大战以前，那个时候基本上没有专门搞考古的。那个时候的汉学家就是搞语言学、文献学的人，主要通过文字资料来了解中国文化，但有少数几个像沙畹这样的学者进来做调查。他们往往跟中国的传统学者关系非常好，能够沟通，而且有关传统物质文化的理解比较到位。沙畹在中国做的这些调查，基本上就是按照中国的金石学家的工作模式进行的，没有什么区别。也许他记录的方式更加严谨，但是也不一定，中国也有一些记录是相当严谨的。这个时候最伟大的两个学者，一个是沙畹，一个是Berthold Laufer。Laufer是德国出生的，到芝加哥的Field Museum工作。Field

Museum是全世界最大的自然科学博物馆之一，有一个很重要的人类学部。Laufer在第一次世界大战以前到中国做过几次调查，买了很多资料，现在都还保留在这个博物馆里。很可惜的是，Laufer在1934年自杀了，后来他夫人把他所有的笔记都毁掉了，所以这些调查的记录现在已经很不全了。调查材料他在世的时候发表了一些，但是量比较少，这是一个很大的悲剧。Laufer的古汉语非常好，应该是他那一代最好的汉学家之一，而且除了中文以外，其他的东方语言也都会看。你应该知道他的一本书叫《*Sino-Iranica*》，把中国文化里面跟伊朗有关的文化因素像字典那样标注出来。这本书是1919年发表的，在台湾影印过好多次。Laufer还编写了第一本西方人发表的关于陶俑的书，另外写了一本非常有影响的有关中国古代玉器的书，基本上是根据吴大澂的研究而写的，但是也有自己的观点。

沙畹到处看石碑、画像石之类的东西，收集它们的拓片。跟他在一起的还有一个很好的俄国汉学家，叫瓦西里·米·阿列克谢耶夫，但是阿列克谢耶夫不是搞考古的，他主要的兴趣在于民间文化和文学，他收藏了非常多的潍坊年画之类的东西，现在在圣彼得堡，是全世界最全的一个收藏。他的中文水平很高，研究中国文学特别透彻。他花了半辈子翻译唐代司空图的诗论，有关写诗的标准，非常难，好像他死后才得以发表。

第二个阶段是民国初期一直到中国的改革开放。那个阶段，中国的考古工作真正开始了。对了，在第一个阶段，而且甚至在清代晚期，一些人用帝国主义的方式到中国的西域做调查，其中有英国的斯坦因，德国的勒柯克（Albert von Le Coq）和格伦威德尔（Albert Grünwedel），俄国的奥登堡（Sergei Oldenburg）、科兹洛夫（Pyotr K. Kozlov），法国的伯希和（Paul Pelliot）。其中学问最好的应当是斯坦因和伯希和，但是没有一个有正式的考古学背景。斯文赫定（Sven Hedin）基本上就是一个地理学家，爱跑，反而没有拿多少东西。现在你去瑞典的民族学博物馆，他拿回的就是相当于一个小箱子的东西，少得可怜。斯坦因、伯希和在这方面的规模就完全不一样，德国的调查队、奥登堡更不用说了，他们都给自己的博物馆拿回来了非常多的宝贵文物。

张良仁：那时候瑞典的态度比较好一些，它把中国的东西都还给了中国。

罗泰：那是后来的事情，还的是安特生在20世纪20年代拿去的东西。在我说的第二个阶段，就是民国时期，中国政府愿意把考古工作本国化，基本上是想排除西方的学术人员。也可以在一定的范围内合作，但是他们要求在对等的基础上,也就是平等的平台上合作。美国的Carl W. Bishop想开展这样的合作项目,在中国待了很多年,一直想要么跟北平研究院、要么跟中央研究院在什么地方做一个项目,但是始终都不成功。有一次是在安阳。当时欧美考古学家到一个地方——比如说埃及或者希腊——做考古,一半的材料就归他们。Bishop背后的机构,即美国华盛顿的Freer Gallery of Art,也希望这样做,李济不干。另一次是跟北平研究院去燕下都发掘,当时已经没有那种分材料的问题,好像这方面Bishop也作了让步,但是那一带的警察部门要求他付比较大的一笔钱作保护费,基本上是索贿,Freer Gallery怕做出一个先例而不同意,后来就始终没有实现。唯一搞得比较成功的就是瑞典人,其中之一是安特生,但他基本上是中国政府的雇员,给中国地质调查所做工作,所以他在中国做考古工作不算是国际合作。安特生在地质调查中偶尔发现了各种考古遗址,当时地质调查所的领导明白这些发现的重要性,让他做进一步的研究,然后也是在地质所的刊物先发表这些材料,当然东西都留在中国。后来有一个比较特殊的情况,就是1926年刚好瑞典的太子,就是后来的Gustaf Adolf六世,到中国来访问。他跟当时的北洋政府签了一个协议,让安特生可以在地质局的领导下,在中国做比较广泛的发掘,瑞典方面出钱,然后把材料拿回瑞典去研究,一部分可以留在瑞典的东方博物馆,这些东西现在还在瑞典;另一部分还给中国,这部分东西现在已经谁都说不清到哪里去了,最近听说好像地质博物馆的地下室有一部分,可能还有一部分在国家博物馆。好像是中华人民共和国成立之前还给中国了。希望还能够找到,并能够早点公开展出来。

张良仁:应该在南京,但是好像不在,只找到一箱,一点点。

罗泰:所以好在还有一部分在瑞典,全世界的人可以到那里看到它、研究它。但是安特生有一个问题,他不是真正的考古学家,他除了到少数几个地方做初步性发掘以外,主要做的是古物收购。跟他一起去的袁复礼,好像比他懂考古方法。反正从现在的立场来看,这些结果都不理想。比较成功的是中瑞调查团,由斯文赫定当领队。他们从1927年到1931年开展了多年的、多学科的国际学术合作,除了中国和瑞典的参加者以外,还带了一些德国学者,做的工作好像以地理为主,还有宗教、民族学等,当然也有考古。考古方面的参加者主要是中方的黄文弼和瑞典考古学家Folke Bergman。Bergman好像不会汉语,但工作做得很踏实。他出了几本有关他在内蒙古、新疆的考古调查的报告,但没有出全,因为他死得太早,很可惜。Bergman和黄文弼的考古工作以北平研究院为主要合作单位,他们一起去,但是各做各的调查,后来也分别出了报告。Bergman留下来的至少还有一个未完成的报告。我20世纪90年代在瑞典曾经碰到一个老先生,名字叫Bo Sommarström,是从瑞典的民族学博物馆退休的,不知道现在还活着没有。他跟我说他已经从Bergman的笔记中整理出来这个报告。他还给我看了该书封面的校样。但是据我所知,这本报告始终没有出版,也许是因为缺乏出版经费,非常可惜。中瑞调查团在民国时期的环境里给国际合作树立了一个典范。从此以后,除了在政治上比较受到大家重视的情况下进行这种官方组织的合作项目以外,外国的学者不方便到中国进行正式的考古工作。一直到现在,其实仍然是这样。唯一的一个例外是日本人占领的东北,在那个地方也做了一些工作。我之前不知道,最近看北大考古教研室建立九十周年展览的时候才知道北大的马衡参加了当时日本在辽东半岛的两次发掘。不只是他,还有另外一个北大的学者也参加了,这是很有意思的现象——既是日方欢迎了马衡等人,又是马衡同意去。看样子当时的学术气氛还是比较国际化的,比我们从后来的历史的角度容易想象的稍微轻松一些。北京猿人的发现和研究更是在一个包容世界各地的著名学者的国际性气氛里进行的，国内外的学者都参加了，好像不分是什么地方的，他们共同为科学的目的奋斗。我自己小的时候还认识了著名的荷兰古生物学家G.H.R.von Koenigswald(他好像有两个中文名字：康尼窝和孔女华)。他20世纪20年代在印度尼西亚工作的时候，到北京来研究北京猿人，在半个世纪以后，他还很愉快地回忆起当时北京的国际研究气氛。

张良仁：这也是个德国人？

罗泰：他家说是来自丹麦，但孔／康氏出生的时候是巴西国籍，后来在德国长大，但是一直都没有入德国国籍。后来在荷兰工作，去了印尼（当时是荷兰的殖民地），发掘爪哇猿人。第二次世界大战的时候，在印尼被日本人关在集中营好几年，好像是非常可怕的经历。以后，回到荷兰，在Utrecht大学成了地质学还有古生物学、古动物学的泰斗，退休后还到德国法兰克福的自然科学博物馆工作，给该博物馆留下了庞大的收藏。他是20世纪一个极有名的学者，但我们考古界的人可能不太认识他。他的哥哥娶了我祖父的妹妹，所以我们家里人知道其大概的经过。他早就去世了。

张良仁：鸟居龙藏（Torii Ryūzō）在东北做得怎么样？

罗泰：这个我始终不太了解，但是他参加了。除了他以外，还有其他好多人。日本考古学家从第二次世界大战以前一直到抗日战争，在中国东北以及日本占领的其他地方做了不少考古工作，做得最多的是在辽东半岛。总的来说，他们的研究尽管大部分都出版了，而且出版的质量在当时来说应该是非常好的，但它对后来中国的考古学留下的影响不够大，可能是大家都没有看到这些出版物。不过中国至少有一些图书馆应该有这些书。

张良仁：这个比较奇怪，中国学者后来根据日本人发掘的赤峰市红山后遗址命名了红山文化，但是中国人很少提到日本人在辽东半岛做的工作，很奇怪。

罗泰：我也不知道，可能人家觉得太远了，反正我也觉得非常奇怪。有《牧羊城》，有《貔子窝》，还有几部战后发表的发掘报告。当然日本研究中国的考古学家在那个时代最好的成果应该是水野清一(Mizuno Seiichi)、长广敏雄(Nagahiro Toshio)合编的云冈石窟的大报告，太重要了。据说水野清一对中国十分友好，不是那种帝国主义的考古学家。鸟居龙藏好像也是，洪业先生（1893—1980，历史学家）在他的回忆录中描述鸟居龙藏在抗日战争刚刚开始的时候，在燕京大学校园的路边给日本警察逮捕的中国学者鞠躬，他当时已经七十多岁了。鸟居龙藏这个人很值得研究，跨越民族学、考古学，还有体质人类学。在他的故乡，日本的四国岛，有个地方叫鸣户（Naruto），有他的资料馆，保存了他的很多材料。就是因为比较偏僻，去用的人不多，我自己曾经去过一次，但可惜刚好碰到休息日。人家告诉我东西保存得很多，还没有全发表。除了他以外，还有差不多十个到二十个日本考古学家在中国的领土上做过工作，还有在伪北大学过考古的，像江上波夫（Egami Namio）、三上次雄（Mikami Tsugio）。我在日本的时候还见过江上、三上两位先生，但没有跟他们详细谈过话。现在他们都早就去世了。

张良仁：刚才你说到的那个叫长广敏雄？

罗泰：对，他主要是一个美术史家，他做严格意义上的考古工作还不是很多。我在京都留学的时候曾经听过他的一场学术演讲，当时长广先生已经九十岁了，但谈得非常有条理，谈了四个多小时，中间也不休息，后来听众好像比演讲者还要疲倦。好像也是一个很特殊的人，但是我没有直接跟他聊过。写严格意义上的考古学报告最多的应该是驹井和爱（Komai Kazuchika）。也有相当多的当时的材料从来没有发表过，现在日本好几个学术机构还有这样的材料，亲自做过工作的人去世了之后，逐渐地被年轻的学者整理出来。我自己在2002年帮助冈村秀典为其中的一个报告翻译了英文提要，是当时一个已经不在的学者留下来的对中国非常重要的材料，很有价值。

张良仁：那么就是1949年以后一直到改革开放以前，大陆基本上对国外封闭了？

罗泰：其实民国时期已经有这个倾向了，这个想法在新中国成立以后更加严格，而且在当时的情况下也不得不那样做。可是倾向是从民国时期延续下来的，不用从1949年划一个新的时代。其实，中国政府在一定情况下也会允许考古的国际合作，20世纪60年代就进行过和朝鲜的共同研究项目，但最后好像搞得很不愉快。当然还有几个苏联的考古学家来看过，但是并没有做过什么真正的中苏考古合作，这可能是因为20世纪50年代初期苏联考古学界没有什么人会汉语，而且苏联汉学界也没有人对远古时代感兴趣。后来只来了一个刘克甫，在北大考古，给老师们、同学们留下很深刻的印象。他好像当时也参加过发掘实习，但中苏关系断掉以后，他不能在中国继续发展，不过他后来回到苏联做得非常好，写了很多有影响力的东西。

张良仁： 后来好像在北京居住过。

罗泰： 在苏联已经退休了以后就搬到北京，虽然已经老了，但还是很关心中国的考古工作。20世纪50年代到70年代的时候，西方的学者研究中国的考古，要么完全不能来，要么只能来旅游，张光直就是这样。当然这个时代在西方最重要的学者就是张光直先生，那个时候在美国除了张光直，就没有别的比较好的学者在比较严格的意义上搞中国考古。当然还有一些美术史家，像罗越（Max Loehr），但是罗越比较差，学得聪明，并没有写什么了不起的东西。他培养了一些学生，到现在都还是很积极，但是工作方法十分过时了。

欧洲在那段时间也没有几个人关心跟中国考古有关的研究。高本汉一直研究商周物质文化，但是他主要的研究方向是语言学。在那些年头，真正关心中国考古的人，在德国有一个女学者，叫作德麦玲(Magdalene von Dewall)，1964年发表了一本关于中国古代车马的书，使用古文献和第二手的考古材料，一直到现在还有参考价值。她曾经在马来西亚待过，但是一个中国专家。不过她属于从来没有机会在中国参加任何田野工作的人，非常可惜。她老了以后尽她的力量帮助年轻的德国学者进入中国考古的圈子。法国也有一个女学者，比她年轻，非常聪明，写的东西也非常好，也基本上是从美术史的角度，叫作Michèle Pirazzoli-t'Serstevens。英国的罗森夫人（Jessica Rawson）也长期研究中国的物质文化，很出色。她长期在大英博物馆工作，出了很多学术著作，组织了很多展览。她基本上是一个美术史家，没有人类学训练。

张良仁：她是跟谁学的？

罗泰：她是跟William Watson学的，但大部分是她自己学的。Watson是一个比较传统的美术史家，写了有关中国青铜器的书，比较一般。反正像他这样的美术史家，整个20世纪在欧洲和美国的博物馆界有好几个，大部分现在已经被忘记了。他们的著作被新的考古发现弄得完全过时了，实在不能够再看了。

我认为比较大的变化是第三个阶段带来的。20世纪70年代以后，学生能够到中国学习，再晚些就能够参加考古工作，后来还有规模比较有限、数量比较小的国际合作项目。有了这个之后，国外有关中国考古的研究才能够真正变得比较深入。我们现在其实还在这个时代的开端，但是很明显地看得到，好多西方学者对中国的研究成果和研究方法比以前熟悉得多。以前基本上是各做各的，尤其是那些美术史家，有的根本就没有到过中国，即使到了中国，也不跟中国的学者沟通。20世纪70年代末期以来，这种做法就不行了。在20世纪早期还有专门研究中国的人不怎么会中文。比如第二次世界大战以前，比利时有一个学者叫Carl Hentze，写了很多书，里面有中国考古的内容，但是他完全不会中文，也从来没有打算学过。他研究过中国古代文学和宗教关系，基本上都是他自己乱想的，有意思是有意思，但是学术价值比较有限。

幸亏这种事情现在不会有，大家都学汉语，都到中国来留学，了解这里的情况，大量地看中国的出版物。当然这也有一个问题，如果他真的要做中国考古学的外国专家，那他到底要做什么。现在有一个例子，一个意大利的考古学家，中文名字叫魏正中，正式地进入北京大学做了教员。这当然是非常好的，这样他就变成中国考古学界的成员，但是好像这样的机会不会很多。我们外国的中国考古学专家也有另外一种使命，就是把中国的考古学成果介绍到西方去。这个任务好像是国外出生的学者能够比中国出生的学者做得更加有效。我们很重要的一项工作，就是把研究结果介绍过去，作一个桥梁，让西方学术界明白，现在中国的考古学很重要，经常有大发现,能够影响到全世界对大家感兴趣的问题的理解。另外还有一方面,就是做一些中国的学者不方便做的事情,包括跨文化比较,还有把国外考古学的新的理论介绍到中国去等等。最后的学术标准是统一的,不分中外。不能说中国的学者用一种标准,西方的学者用另外一种标准,这样不行。

所以我们现在又接近一个比较和谐的状态,已经不像我所说的第二个阶段那样,不是两者分开做、不互相沟通而且互相排斥的一种状态,现在变成了一种合作、融合而且在方法论方面越来越互动的一种状态。我估计将来几年还是会继续往这个方向发展。我还希望能有更多的中国的考古学家到中国以外做考古学研究,不要只有西方的考古学家到中国来,也必须有相反的事情。你在这里是一个很好的榜样,希望还有很多人跟着你的方向走,多到中国以外的地方去,介绍中国做考古学的方法、中国思考考古学问题的模式,这会是一个很重要的贡献。我觉得没有任何原因让中国的考古学家只研究中国的考古。但夏鼐先生是这样主张的,他认为考古学就像奥运会一样,每个国家都做自己的。可是这个好像不对,要在学术方面做出大规模的改良的话,当然要使视野更加开阔,放到全世界的范围去。除了通过引进很多外国学者到中国来跟着中国的考古学家做中国的考古以外，中国的学者也一定要多到国外去参加考古工作。国外也会比较欢迎。在杨官寨的国际田野学校，我希望给中方参加者创造机会，到美国或者其他国家去参加考古工作。去年我们试了，但是美国大使馆给他们拒签了。今年（2012年）我们又试了，今年是陕西外办不合作。但是我相信早晚会成功。好在关玉琳通过成都平原的调查项目引进了好几个成都的年轻考古学家到美国参加短期的考古实习，他们做完了几个星期的考古发掘后，还可以在美国旅行参观，我在洛杉矶已经接待了好几批。

张良仁：现在日本做的中国考古比较好，是这样吗？

罗泰：对，日本当然是因为离中国比较近，中国文化对日本来说，有点像地中海、希腊、罗马对北欧国家的重要性，是它的一个很重要的文明渊源。日本从很早以来就很了解中国文化，而且把它的很多因素容纳到自己的文化里面。这一点西方根本就没办法比。所以日本的学者在很多方面直接跟中国的文化传统沟通，而且一下子就可以明白很多现象。西方的学者因为文化距离大，所以要么不知道，要么经过很漫长的过程才能学到。因此日本汉学家有一些好处，而且自从日本开始有近现代的教育制度以来，他们就很注意中国传统文化的研究，各个学校都有中国专家，往往至少有搞历史和文学的，搞考古的稍微少一些，但比欧美多得多。

张良仁：日本搞中国考古比较出色的是哪些人？

罗泰：日本的中国考古研究也可以分成几个阶段。第一个是传统学问。日本也做金石学，跟中国做的很像，也收集很多东亚大陆的文物，然后用金石学的方法去研究和欣赏，其实这种潮流一直到现在都有。松丸道雄（Matsumaru Michio）一方面非常严谨地研究金文和西周史，另一方面继承了他父亲的收藏，包括书法作品、拓片等，自己书法也写得极好。日本也有好多个博物馆收藏这方面的东西，偶尔特展。这是一个阶段。另外一个阶段我们刚才也说了，在两次世界大战期间，有许多日本的学者利用当时对中国的侵略活动，在中国做了不少的考古工作。第二次世界大战结束之后，这些人中还活着的就回到了日本，在日本继续发展。第三个阶段是二战后期，当时在日本出现了一些非常好的专家，其中最独特的当然是林巳奈夫先生。他应该算是水野清一的学生，也上过梅原末治的课，但是很看不起梅原末治，认为他没有学问。他对水野清一先生的态度不一样，非常尊敬。但林先生的学问基本上是他自己琢磨出来的，自成一体。尽管他到中国访问的次数不多，主要是根据书面资料和日本博物馆的收藏,但是做得很全面。日本的博物馆界还有很多搞中国方面的美术史家,跟我刚才说的西方的情况很相似。第四个阶段是中国改革开放以后。20世纪的80年代以来,好几批年轻的学者到中国来留学,跟西方学者一样。其中的几位在上面已经有所提及。

还要说一个事情,就是日本搞中国考古的考古学家往往也懂日本的考古学,所以在日本的大学界里面,教中国考古的考古学家也会带学生到日本的考古遗址做田野(发掘),而且其中相当大一部分不仅很了解日本和中国,还懂中间的韩国,尤其是九州大学的考古学家们。宫本一夫和他的学生基本上都是这样,非常厉害。跟我一起在北大留学的谷丰信也会韩语,他除了深通中国的汉代考古以外,还懂日本和韩国的考古。中国目前还没有这样的学者。

张良仁:冈村秀典是搞什么的?

罗泰:他的兴趣非常广,写过新石器到青铜时代、二里头、商周,还写过魏晋,近几年就专门研究镜子,已经出了好几篇好文章。他也研究过佛像,想法既丰富又有依据,并且很有创造性。他曾经在石家河做过一个田野调查,但是不知道为什么,后来不太顺利,就停止了,不再到中国来做合作。这是很大的损失,因为他是我们这一代全世界搞中国考古最为杰出的学者之一,而且是一个很好的考古学家,田野方面很强。

张良仁:现在欧洲学者在中国做考古的不太多。

罗泰:对,但有德国的王睦(Mayke Wagner),还有法国的杜德兰(Alain Thote)。我在日本曾经听说有意大利的一个团体,在洛阳做了一个唐代佛寺的发掘项目,但队员们好像不是中国专家。德国慕尼黑大学汉学系也一直有一些人关心中国考古学的研究,但好像从来不从事田野工作。

张良仁:杜德兰他经常来中国吗?

罗泰:经常来,他跟武汉大学合作,在南阳做了一个很好的发掘项目,报告会很快出来。杜德兰原来主要是做美术史的,但也会做田野,非常不错,写了一篇一篇的好文章,尤其是关于东周时期、楚国之类的,把材料研究得很仔细。他在中央美术学院留过学,后来在日本也受过训练。他的老师Michèle Pirazzoli-t'Serstevens(中文名:毕梅勇)培养了不少学生,其中研究中国考古的还有Corinne Debaine-Francfort,在新疆已经合作了二十多年的田野考古调查。

张良仁：她是在新疆做发掘吗？

罗泰：好像是，不过不是一个人做，跟伊弟利斯。还有一些搞旧石器时代的，也搞合作。德国有几个搞文物保护的在西安，好像来自两个单位，有慕尼黑的，还有美因茨的，都做了好几年。意大利好像也曾经帮助做保护，不知道是否还在进行。现在英国也有一些合作项目。据说北大和英国也在伦敦大学建立了一个共同的研究班还是研究所，不知道他们在搞什么。英国现在很积极，在教学方面做得比较多，很多中国的学生去那里，是因为在比较短的时间就能拿到学位，有UCL（伦敦大学学院），还有牛津。德国除了王睦以外，海德堡也有人做，雷德侯和他的几个学生搞佛教考古方面的调查，到处找佛教的铭文。我可能现在记得不太全面，可能还有别的项目，但是想不起来。

张良仁：瑞典现在有一个叫马思忠的？

罗泰：早就离开了瑞典，去了康奈尔大学做人类学的调查。现在瑞典很可惜，博物馆还在，可是已经没有人在那儿做什么真正的研究，尤其是早期中国的研究。

（《上海书评》2013年9月1日，第1-3版）

谈社会考古学

提　问：张良仁
整　理：张　莉

【引言】承上篇,这是第三部分,谈的主要是社会考古学。

张良仁：你的第二本书,中文名字叫《宗子维城》。这个词出自《诗经·大雅》的一首诗,这首诗应该反映了西周的封建制度。你为什么想到用它来作你这本书的书名?

罗泰：那本书写的是社会考古,而且周代的核心社会就是一个宗族社会（lineage society）,所以《诗经》的这句话好像还比较合适。它所属的那首诗,用诗的语言描述了当时社会的结构,里面写军队,写政治体系,然后写大宗,然后写宗子维城。我把"宗子维城"作为书名,是因为书的焦点在于宗族的内在组织这一方面。我有意没有强调政治体系,尽管它当然跟宗族结构有很明确的关系。还有一点，我觉得很好，它在这里写的是宗子维城，意思是只要你有宗子的话，你就不需要用石头或者用夯土修一座城了。欧洲人看到这句话一下子就会想到有关希腊斯巴达（Sparta）的一个典故。斯巴达这座城市，如果你现在去，几乎没有什么痕迹了，其中一个原因是他们不修城墙。曾经有一个人去斯巴达，问当地的人，你们的城市为什么没有城墙？人家回答说：我们自己就是斯巴达的城墙。

我在《宗子维城》这本书里面并不写城市，但我另外写过一篇文章，中文版在徐苹芳先生的纪念论文集中已经出版了，是有关中国古代城市的。在跨文化的文明传统的比较研究里面，大家都很强调有了城市就有文明（urban civilization）。所以中国的学者也动天动地地到各个地方找城市，越早越好。发现什么有围墙的遗址，大家就会特别注意。可是我认为至少到战国以前，城墙在中国并不是一个文明的标志。安阳、二里头、周原这几个比较重要的政治中心无疑是城市，但它们都没有城墙，显然不需要这样的防御设施。西周早期的燕都（在北京房山琉璃河）有城墙，但是除了这个以外，西周再没有发现一个有城墙的遗址。曲阜也许在西周晚期有，但是它的城墙是否有这么早，好像还有不同的看法，此外就没有。显然"宗子维城"这句话恰好强调这种情况，强调在中国古代的文化体系里宗族结构的重要性。

中文书名表达了这个意思,但英语的书名就没法表达出来。英文的书名原来应该写"*The Social Archaeology of Late Bronze Age China*"(中国青铜时代晚期的社会考古学研究),但是如果我真是叫它这个名字的话,就不会有什么读者认为有意思,所以我就只好选了这个"*Chinese Society in the Age of Confucius*"(孔子时代的中国社会)。我选这个书名的时候已经知道,夏含夷(Edward L. Shaughnessy)一下子就会批评我说:"不对,孔子就不是西周的人,并且周王国还不是现在意义当中的中国!难道你不知道'China'这个词是从秦以后才用的吗?"书发表之后不久,夏含夷果然发表书评挖苦我。我不知道为什么他认为我不知道这些常识,其实,我在书的引论部分仔细地说明了为什么西周中晚期时代可以称为"孔子时代",当然不是因为孔子活在那个时候,而是因为孔子经常回想西周的这段时期,因为它是孔子重视的礼制形成的时期。

张良仁:孔子想恢复的时代就是这个。

罗泰:儒家的经典经常提到的是西周初期的人物,但是近几十年的考古工作已经充分地证明,西周初年还没有出现儒家所怀念的礼制,这个礼制是西周中晚期以后才形成的,这可能是孔子本人都不知道的。后来的儒家都说周公制礼作乐,但目前的考古发现可以证明这个传说是不对的。

张良仁：你在这本书里面花了不少篇幅讨论宗族，既有西周时期的，也有春秋时期的。纵向来看，你认为宗族在西周和春秋时期，甚至在战国以后，发生了哪些变化？

罗泰：它在前期是社会组织和政治组织的基本单元，之后逐渐地变化。具体情况我们现在还不知道，但是到了战国时代，宗族很明显地被纳入一个不同的社会文化形态里面。虽然当时宗族还存在，在好多地方还有它的遗留，可是它已经被一个强大的国家控制住了，而且这个国家并不是由它组织的，就是社会和国家变成两种不同的体系。在早期，两者基本上一样，可以说国家就是社会的影子。这些变化，我们知道，大约是在春秋中期到战国中期那三百多年间发生的，但是怎么样发生的，我们还了解得太少，考古材料也没有一个很好的线索。《左传》有一些局部的暗示，但是都不理想。我将来还想从经济的角度再次试图把那个时候的情况弄得更清楚，但是我现在还没有把握。有意思的是，中世纪的欧洲为了这样的一个发展过程，需要的时间比中国长很多。

张良仁：在西方，到什么时候仍然是这种情况？

罗泰：西方也不好说，各个地方都有自己的特点。大致上说，中世纪从罗马帝国崩溃了以后又变成一个基本上以氏族为本的国家体系。以后到文艺复兴那一段时间或者稍微更早一些，出现了一个比较强制的管理结构。中世纪的氏族社会前后延续了将近一千年的时间，而且中间还有狭义的封建制度的作用。中国就从来没有出现过封建社会，好像跳过了这个阶段。西周谈不上是封建社会，它纯粹是以亲属关系为本的社会，缺乏封建社会的基本要素，如领主和佃农之间的合同。

张良仁：我一直没弄清楚欧洲的封建制度，它到底是什么样的？

罗泰：有关欧洲的封建制度，也有很多的分歧，甚至有一些学者认为这根本就是虚构的、不存在的东西，但我认为这个观点有点极端。比较靠谱的意见是欧洲和日本都有封建制度，它是一种在中世纪发展出来的新的人和人关系的处理方式，就是经过一个条约、一个合同来约束上面的人和下面的人的关系。

张良仁：土地领主是吗？

罗泰：对，下面的人发誓要服从上面的命令，上面的要封给他土地，要保护他。这么一种条约关系，关键的是这两者之间不用有任何的亲属关系，所以封建社会是一种脱离了完全以亲属关系为本的社会制度。这种社会制度并不是全世界任何一个社会在它的发展过程中一定要经过的阶段,除了欧洲、日本以外,恐怕都没有。马克思主义历史学家称之为封建社会的东西不符合于这个定义,恐怕是一种难以成立的东西。西周也不是封建社会,刚好跟这个相反。西周时期以亲属关系为主的社会形态延续到春秋中期左右。战国时期在经过了约三个世纪的社会变迁以后(基本上从6世纪初到4世纪末),就进入了一个已经相当强制的集权政府。这么快,又这么全面的社会形态的变化,好像是中国历史发展途径比较奇特的地方,据我所知,其他没有一个地方是这样的。

张良仁:在这本书里面,你还关注了性别、社会地位标识,还有一些民族认同问题,你为什么会关注这些问题?

罗泰:因为它们都是属于社会考古比较重要的一个部分,而且在社会考古的其他领域里面,在世界的其他文化里面,也有人很关注这几个题目。一方面,我想就国际考古学界比较广泛感兴趣的一些问题,用中国的材料,给他们暗示一下或者展示一下,中国的材料在哪一方面会起作用;另一方面,我想鼓励中国的考古学专家在下一步的研究里做更广泛的跨文化比较,多研究一下中国以外的文化传统。我这里只是在一定范围内开展研究，给大家提供一些例子。

张良仁：那也就是说你从更早的时候就把自己定位成社会考古学家？

罗泰：对，我一直觉得，学了人类学的人都会认为社会考古学是考古学家应该研究的基本对象。伦福儒的《社会考古学方法》这本书刚好是在我马上要从哈佛毕业的时候出来的，我当时看着很有启发，就一直想应该也可以在中国做这么一个研究。《宗子维城》就是我几十年来这么考虑的结果。可以说《宗子维城》这本书在很大程度上是一个做社会考古学的很多不同做法的实例集。

张良仁：对，你可以关注这个，也可以关注那个。但美国人类学家更注重社会的进化，你这个就更像是欧洲的那种社会考古学。

罗泰：这个我就避开了。因为在美国，好像你在人类学系学考古，要写个博士论文，几乎都得写社会复杂化。那种以新进化论为基础的研究模式已经变成一定程度的教条主义，所以就用不着我再弄了。而且我一直对周代感兴趣。周代是最关键的社会复杂化已经发生过了好久以后的一个时代。搞典型的社会复杂化研究的人也许不应该研究周代，实际上他们主要探索龙山时代晚期到商代这段时间。因为他最想知道的发展过程在周代已经结束了，周代已经是另外一种层次的发展，用考古学办法来研究，比起更早的时代有若干难题。但是我觉得这是一个很有意义的挑战。我就没有写社会复杂化，而把焦点放在别的方面，这样可以给大家这么一个实例，使他们明白，除了社会复杂化以外，社会考古学还可以探讨很多别的重要问题，而且这样的研究也是很有意思的。好像美国人类考古学界看到这本书也确实有了反应。

张良仁：这就是美国考古学会（Society for American Archaeology)给你这个"最佳学术图书奖"的原因吗？

罗泰：好像是，当时听他们的口气是这样的。当然，上一个任务，把社会复杂化的基本框架描述出来的这个任务，应该说张光直先生在《古代中国考古学》就已经完成了，后来还有不少其他著作也从各方面谈到了这个题目，有刘莉的书等等，但基本上就是像张先生写的那个样子。我在我这本书里面刚好牵扯到张光直先生没有谈到的或者谈得比较少的、比较晚的且很复杂的一些情况。因为周代历史文献和铭文已经相当多，这个题目也和传统的中国考古学和金石学比较接近。当然我有意避开了金石学的做法,甚至可以说这本书是一个实例,可以让人家知道,搞周代的考古学用不着完全沿袭金石学的那一套,还可以做别的。但是我并不是说别人做过的更加像金石学的研究没有价值,只不过我自己不想那样做,而且他们没有做的我刚好可以去做。我尽量实行北京精神的"包容"。

张良仁:这些问题当然和中国考古学经常做的商文化和先周文化的起源问题不一样,属于社会考古学范畴,那么在这个范畴里面,你认为还有哪些问题可以研究?

罗泰:根据现在的材料,我觉得,应该想办法多做一些DNA研究。人骨的DNA研究,可以为我们根据墓地里面的墓葬位置和墓主性别分析出来的亲属关系提供一个科学根据。现在的技术好像可以做到,好像你们学校在磨沟也准备做。我们十分盼望磨沟的发掘报告早点出来。如果他们能够做得出来,也许还真的能够谈民族属性。我原则上对民族这个概念怀疑得比较多,我并不觉得在我研究的周代里面能看到各个小国家或者文化之间的差别,因为考古材料一般不会直接反映民族认同的不同。在考古材料中弄出"民族特点"好像是很错误的一个研究方向。我在研究秦文化的时候,就具体地指出,秦文化的所谓特点,作为一种宗教思想的表现,能够解释得通。这背后还有没有民族差别，是可以问的问题，不一定完全没有，但好像主要的一部分因素不是。而且同一类文化现象后来也传播到秦以外的一些地方，这不是秦人去那里搞乱了，而是不同地方的人逐渐地接受了这些宗教思想。至少我目前觉得是这样，也许这还不是最后的一个解释，但是这样的解释也不能排除，而且可能比一下子说民族的解释方式更好一点。所以说，在可能的范围内找科学根据，用不着我们光从物质文化来看，还可以找到科学的数据，然后探讨关系，这是一点。另外一点是，在将来的发掘工作中要注意一些事情，尽量取得完整的材料，不要专门发掘有好东西的墓葬，而要全部或者有代表性地发掘。上马墓地是目前唯一的例子，可以根据墓葬的内容把基本的社会分化复原出来。当然要多注意文物以外的方面，尤其是人骨、性别、疾病等等。总的来说，做考古工作花这么多精力、这么多时间、又这么多钱，好像不应该浪费任何的材料，都应该好好地收集，然后都用最好的方法去分析。如果在发掘当时还没法分析的话就放在那里，不要扔掉，留给下一代用。还有一个我在我的书里面完全没有提到的问题，也许在下一本书会稍微谈一下，就是社会变化、社会生活和自然环境的关系，包括社会变化跟环境的变化或者气候变化的关系问题。现在有关青铜时代的这方面的材料还比较少，但是这些问题是比较重要的。

张良仁：我们现在可以做，但是这需要时间慢慢积累。

罗泰：当然可以做，这个材料应该不难找，但是就是需要时间，而且需要有这种意图。

张良仁：我们就把他们搞黄土的人和搞地理的人请到工地上去，让他们采样，就能做了。

罗泰：但是这还有一个问题，就是现在搞科技考古研究的人在自己的实验室搞，不跟搞发掘的人沟通，然后各发各的材料，后来互相没办法理解。那些搞科技的人不知道搞发掘的人感兴趣的问题在哪里，搞发掘的人也不知道科技到底能够给他们解决什么样的问题，更不知道用什么方法，方法有什么特点和限制，所以他们看那些数据就并不太明白它们说明了一些什么情况。好像不同领域的人互相之间谈话谈得太少，那种真正的整合的研究必须有几个专业的人在一个地方慢慢地谈。张光直在台湾、在河南做考古就是这样子，他找了一批他觉得最好的专家，然后就带他们下田野，而且天天和他们谈话。

张良仁：那他们就待在工地上？

罗泰：对，就是待在工地上。张光直先生会很仔细地跟他们谈问题，而且让他们知道他希望他们解决什么问题，然后对方又会跟张先生谈论他们的真实想法。

张良仁：我们现在的做法就是我先组队，我也是要找各方面的人，发掘到一定程度会请他们到工地上去看，然后我们会座谈，告诉他们我们发现了什么，他们告诉我们他们能做什么，然后他们就带着样品走。过段时间我们又开会，他们介绍他们的材料、他们做的结果，然后我们就把我们进一步做的工作给他们介绍，让他们了解我们在做什么，我们希望得到什么，我们也希望他们给我们讲，这样中间的隔阂就可以减少一些。

罗泰：对，这样的做法就很好，但是好像很多时候就不开这样的会对不对？

张良仁：我们的会稍微多一些。

罗泰：我们并不喜欢开很多会，但是这样的会还是要开的。当然大家都很忙，可能不容易找时间，但是作为组织考古队的人，好像有责任要尽量让不同领域的人之间互相说话，让搞技术的人互相之间多了解，然后也许就有所提高。

张良仁：就是他们太忙了，有时候样品给他们，做不出来，这个是最麻烦的事情。

罗泰：对，是这样子。

张良仁：你的第十一讲是关于生产和贸易的，你看能不能讲讲，介绍一下内容，因为我对那个也感兴趣。

罗泰：我也很感兴趣。我在那次课到底讲的什么呢？我可能讲了盐业考古，谈了我们在长江上游做了四年的考古工作。我们做工作的中坝一直是一个庞大的盐业考古遗址。我们发现那里很早就已经进行了大规模的生产，甚至可以说公元前一千年前当地的盐业已经工业化了，就在相当于西周到战国时期的那段时间。但是我们不知道这些人是谁，在广义上大概可以说是巴蜀人的一支。可是这个遗址里面并没有出土一些很有文化特点的遗物，所以这也变成一个问题：谁在这个地方为谁生产这么多的财富？反正肯定不是当时的周王国，因为三峡位于周王国的地理范围之外。我们认为它的市场很可能在楚国，因为当时楚国刚好没有自己的盐资源，而且有一些线索说明楚人到过那个地方，至少楚文化因素到过那个地方。是当地的人到楚国去，还是楚国的人到这里，目前没有定论，有各种说法，两者可能同时存在。但是这暗示着一个更广泛的现象，就是中国古代国家的资源往往分布在边缘地区，在一些并不为国家的政治力量所控制的地区，而开采者是那种部落的、可能没有很发达的国家组织的当地人。但是另一方面，中国古代的各个国家，包括周王国和诸侯国，好像都有办法从这些边缘地区得到他们需要的自然资源。这是很有趣的现象，需要做成一个理论模式。我曾经写过文章，指出当时的中国，就是战国晚期以前的古国的分配方式针对的主要是农民，通过税收得到被统治者的剩余产品，然后把这些剩余的一部分用来和外界进行交易。这比较符合当时的农业社会的情况。他们当时还没有把控制范围延伸到周围的山区和海边，而用他们从农民那里得到的一些剩余产品来交换那些边缘地区的财富，这样就建立了一个比较稳定的、可能会连续存在好几个世纪的交换关系。一直到战国晚期才有强大的国家逐渐地把它原来不控制的或者半控制半不控制的边缘地区真正地纳入自己的控制范围。我下一本书可能要写这个。

张良仁： 下面这个问题是有关聚落考古的。去年，裴安平先生到西北大学作了一场演讲，讲了过去认为的一些大型聚落，实际上是两个、三个或者四个聚落组成的。但是这个问题通过地面调查是没法解决的，只能通过发掘，才能确定一个遗址到底是一个、两个或者三个。那么前几年你在四川也搞了一些调查，你对聚落考古的局限性以及它能够起到的作用也有一定的体会。你在北大的第十二讲里面谈到了考古学调查存在的一些问题，包括机械运用聚落形态理论的现象。你可不可以具体地谈谈这个问题？

罗泰： 其实我回答这个问题不是很好意思，因为我自己没有充分做过聚落考古的研究。我自己参加的在三峡地区做的工作不是聚落考古，是盐业考古。

张良仁：是发掘？

罗泰：是发掘，对。

张良仁：我记得你做过调查。

罗泰：我们的盐业考古项目基本上结束之后，我的三个以前的博士生——现在已经是教授——傅罗文（Rowan K. Flad）（哈佛大学）、关玉琳（Gwen P. Bennett）（加拿大McGill大学，原来在美国St. Louis的华盛顿大学）和陈伯桢（台湾大学）跟北大和成都市考古研究院合作，在成都平原做了一个很好的地面调查。我当然很关心这个工作，但我自己没有真正地参加。我去看过几次，很不错。去年（即2011年）刚刚做完，材料应该可以写成一个很好的报告，不知道这个报告什么时候发表，反正很有价值。聚落形态是一个很微妙的问题。张光直先生主张遗址应该当作考古工作里面最基本的单元，这点我很同意。他当时提出这个观点的时候是一个突破，现在我们认为是理所当然的，以前并不是这样的。以前大家要么把一种考古材料的类型，要么把单独的事物，当作考古最基本的分析单元来考虑。但是遗址这个概念留下了好几个问题。刚才裴先生提到的这个问题是一个比较具体的问题，可是的确有这个问题。我们现在也太笼统地把所有的遗址看作聚落遗址，这不一定是正确的。除了聚落遗址，遗址还有很多其他类型。日本的同行们主要反对的是把遗址的分布、数量和大小直接跟社会发展程度等同起来。美国人类学界比较相信这一点，认为这几个方面之间的关系是比较密切的。

但是刘莉在稍柴附近调查发现，到了二里头时期，也就是社会复杂化程度最高的阶段，遗址反而减少了，而且最大的遗址不像之前龙山晚期那么大了。这当然有一个原因，就是她的调查区域不是当时该地区的聚落体系（settlement system）的整体，而位于它的边远地带。那个时期的中心——超大的像一个国家首都的二里头——大量吸收了周围地区的人口，但是刘莉的调查范围由于各种和学术需要无关的原因没有能够包括二里头这个地区。我们如果不知道这个事情的话，就会得出一些很没有道理的结论，会认为社会复杂化到了一定程度就停止了，退步了，但其实根本没有退步。另一方面，同样的问题，两城镇的大小，看样子就是在龙山晚期达到了顶峰。到了相当于夏商周这个时期，遗址分布得并不像以前那么密集。这个背后应该也有一定的原因，但这个原因现在说不清楚。无论如何，这个现象好像跟社会复杂度没有什么关系，应该是别的因素造成的。我们不要忘记，遗址的类别、大小、分布，除了很抽象的社会复杂化之外，还反映出很多文化现象。在做聚落研究，包括做聚落形态研究的时候，必须进行局部的、有选择的发掘，看看这个地区的情况是怎么样的。这样的工作方法往往让我们觉得当地的情况并不是那么简单的。我们在四川的调查因为当地的地貌特征，主要靠的是系统的钻探。这个做法尽管比较辛苦，但它有一个很大的好处：它让我们比较充分地了解了地面上看不见的情况。尽管用这样的方法能够覆盖的地面有限，但是我们利用统计学推理，做了一个模式，根据我们的发现所显现的规律性，计算出调查区域各个时期的聚落密度。这样我们就把当地的聚落形态的基本特点复原出来了。我们做钻探的方法还有一个好处，可以分出不同层位的遗址。这样裴先生提出的问题就不会发生，因为可以很清楚地把这几个阶段的遗址的大小、方位，也许还有性质，都分辨出来。如果光靠地面上所能够看到的陶片的话，像中国北方普遍的做法那样，就很容易发生像裴先生说的那种问题。

张良仁：在日本，他们是怎么做调查的？

罗泰：美国的那种聚落调查方法在日本用得不多。原因就是他们认为这背后的理论是一种教条主义，他们不太相信，但是这可以商榷。另外一个更为客观的原因是，日本的考古学家因为工作做得多，又做得细，对哪里有遗址是比较清楚的。在这种方法还没有出现之前，他们基本上已经把主要的遗址都发现了。所以，在日本，如果你要做区域性研究的话，可以根据已经知道的资料来做，不用专门做调查。

张良仁：不过如果能够搞区域的调查，看遗址的分布，还是能够得到一些其他的认识。

罗泰：对，我们现在也不应该只做遗址分布的调查，应该把它跟更宽的景观考古放在一起，加上环境考古，加上各方面的环境变化的研究分析，才会比较有意义。这样不但能够知道古代人口在这块地方怎样分布，而且能够知道古代人类怎样适应自然生态环境。这种分析应该包括在聚落考古里面。中国20世纪90年代以来的几个国际合作计划好像也都包括这些，赤峰的我不知道，但是山东的以及河南的注意到了这些问题。

张良仁：你说的景观考古学主要是做些什么？

罗泰：景观考古学主要是把一个遗址或者一个地方的自然环境的变化看成是人类造成的，把这个所谓的景观（landscape）当作人类的产物（artifact），在研究一个地区的考古与物质文化的发展的同时，也研究人为的自然环境的变化。

（未刊）

北京大学考古系六十周年系庆对罗泰教授的访谈

访 谈 人：常怀颖、郜向平
访谈地点：郑州（黄河饭店）、北京（中国社科院考古研究所）

访问人：罗泰先生您好，在李志鹏为您所作的访谈中，您曾提及您去北大留学最初不是为了去学考古学，而是为了去学语言的，是这样吗？

罗泰：是的。

访问人：那后来为什么又去学考古了呢？

罗泰：在德国学习艺术史的时候，我只学过一门罗马考古的课程，主要是学汉学，也就是中国古代的文献、历史之类的东西，但时间也不长，大概只有两年。但是我对这个学科很感兴趣，所以有机会能去学考古，我非常愿意。我到北大以前，在德国只上了两年大学，到北大的时候，相当于我大学三年级和四年级。

访问人： 在北大期间，您都听了哪些老师的课程？

罗泰： 所有著名教授的课我都听了，从宿白先生开始，到俞伟超先生、邹衡先生、吕遵谔先生、严文明先生，还有高明先生的课，我都听过。

访问人： 当时听课的时候，会不会对您这样的留学生有限制？

罗泰： 在当时，考古专业没有任何限制，而且这些老师还特别照顾我。有的时候，俞伟超先生还跑到我房间来，问我有没有什么问题，或者有没有什么上课时没听懂的东西。宿白先生也去过我的宿舍。当然，宿白先生去我的宿舍更多时候不是为了看我，而是看我的同屋——后来的北大考古系教授晁华山，他现在都已经退休了。晁华山当时和我住同屋。宿先生来的时候，我当然会去问他有关上课时候涉及的各种问题，宿白先生他们都会非常耐心地回答。当时我们对这些著名的教授有点儿天真，或者说还不知道他们在考古学界如何的有名。当然我对他们的尊敬非常自然，敢问各种问题，甚至有时候我会问他们有些不合适的问题，但他们看我是外国人，不太懂中国的礼貌，还是会耐心地解答各种问题。

访问人： 您当时在北大听课期间，是跟着一个年级一起上课,还是可以不分年级地随意听课?

罗泰:原则上好像没有规定一定要跟哪个年级一起上课,但是我很自然地就和1977级与1978级的本科同学在一起上课。我们这一批留学生基本上都是和这两个年级在一起上课。当时的课程也是专门为这两个年级的同学设计的。我在北大的第一年,也就是这些课程。更老的那些工农兵学员好像都已不在学校了。到第二年,当然也有了1979级的本科生开始上考古学的专业课,但是好像我并没有和他们在一起上过课。我和1977级、1978级的同学所上的课程仅仅是和考古有关的课程,他们另外上的好几门课,比方中国历史的各种课程、体育、政治课,我就没有一起上过。而且,他们当时的政治学习,我们是不可以参加的,这是当时在北大唯一的限制。这种安排对于我们这些来学习考古学的外国人来说,是很不错的安排,所以我也没有什么感到不好的,毕竟政治学习和我们这些在北大的留学生并不相关。

访问人:当时与晁华山先生同屋,是北大的刻意安排,还是偶然的?

罗泰:是这样,当时留学生与一般本科生的住宿不在一起(现在住宿也不在一起吧),一般一个留学生会有一个中国学生在一起陪住,当然,留学生宿舍的条件会比一般本科生的住宿条件要好。我的第一个同屋,是

1978级的一位同学,叫聂新民。他是他们班岁数最大的学生之一,当时已经三十多岁了。他出生在陕西农村,现在他已经去世了,很可惜。他毕业之后去秦始皇兵马俑博物馆工作,但是很可惜,没有几年就得病去世了。一开始,我们之间不能说是文化冲突,但多少有些不习惯的地方。有时候我妈妈从德国给我寄了巧克力之类的东西来,我当然就请他一起吃,他很不好意思一起吃,因为他没有办法回请我。我当然没有期待他回请我,但是他自己的文化习惯是接受了别人的礼物,到一定时候也要给对方一些回赠。他没有这个经济条件,所以觉得很不舒服。虽然我们后来也成了很好的朋友,可是他觉得和我住有些不习惯,就申请离开。后来我从别的同学那里才知道这些事。当时我也只有二十岁,完全没有意识到他的想法,很多事情还不懂,尤其是这些中国的风俗习惯,更是不懂,所以不太能理解老聂的想法。最后他提出回到北大本科生同学的宿舍,不再陪我一起住。

就这样,考古专业的负责人宿白先生希望晁华山能来和我一起住。晁华山是宿白先生的研究生,正好在学德语,而且他在看一战前后德国调查团在新疆的调查报告,那些调查报告都是调查团回到德国以后出版的。和我这样一个德国学生在一起住,能提高他的德语水平。后来晁华山和我同住之后,一边读书学德语,一边问我各种各样的问题。有些东西以前我自己也完全不知道,直到和晁华山在一起后,我才知道这些各种各样的资料和调查报告,而且慢慢地我自己也受到晁华山的影响,对这些材料产生了兴趣,开始看一些调查报告和相关的书。后来我才知道,德国不但有这些调查报告,而且其中一位非常出色的学者,德国的探险家艾尔伯特·冯·寇克(Albert von Le Coq),他居然是我家的朋友。他的儿子在一战时和我祖父一起当兵时牺牲了。一战后,我的祖父和其他战友经常去看望、照顾寇克,因为寇克只有这么一个儿子。寇克去世后,他们还经常去看望寇克的遗孀。老夫人去世后,他家的一些家具还赠予我的祖父。后来我才知道,我去祖父母家吃午饭时时常坐的那些椅子,居然都是寇克的遗物。但是直到我在北京认识了晁华山,回到德国家里提到这件事,才知道我家和寇克家还有这样一段因缘。因为我祖父母并不知道,家里人即便对这些事情感兴趣,也不会在平时说起这些事情来。那些椅子现在可能还在我姑妈的家里,反正不在我家。

访问人:除了聂新民老师之外,对其他同学的印象您还有吗?

罗泰:当然有!当时总的印象是,所有的同学学习都非常非常勤奋!一天到晚都在学习,非常认真!有的时候，晚上图书馆都已经关门了，宿舍也已经熄灯了，他们还站在宿舍外的路灯下读书。当时的北大的学习条件还不像现在这么优越。文史楼的教室在"文革"期间都已经被造反派砸碎了，没有暖气。老师们冬天照样在里边上课，学生和老师都穿着厚厚的大衣，写笔记的时候都戴着手套，否则太冷了。但是大家在这样的条件下学习却非常积极，哪怕是没有电、没有暖气。对这样的事情我非常感动。当时没有投影仪，没有现在的数字化的设备，所有的图像都是老师用粉笔在黑板上画出来，我们再描绘到自己的本子上。当时的笔记我至今还都保存在家里，虽然画得不是很好，但自己画过一遍和仅仅是看那些图片，效果是完全不一样的。这是一种很好的锻炼。当时有些老师因为讲得内容太丰富，上课讲不完，所以有时候会在周末加课。比如俞伟超先生，讲得非常仔细，常常在星期六下午加课，非常不错。这种学习精神我后来在其他地方再也没有看到过。

当时北大的生活条件并不优越，我们住的宿舍也不像现在的勺园给国外留学生的住宿那样舒适，当然比中国同学居住的那种多人甚至是十人一间的宿舍条件要好，但相比今天的留学生宿舍，还是要简陋得多。洗澡也是在走廊里的一间卫生间，热水每天也只有一两个小时才有，而且每周四锅炉房休息，我们就不能洗热水澡。这样的事情，对我个人来说，不算太大，但对我们这些从西方国家来的留学生而言，毕竟和家里的习惯是不一样的。后来，我的德国远亲来北京旅行，还来北大看过我。他们看见北大宿舍的条件，觉得还是有点惊讶，还看到一名巴勒斯坦留学生用他的拖鞋在洗澡间里打死了一只老鼠。这些亲戚回德国后对我的家人说了些什么我不知道，相反这个事情却对我十分有利。当时德国的孩子都要服兵役，但是我在德国却因为身体原因没能参军。我的祖母一直觉得军旅生涯对于一个男人而言是应该和必须的，原本她很介意我没有去当兵，结果听到了我在中国的生活，她就比较安心了，说："反正他在中国的生活很辛苦，跟当兵差不多，就算是当过兵了。"你看，当时北大的生活就是这样。但我们的生活比起中国的同学而言，还是舒适很多，这样也就形成了我们与中国同学间有点暧昧的隔膜。有一些同学为此就刻意离我们很远，不好意思与我们交往，而另外也有一部分人恰恰相反，专门来找我们交往，希望我们能在友谊商店用外汇帮他们买一些外边买不到的东西，比方手表、自行车等等。这些事我们都做过，虽然不是什么了不起的事情，但在这种情况下，与这些同学的交往毕竟不是太自然。所以，与中国同学能成为真正的朋友，对于我们来说，是一个挺困难也挺漫长的过程。这种情况与今天北大的留学生所面临的情况是完全不同的。

那时候，我与中国同学们不仅仅文化上存在差异，年龄的差距也挺大。我刚才说过,我去北大的时候才二十岁,但1977、1978级的同学却因为经历过"文化大革命",因为插队、招工等原因,才考上北大,他们差不多是从被"文革"耽搁十年的学生中选拔出来的,非常非常优秀,比我们这样的留学生要优秀得多,这对我们当然是个挑战。我们很多留学生看见他们学习那样勤奋用功,那样有野心,就彻底放弃学习,去北京的风景名胜玩去了。我自己也有很大的压力,玩得也挺多,肯定比中国同学玩得多,但我一开始进入考古学之后就被它迷住了,所以就逐渐安下心来在北大念书,跟着那些中国同学学习去了。

访问人: 您曾经参观过北大当时在诸城前寨遗址的发掘实习工地,您还有印象吗?

罗泰: 我当时只参观过这一个工地。之所以能去前寨参观,是因为宿白先生做了最大的努力。当时的条件下,外国人是不可以去中国的农村和考古工地的,当然就更不可能参加工地的发掘实习。我当时非常渴望能去工地参观,假若能够参加发掘实习当然是最好的了,特别想和其他同学一起去发掘。一方面是我很想学习怎样做发掘,因为之前没做过;另一方面,希望通过这个机会,能够和中国同学更加相互了解。但是当时的政策不允许,我不能参加发掘实习,完全不允许。后来有个传说，说当时对外国人参加中国的考古工作，无论是参加工作的哪一环节，反对最厉害的就是已故的中国考古研究所的所长夏鼐先生。他反复地提出各种严格的规定，绝对不能允许外国人参加中国的考古工作，连参观考古工地都不行。

宿白先生做了最大的努力，他们妥协了，我们终于可以去前寨遗址参观两天。其实我们到了那里之后，发现并不是两天的参观，而是只有一天。在工地的参观只有一天，多出来的一天去看了不少人民公社。反正在当时，留学生出去能看到的，大多是工厂的建设和人民公社。我们能够看到前寨遗址的发掘工地，印象特别深，因为那是第一次看考古工地。我在德国的时候没有学过考古，更没有参观过发掘工地，这完全是我人生中的第一次，能亲眼看到考古学家怎样发掘，怎样清理，甚至于怎么挖土，在里边出东西，所以非常惊讶！当然，老师们也给我们几个留学生准备了几座大汶口文化的墓葬，是已经清理了一部分快要出土器物的，让我们去体验一下。我亲手清理的墓葬恰好只有人骨，没有器物，但是我觉得非常好！尽管只有很短的时间，但给我们留下了非常深刻的印象！

访问人：您当时一定也参观了不少中国的博物馆，您对当时中国的博物馆印象如何？

罗泰：一方面来说，我们不能正式参加考古工作，但是我们还是能做些事情的，而且是当时的中国人做不到的事情，那就是可以经常去旅行。在旅行中，我就有了比中国人更多的机会去看博物馆。最初我刚到北大的时候，还不怎么敢一个人离开北京，但是第一个寒假，我参加了历史系为留学生组织的一次旅行，去了四川成都、乐山、峨眉山之后，我自己又离团去了云南旅行。有了这次经历以后，我就学会了自己在中国怎样买火车票、汽车票以及住宾馆之类的事情。于是，基本上一有机会，我就一个人出去到处跑。当时，外国人去中国的任何地方都需要一个旅行证，能去的地方也比较有限，而且办旅行证也需要一周的时间。有了经验之后，我们就计算好时间，在上课的期间，我们每两星期就抽出一个周末去一个地方旅行，基本上是星期五晚上出发，到一个地方参观两天，然后周日晚上回来，星期一接着上课。当时从北京出发一天可以到达的地方还是很多，像大同、沈阳、承德，南边的安阳、邯郸、石家庄、郑州、洛阳之类的，都是这样参观的，放假的时候还可以去更远的地方。所以，我当时在中国待的两年里，去了大部分可以让外国人去的地方，虽然没有都走遍，但也走了很多地方。有一些地方，像新疆，当时已经开放，可以参观了，但我没有去。

出去旅行的时候，我当然会去参观博物馆。这些博物馆中有历史陈列，基本上是用当地出土的考古遗物去描述马克思主义的历史观。毫无疑问，这是一种宣传，但我们毕竟可以通过这种展览看到很好的文物。当时也没有很大的安全问题，所以很多博物馆也不怕把好东西拿出来放在展厅的展览柜中，不像现在，往往都只放复制品。当然，有的地方博物馆好一点，有的差一点。所以去地方上旅行，能不能参观博物馆并不在我的决定中。比如我去合肥，去参观的时候只有革命文物展，还没有历史文物的陈列。当时我也不敢专门去找博物馆的工作人员走后门去看文物，而且也不太可能去库房自己看。由于学生和外国人的双重身份，这种事情在当时是绝对不可能的。可以说，这类事情在当时十分封闭，但现在却开放和方便得多了。

当时我们能看到的就是公开展出的文物，但是在两年内我还是看到了很多精彩的东西。这种经历对我建立中国考古学的基础是十分有帮助的。虽然不是很专，因为我也是刚刚开始学习，当然也谈不到专，但对各个时代有代表性的东西还是看到了不少。

访问人：北大的这段学术经历或者说中国的这段经历，对您之后的学术研究有什么样的影响？

罗泰：一直到现在，这段影响都是最关键的。我后来在美国、日本都学过中国考古学，当然这些经历都很有趣，很有意义，但最基础性的学习还是那两年在中国，在北大。如果没有那两年的经历，我肯定不会进入这个专业，从事这个行业。当时在德国，根本没有条件去研究中国考古学，也不可能想到去学中国考古。我到北大学习有相当大的偶然因素，我当然是对这个专业感兴趣的，但有的时候一个人对什么东西感兴趣还不够，也要有条件，也要理智点去做自己能做的。假若当时没有这个机会，我大概也不会去做这个，大概也不会往这个方向去想。可是，后来一进入这个学科，或许就有点"骑虎难下"，不能放弃了吧！

访问人：从治学方法上讲，北大对您的影响大吗？

罗泰：在学习方法上，我的学生都笑我，因为我只要有一点点时间，还自己去画陶器图，画得特别差，也不能给人家看，但给自己看，对自己记忆还是很有帮助的，比照片有用得多。像今天，在河南省考古所的库房里，没有时间让我去画，否则我会去画那些陶器的。这个做法就是在北大的时候养成的习惯。另一方面，现在中国考古学界的主流出版物显现出来的方法论，基本上都是我在北大时候所学到或者看到过的，因此并不陌生。我后来在博士期间才学了人类学方法论式的考古，去中国之前，我还不知道这些方法。所以，当时我学会或者学到的北大老师和同学怎样做考古的方法，对于我来说，以为就是考古学的通则或者应该就是这样的了。当时的我也没有特别强烈的批评精神，去思考这些方法有没有问题。当然在我们的留学生圈子里，有一些基础的学生会去思考，或者说"在我们的国家不会这样做"之类的评价，于是我逐渐知道，一些事情代表着中国土生土长的学术文化传统，而并非是通则。但是我从一开始就意识到，这些方法是值得尊敬的，也是行之有效的，至少是适合于当时的中国学术环境的。

访问人：您之后去了日本学习青铜器，您觉得日本与中国在研究方法上有哪些差异？

罗泰：这个很难说。因为我在日本学的东西，在中国并没有学，所以很难比较。而且也不能很概括性地说日本学者的研究方法都一样。当时我在林巳奈夫先生那里读书、学习，他是用一种跟中国基本一样的类型学的研究方法，来源都是蒙特留斯的方法，区别并不大，只不过林巳奈夫先生用得非常细致。他的资料收集得十分齐全，资料库十分庞大，非常有系统性。这一点，我想当时中国的学者未必不想这样做，但是没有条件让他们这样做。林巳奈夫先生当然也是花了一生的精力去做的，到现在我还在引用他的成果，而且我觉得他的那些书应该翻译成中文（整理者按，指林巳奈夫的《殷周青铜器纵览》《中国古玉研究》等著作），那会对中国学术界有很大的帮助，但工作量将会极大，恐怕要花好几十年的时间去做。这不是很简单的工作。你想，翻译我那本书，就花掉了好几年，林巳奈夫先生的三大本《纵览》和两本中国古代玉器的图书，将会是一个多么浩大的工程！

从方法论上来说，日本的考古学传统是非常细致地观察东西。在分期问题上，很多我们觉得理所当然的事情，他们还会专门注意提出来并写成文章。有时候你会发现他们的研究非常重要，根据他们的研究可以了解一些文化现象。所以日本的考古学传统有自身的一套方法。他们不是很在意人类学的理论方法或者模式，他们的研究不是非常针对古代社会的问题。这方面，其实美国的研究取向和中国的马克思主义考古学传统有很多共同点，都想研究古代社会，而日本的考古研究却不是很直接地研究古代社会，而是想探讨古代的物质文化发展，如果这些物质文化与社会发展有关，那么下边的研究就由历史学者去接手了。

访问人：您后来为什么会选择张光直先生做您的博士导师？

罗泰：因为他最好。当时能够在他那里学习，是最好的选择，没有更好的了。当时在北大的时候，假若北大已经恢复了学位制，让外国留学生去攻读学位的话，我很可能就会留在北大读博士了。但如果那样的话,可能我就彻底完蛋了。因为北大出身的国外留学生博士,在当时的中国不可能找到工作,在国外甚至是德国可能也碰不到好的工作机会,对不对?因为,尤其是在德国,要想获得博士学位,不但要经过非常严格的训练,还要得到德国政府的认可。不但在当时,现在的德国人在德国以外留学拿到的博士学位也要获得德国政府的认可,先要申请,然后会有委员会去审查、裁定,看看博士学位是不是合格,才可以被认可,被承认是博士。我从哈佛毕业之后,有一段时间有回德国任教的可能。当时慕尼黑大学找到我,希望我能回德国教书。他们拿着我在哈佛的博士论文和学位证书让德国的委员会审查,幸好当时通过了。但是假若我是北大的博士,就不会那么幸运。首先,在当时的德国,不会有任何人去看这本论文,更不要说是中文的论文;第二,即便有人能翻译我的论文,给德国考古学家去审核,他们也未必能接受中国的方法论和研究结果。所以我当时要是在北大真的拿到了学位,很可能就不会有今天的我。

第二种可能是在日本留学,而且我自己也很想这样。但是我的日语还不够好,而且当时的日本,做留学生也不能拿学位。日本现在当然可以授予外国人学位,但当时却不行。要是留学后没有学位,即便是再伟大的东方考古学家,在德国也不可能有什么工作机会。所以从比较现实的方面考虑，去美国，在张光直先生门下学习，是我最好的，甚至是唯一的真的能有前途的选择。

回头来看我的经历，似乎是一条直线一样，但实际上却并非如此。去哈佛并不是为了读一个博士学位。因为最开始只是去读硕士，不知道自己读完硕士后能否读下去或者是否愿意接着读博士，甚至不知道自己是否真的适合这个学科的研究。到了哈佛以后，没有几个星期，我就知道，我很适合研究这门学科，后来很快就转进了人类学系去读博士。当时张光直先生在招收学生的问题上也很小心，要考察一下学生，看看他能不能应对哈佛的压力，毕竟哈佛不是随随便便就能读完的。我后来非常辛苦，也没有特别的幸福。有的学生在哈佛会有点受不了。

访问人：您觉得张光直先生为什么能得到美国学术界的认同？

罗泰：啊！这有好几个原因。一个原因是，他非常注意主动融入美国的学术环境。到美国以后，他写的东西，说的东西，都是在美国人类学思想的主流中的。他设计的研究计划，往往都会考虑通过他对中国的研究，如何对人类学学科做出新的贡献，同时怎样能丰富人类学的理论和方法。所以到现在为止，知道张光直先生的学者，不一定是因为他研究中国考古学的伟大成绩，而是在于他对人类学的主流研究做出了重要的贡献。包括聚落形态调查方法的建立，基本上也是张光直先生创立的。他将他社会学老师和考古学老师的工作进行了总结和融合，得到了那套方法。他是第一个写出聚落形态调查研究著作的学者。这套方法后来成为所有考古学家理所当然必须要学习和使用的方法。当然，聚落形态研究不止是一种，有各种各样的可能性，可是基本的思路却是张光直先生在20世纪60年代就设定好了的。

张光直先生也非常善于和别的学者合作。他到台湾做考古工作，邀请了一些在美国并非专门从事台湾考古研究的学者一起参加具体的研究工作，比如孢粉分析、地貌分析之类的。而且他往往选择每一个学科中最好的专家一起合作，同时还一起培训台湾的年轻学者。大家在这样的合作环境中都非常愉快。不知道你们去过台湾没有，那里天然就是一个让人十分愉快的环境，生活和研究都很和谐。当时的台湾还不像现在这么富裕，去的人都很辛苦，但很愉快。所以张光直先生的工作被美国主流学术界所认可，和这个也有关系。

还有一个原因，是张光直先生非常聪明，非常博学，而且很善于和任何一个人交流。他的工作和研究项目十分复杂，但他既可以在最高水平的学术场合用合适的学术语言来描述，也可以和一个老农解释他的研究重要性在哪里。这不是每个考古学家都能做到的，但这个能力却十分重要!

访问人：您在哈佛期间，邹衡先生与俞伟超先生先后去哈佛大学讲学、访问。从您的学术研究来看，似乎两位先生的研究都曾同您的研究有相近的地方，您觉得他们对您有影响吗？

罗泰：其实在北大的时候他们就对我有影响了。这个可以说很多。邹先生是我在北大上考古课程时候的第一位老师，所以我一直觉得他很亲切。加上我后来对他研究的阶段比较感兴趣，所以读他的著作我会觉得很自信，也很亲切。当时北大的教科书大部分都是油印本，不是正式的出版物，但是邹衡先生主编的《商周考古》当时刚刚出版，这是我们那时唯一正式出版的教科书。这本书好像现在还在被使用。现在看那本书，我仍然觉得编得非常好。邹先生的工作精神，我们不得不敬仰。怎么说呢？他非常非常勤奋，他完全没有别的兴趣，每天所想的就是考古学的问题。当时学生还有一种传说，说他家里床上都堆着书，他太太没有地方住，所以就离开了他。这种说法是不是真的我不知道，反正他对考古学的热爱是明显的。好像在"文化大革命"期间，他也没有停止过研究。唐山大地震之后，大家都在外边躲地震，他却照样在房间里看书。这不是一般人能做到的。我们能看到他对自己的专业这么重视，而且还能做得这么好，作为学生的我们，怎么会不被他感动？

俞先生的性格、脾气完全不一样。你们大概没有见过他，他是一个非常随和的人。他非常愿意聊天，愿意和各种学生聊各种不同的事情，不仅仅是考古，他对什么都感兴趣。他听古典音乐，看各种文学作品。凡是学生感兴趣的，他都想知道，而且会有自己的看法。他还会提供各种建议给学生。他的这种做法，会让学生感到十分亲切，这和邹先生完全不同。邹先生不是特别想和学生主动接近，听说邹先生在"文化大革命"期间经历了一些不愉快的事情，好像还被学生打过，所以邹先生似乎更愿意和学生保持一定的距离，尽管他对学生很好，但他并不太想和学生接近。但俞先生就完全不一样，他会做学生的好朋友，通过这个方式促进学生把考古工作做好。这是个好方式，而且也是大家都应该做的事情。当然，俞先生自己做得非常出色。他讲课讲得极有意思，大家当然愿意主动去听。后来有相当一批青年考古学家愿意跟着他做学问，去推进中国的考古工作。

他们两个人完全不同，但对学生都起到了积极的作用，而且都很有效。在那个时候，大家的学习气氛很单纯，没有太多干扰，大学也刚刚恢复。大家都不愿浪费时间，只愿好好地做一份工作或者好好学习。学生是这样，老师也是这样。后来的情况逐渐变得有点复杂，加上很多别的机会的影响,这个阶段的精神大概很难一直维持下去。但是我们这些经历过那个阶段的人,会一直记得那段日子,那是非常宝贵的记忆,尤其是我当时还是名很年轻的学生。

访问人:您后来主要从事商周考古研究,而张光直先生和邹衡先生也都是研究商周考古的,您觉得他们两个人谁对您的影响更大?

罗泰:很难说。我后来到了美国以后的确也学了人类学的方法论,但到底谁对我的研究影响更大,却很难说。我后来的研究的确是在他们两个,还有日本的林巳奈夫先生等学者的影响下开始,并发展我自己的学术风格的。我自己也不想和他们一样,这样不合适,也不好,每个人都应该有自己的学术风格、性格和脾气。我即便想和张光直先生做得一模一样,也不可能。因为时代已不一样,而且我敢说现在的考古学界没有一个人能和张光直先生一样。张先生是一个绝顶聪明的人,他不是那种因为别的专业学不下去才去学考古的人,他可以在任何一个专业里都做成第一流的学者。他为什么选择考古学,他自己在回忆录中写得非常清楚。这与他在20世纪40年代末到50年代初的经历有很大的关系,而且一般的考古学家,聪明的程度远远不如张光直先生。

访问人：《乐悬》和《宗子维城》两部著作的写作时间间隔很长，也能看出两部著作所关注的问题已不一样。您能谈谈这十三年中您的关注点为什么会发生这么大的变化吗？

罗泰：也许没有那么大的变化。第一部著作《乐悬》就是我的博士论文，那是要在一定的时间内完成的一部著作。这样有限定的时间范围内，不可能写一部比较宏观的、概括性的、比较长时段的著作。写第二部著作，则需要十几年到二十年的时间积累和研究才能写得出来。但是我在写《乐悬》的时候，这些预备研究，除了音乐学的部分以外，其他相关材料的搜集和研究，也直接影响到了第二部书。写《宗子维城》的时候，有一点点偶然因素。当时我在日本做访问学者，去那儿的时候并没有打算写这本书。我当时在日本教的课，差不多就是这本书要讨论的内容，然后有日本的同行劝我写一本书，在日本出版，就是介绍中国的考古发展。因为当时日本还没有类似的著作出版过，而且他们当时觉得可以把读者对象设定得更通俗一点，作为某套丛书中的一种，能被大众读懂。要知道，在日本，常常有这样的丛书被编纂，写作者往往也是知名学者，这是日本的一个传统。当时一位日本朋友希望我把我对周代的历史和考古的理解写成一本通俗读物，而且他也认识出版界的朋友，他认为这本书写出来应该能得到读者的认可，所以出版应该没有太大的问题。我也尝试着去写了，但是出版商到京都和我见面时，看了我的稿子，却觉得不行。他说，第一，他并没有委托我的朋友帮他组稿；第二，他根本不需要我这样题材的著作；第三，我的稿子不是用日文写作的，假若要出版，还得找人来翻译，这样事情就变得很复杂了。反正这位出版商对这本书根本不感兴趣。这当然让我的那位日本朋友感到十分尴尬，所以他说，"没关系，你继续写吧，之后我们可以在京都大学出版社出版。即便你用英文写作，我再找人帮你翻译"。后来我的确也是这样做的，而且这件事也的确就是按照这种方式运作的。你现在看到的是英文版，但当时实际上最初设想的却是一本日文版的书。最后出版的时候，英文版和日文版（按：日文版书名为《周代中国の社会考古学》，京都大学学术出版社，2006年）几乎是同时出版的，可能日文的还早几天。我也花了很多的时间和很大的精力将它翻译成日文。我换了三次译者，最后只好请了一位和我岁数差不多，有着丰富研究经验的教授，来翻译这本书。因为以前请的译者不是在读学生，就是刚刚毕业的学生，他们还不能准确地理解这本书的专业内容。我花了很多时间给他们解释，但是都没有用。后来两位译者，一个写信告诉我说不行，翻译不了；另一个译者干脆就消失了，电话也不通，别人也不知道他去哪里了。后来我只好找吉本道雅来帮我翻译，他现在是京都大学历史系做中国史研究的学者,他做得非常好。在日本开始写作之前,我并没有自信能够写完这本书,觉得自己的思考还不够成熟。但是起初我被告知是给大众写的,所以可以写得宏观一些、粗略一些,可以当作一个试验品。于是我一边写一边补充材料,也请同行们帮我审稿。我的一位以色列朋友Yuri Pines(中文名尤锐),他非常聪明,他告诉我书里有个地方还缺一章,你应该补充起来。我听了他的建议,加上了那一章。现在看,他的意见完全是正确的。之后不知不觉间,这本书就这样写成了,而且还不是一本通俗读物,成了一本有一定学术分量的著作,我自己也很吃惊。我原来想可能到更晚一些的时候,等材料的积累更充分,我自己的认识更深入的时候,再去写这样一本书,也许可以更好一点,但是没想到居然在更早的时候就能写出来。这样也挺好,可以让我有时间去写别的东西。

《乐悬》是一本有点专题性的著作,当时还有一些别的考虑。要知道,在20世纪80年代,我还不能在中国参加田野工作,这种状况到20世纪90年代才有所改变。原则上,哈佛大学对人类学系研究生的要求是能够自己出去做发掘或者田野调查,然后回来写一本报告,但是中国的条件让我没法达到这个要求。我和张光直先生讨论该怎么办。张先生说没有关系,因为他自己当时的论文也被人称为"图书馆论文",也不是第一手的发掘材料支撑的，但老师们也认可了。好在张光直先生在台湾的时候曾经参加过很多次的发掘，而我在20世纪80年代中期也曾经在韩国做过两次发掘工作，以至于有段时间张先生劝我改行去做韩国考古，然后以韩国的材料做论文。虽然我很喜欢韩国考古，也有不错的经历，但是我的兴趣还是在中国，所以后来和张先生商量选定了这个题目，去写乐器。这个题目其实也很重要，也是商周时代的一个文化重点，别的学者，至少是西方学者，也都没有研究过。而且当时曾侯乙墓的编钟材料也刚刚公布出来，中国方面有很多很好的研究成果已经发表，但是似乎这个问题还可以进一步去做，去讨论。所以在那个时候，这个题目很适合作为博士论文。而且这个题目我自己也很感兴趣，我从小就喜欢音乐。其实当时来中国留学的时候，我曾经想过去中国音乐学院研究中国音乐史，是后来拿到了北大的考古学学习的机会，才没有去音乐学院。

访问人： 您后来是如何开始关注盐业考古的呢？

罗泰： 那也是因为一个机会。那时候三峡工程刚刚开始抢救性发掘，北大在忠县有不少与商周考古有关的调查，后来又重新发现了中坝遗址。记得当时是20世纪90年代的中期，我在台湾做访问学者，遇见了李伯谦先生。他问我要不要合作在三峡做点事情，那边有个遗址，陶片很多，但很奇怪。当时一听，我就觉得很有意思。但过了挺久，我才有机会去北大。碰见孙华，他告诉我说，这个遗址很可能是制盐的。我就开始很有兴趣了。因为盐业考古是一个很适合做合作研究的项目。盐业考古在国外很多地方曾经有过很多遗址，也是国外考古学的一个极其主流的研究项目，但恰好中国没有盐业遗址的考古工作，所以极少有合作研究的机会。我们可以拿很多国外经验，请不少国外的专家来中国做点工作，帮帮忙。最后这个合作成功了。虽然中坝遗址不是北大发掘的，而是由四川省考古所主持的，我们与他们的合作也十分愉快。现在我们基本的材料都已经移交给四川省考古所的孙智彬，据说他的四大册报告已经写成了，大概这两年就能出版。这个报告很可能会成为中国考古学的一部典范著作，我们也很荣幸能够参与到这次项目中，并且做出了一点贡献。之后我们还和北大同行合作编辑出版《盐业考古》这套书，目前第三册已经出版，也许将来还会有第四册，但这个还不太确定。

访问人：近几年哈佛大学人类学系与成都市文物考古研究所联合开展的成都平原区域调查项目，实际上，您在其中起到了很大的作用。您能谈谈为什么会选择成都平原作为考察对象呢？

罗泰：其实这并不是我为学生设定的合作研究计

划,这个项目和我没有太大的关系,而是我的学生毕业后自己设计的项目。我仅仅是在一开始的时候,需要帮助双方建立关系的时候,从中协调了一下。然后在项目开展之后,又曾经去了两次,看他们的工作,但不是为了指导他们,我也并不了解他们的方法,我只是想向他们学习,了解他们的方法而已。上个星期,我们还去看了看他们的成果。我非常佩服他们连续数年所做的庞大的工作。他们的项目发现了很多重要的信息,但是关键的是,他们需要把报告写出来。像这样的项目,要是没有报告,就完了。他们的项目很特殊,没什么东西可以让人眼前一亮。他们调查的遗物都是极小的陶片,但重要的是,在现代数字化技术支持下,通过各种统计学的分析,能得到传统考古所不能获得的信息。他们现在把所有的工作分配给了四十余位学者,我希望所有这些人都能够尽快完成他们自己的那一部分,以便最后形成综合报告。只要这部报告能编写出来,就一定会是一部典范著作。这并不是我自己的研究,我也没有花太多时间在里边,但我很高兴,因为他们去做了。

这个项目的确和我们原来的盐业考古有一点关系。当时我们盐业考古的项目快要结束了,我们在这个项目的范围内,设计了郫县的调查。原则上我们想通过调查来看看古代郫县居民如何利用和开采当地的盐业资源,包括盐泉,而且盐业经济是不是影响到当地的聚落模式。这些问题在一开始是设定了的。可是在具体的聚落调查中，并不限于盐业考古的材料。因为我们并不知道郫县有没有盐业考古的材料，即便有，它们在哪里，我们也都不知道，所以调查就不可能仅限于盐业考古。事实上，我们最后也没有在郫县找到盐业考古的遗存，所以区域调查的主要学术目的，还是想知道在中国南方水田环境下，如何进行拉网式的地面调查，如何去做，方法该如何选择，也就是一个纯方法的探索。第二个目的，是了解当地各个时代的聚落模式具体是怎样的。是否与盐业有关，其实已是个很次要的问题。我现在不知道将来是否能够把调查结果与盐业生产相联系，但从现在的情况看，似乎没有太大的联系。毕竟调查与发掘的材料是极为重要的。

访问人： 从您刚才的表述中，我们能听出来您非常在意研究时问题和材料之间的关系以及如何设计学术研究。您以前在很多个场合曾经严厉地批评过中国考古学界的文献传统。您还说过考古学研究的本质不是要把它们与已有的文献记载结合起来，您形成这个观念，是否和您在中国的经历有关？

罗泰： 其实也不是。我的这个观点常常被误解。有的人甚至认为我否认文献的重要性。其实我根本不是这个意思。中国有悠久的历史传统，也留下了丰富的文献材料，所有研究历史的人都要去看，而且对考古学研究也会起极大作用。但我的意思其实是有两个层面的：研究文献的方法自有体系，与研究考古学的方法是不尽相同的，所以研究文献的一把手往往是研究纯文献的专家，考古学家对文献的研究，往往很蹩脚，而且有时候利用文献时会犯一些很愚蠢的错误。包括我非常尊敬的一些老师在内，他们在引用文献时有时也很不合适。与其这样，还不如先把自己的考古材料研究清楚，然后再看文献，甚至还不如让别的文献专家去研究文献的问题。第二个层面更为重要，有时候，不是有时，而应该说是经常性的，有考古学家看文献，就允许文献指定他们的考古研究问题，这个我觉得是非常可惜的事情。因为考古材料能够回答的问题，有时候并不是文献，而是更为广大的地方，尤其是那些文献根本谈不到的地方，而且考古学材料刚好能够比文献回答得更为出色。如果一开始设计问题时，就把焦点放在和历史有关的题目上，这些纯考古学的问题就会被忽视掉。

比如说，一个遗址是不是相对于某个朝代，当然是一个重要的历史学问题，可以讨论。但是在发掘这个遗址的时候会发现很多材料，无论它是什么朝代，这样一处遗址都可以向你提供很多重要的信息，让你知道住在这处遗址的人如何生活，它的经济基础如何，地方关系如何，生活习惯如何，发展方向如何，社会发展程度与复杂化程度如何……这些问题，都无须或者不可能从历史文献上得到答案。假若我们一开始的目标就仅仅是确定遗址的朝代属性，那么上边那些问题可能就会被忽略掉。当然，假若能够知道遗址的历史性质，也没什么不好，但是不能够过分着急地仅仅去寻找遗址的历史线索。而且，遗址的历史线索不被考古学家发现，而是被一个纯历史学家发现，对考古学家而言，也并没有什么不好。但是很多考古学家却觉得这件事非常重要，应该由他们来确定遗址的历史性质。这一点，我觉得不必要如此在意，而且会影响到考古研究的工作质量。

访问人：国外研究中国先秦时期考古的学者很多，但研究中国新石器时代的考古学家却并不像商周考古的学者那样多，这是为什么？

罗泰：其实不少。你看，在美国，像我这一代的学者，大部分都是搞史前的，相反，搞历史时期的，似乎只有我一个。张先生的学生中，大部分后来都去做史前或者边远地区的考古了，做中原商周时期的，现在好像就是我一个人。慕容杰去做东南亚，刘莉去研究新石器，都不是研究青铜时代的学者。那些日本和韩国的学生，要么后来做的是日本初期历史，要么是做史前时期的研究。这和美国的人类学系的工作状况和取向有关。在美国，人类学系的研究对象大部分都没有文字，所以他们的研究方法和取向不太考虑如何与历史文献相结合。如果想做历史时期的，一般不会在人类学系，而会去东方学系。在美国，研究有文字材料的文明，比如研究埃及、两河流域、希腊、罗马文明的，都会在相应的科系，而不是在人类学系。在欧洲更会是这样。而中国刚好相反，考古恰恰不在汉学系。因为中国汉字到现在还存在，所以他会把焦点放在文献，或者和现代中国关系更密切的历史时段，这样有历史文献，有文学，有考古材料，可以研究得更加充分。美国最近多了一个研究中国考古的人，就是刘莉，她刚刚到斯坦福大学东亚史系，还不知道以后会怎么样。我不知道将来的东亚史系会开设怎样的中国考古课程。

现在大部分年轻的考古学家进入中国考古研究，都是想搞史前的，比如盐业考古。因为这些研究都没有文献，可以做比较纯粹的考古学研究。这样的趋势，也是被美国的学术体制所鼓励的，尤其为人类学系的传统所推崇。他们不希望学生花太多的时间去研究历史文献，而希望他们能研究纯粹的考古学问题，研究那些与古代社会发展相关的课题，强调方法论，强调理论的贡献和创新。所有这些，对研究史前考古的人来说，比较容易做到，但假若要考虑历史文献的资料，对于学生而言，时间往往会来不及，论文写作的复杂程度也会增加。而且对于人类学系的学生而言，文献材料对他们有时候也不一定很有趣或者很重要。其实，我之所以始终没有办法在人类学系得到合适的教职位子，很大程度上也是和这个有关。我不是搞史前考古的，我研究青铜时代，我也研究历史文献，而且研究铭文。我在田野工作的时候，没有更多的时间去思考纯粹的考古学和人类学问题，而把很多时间花在了铭文和文献上。因此，20世纪80年代末期我从哈佛大学人类学系毕业找工作的时候，到人类学系去找工作，都觉得我的研究不够"纯粹"，有太多东方史的研究在其中，他们都不感兴趣。到现在为止，美国的学术界还是如此。假若你想去人类学系工作，最好还是去研究史前。我也有好几位已经毕业的学生，他们都很优秀，是做史前考古的。只有少部分学生是搞后边时段的，但他们也就没法去人类学系工作，最近有一个去了东亚系，一个在美术史系。我的第一份工作就是在东亚系，后来才去了美术史系。我自己对此事并无所谓，我所做的研究并不受系里中国艺术史的工作限制，一样可以去做属于人类学范畴的中国考古学研究。好像大家也还能接受甚至是欣赏我的这种研究状况。最近我被评为美国科学院的院士，而且是人类学、考古学和社会学的同行把我选进去的，并不是美术史和文艺学的教授们。

访问人： 邹衡先生有一篇成名作——《试论夏文

化》，在这篇论文中，他使用了追溯法去探讨商代早期的文化。这个方法在中国得到了比较广泛的认可，但在国外却似并非如此。比如普林斯顿大学的贝格利（Robert Bagley）教授就十分反对这种方法。您怎么看这种差异？

罗泰：我觉得邹衡先生的方法可以使用，但是我自己的想法可能你们听起来会有点陌生。我觉得二里头文化传统和二里冈到殷墟是一条线，并不是两个族群。当然，考古学从原则上是没有办法解决民族认同问题的，已经有庞大的证据说明，考古学不能解决民族的识别问题。有太多民族学和人类学的调查以及民族志材料说明，物质文化的分布、语言的分布与人群的族群认同未必相合。这些调查告诉我们，物质文化、语言有的能和人群认同相合，有的却不能。但是考古学却没法确定哪些是相合的，哪些是不合的。所以回到夏商文化的研究上，说二里头属于夏族、二里冈到殷墟属于商族，从原则上，考古学是无法证明的。

当然，同一种物质文化首先是一个民族使用，另一个后继的民族也可以继续使用这个文化。尤其是一个物质文化的主体——陶器，制作没有发生变动，这种推测就很有可能发生。但是这样的事情，我们根据具体的发现是没法做出具体确定的。好像现在在中国考古界，有很多人花了很多时间想证明二里头的人群和二里冈的人群是不同的人群。这个推测在我看起来没有太多的说服力，我觉得它们就是一脉相承的，一条线发展的物质文化传统，无论它的使用者是谁。后来西周的人群在他们自己的发源地区，的确有一些和二里头、晚商体系不一样的文化，但是很快就融进二里头—殷墟这个传统中了。这些现象和问题当然和政治、族群有一些关系。

总的来说，邹先生从安阳往前推的方法，从原则上没有什么问题，这是全世界的考古学界都会使用的一种方法，可以叫作"直接历史引用法"（direct historical approach），意思是有文献记载时候的记载，你看到的考古学表现如何，你从那再推导到没有文献记载的时代，去观察它们之间有无联系。这当然具有一定的冒险性，不能百分之百地肯定，但是作为一种考虑问题的方法，还是允许的。而且，在全世界范围内，有条件使用这个方法的地区或者研究对象的考古学家，都在使用这种方法。

访问人：既然用考古学物质文化遗存研究族群的认同问题存在分歧，那么要研究这类问题，该采用哪种方法比较好呢？还是这个问题就应该暂时被悬置起来？

罗泰：我并不想禁止任何人研究任何问题。相反，我想有一些学术问题是比较适合于考古学研究的，比如生态环境、生活习惯、自然资源的开采等等这样的问题，考古学能够有极庞大的信息可以提供研究。当然，在一个遗址中能够发现的信息也可以间接地暴露出某一些民族的特点或者不同民族间的差别，但这个可能不是很重要的问题。我相信，只要把这些考古学能够研究的问题研究透了以后，有关民族的性质问题也就有更多证据好去探讨了。

访问人：您觉得未来的中国考古学需要在哪些方面更加努力呢？

罗泰：现在中国的考古学与我上北大的时候已经发生了很大的不同，在很多方面已经融合了很多西方最现代化的理论、方法，甚至设备，而且很有它自己的特色。这个特色当然和它的研究内容、对象有关系，当然也有中国自身的历史特色，这些客观条件促成了中国考古学的自身特色。但是现在中国考古学最需要的，似乎应该是建立一些可以用严格的统计学方法来分析的资料库，就是说在收集材料的时候要注意，这些材料有统计学上的代表性。因为现在你根据目前的考古报告材料来做研究的时候，你会发现材料并不适合用统计学进行严格的分析。在田野考古工作收集材料的时候，并没有考虑到样品是否具有统计学的意义和代表性。所以，这样的样品用作统计学分析时，你很容易会得出一些不可靠的结果。美国统计学的专家会管这种情况叫"garbage in garbage out",意思是:"放进去的是垃圾,出来的还是垃圾。"当然,经常性地将考古材料数据化,再进行分析的话,总是可以得到一定的结论。

傅罗文、陈伯桢、关玉琳他们与成都市文物考古研究所在郫县调查项目的重要性,恰好在于他们在调查过程中十分重视取样的统计学意义,所以他们将来的调查结论的统计学分析,一定是十分可靠的,有科学性的。像这样的资料或者资料群,在中国考古学界应该尽量地推广和充实。不仅仅是调查,对于物质文化资料研究的各个方面,都应该这样做。虽然这样做也许不能百分之百保证成功,因为考古学研究带有一定的偶然性,不像一般的自然科学可以反复实验,寻找到像自然现象的分布那样的某种规律,考古学的遗存多少有偶然保存的可能,但是这种方法还是应该努力去尝试。郫县调查项目在这方面做出了比较成功的贡献。

访问人:您有很丰富的教学经验,也培养了很多优秀的学生,您认为北大未来的培养和教学模式还需要注意哪些问题?另外,您觉得北大既往的考古学教学与培养方式有哪些失误是需要检讨的?

罗泰:我觉得不应该过分地专业化。北大或者学中国考古的学生都有这样的现象,好像有学生只研究商周考古,就不研究其他时代了。像中坝遗址,是一个巴文化的古代遗址，但它从新石器时代到明清时期的堆积都有，我们的盐业考古研究主要是从新石器时代到秦汉时期，但是北大方面的合作者很难给我们派出一个从新石器到秦汉时期都可以研究的研究生，来和傅罗文、陈伯桢合作。这些学生如果研究的是新石器，他就不大可能研究商周时期，更不可能去研究秦汉。这一点在当时我们就觉得十分可惜。这样的培养方式好像并没有必要。

另一个问题是，我希望将来的北大也能够给学生机会学习中国以外的考古。这个现在似乎已有一些改变，经常有访问学者去北大进行演讲或者作为访问学者。好像系里的一些教授也开始开设这方面的课程。我希望这个问题在以后能得到改变和扩展。

其他的事情，很难做计划。比方派遣学生参加国际的交流，现在似乎学生自己就可以做到，不需要学校或者院系的老师特别去计划，或者寻找计划。我在川大（按：四川大学）都看到好几个学生，他们会去华盛顿大学进行交流，待一年再回去。但是这样的培养方式也有一个坏处，这些学生没有参加过考古的发掘实习，这对于考古学生而言当然是不行的。或者哪怕让他们在川大多待一年，也是一个比较好的解决办法。到国外留学当然是一个很好的经历和经验，但并不能代替最基本的考古发掘实习训练。

其实要改变这种状况的解决办法很简单，多派一些年轻的、有语言能力的考古学家去世界各个地方留学，然后一定要让他们回来，在国内给他们安排最好的工作，让他们没有太大的压力，从而建立这个研究传统，一代代地传下去。苏秉琦先生倡导要建立"中国考古学学派"，这其中也应该包括国外考古的研究。这个是很自然的。欧洲一开始也并不是这样，也不是什么方向都有，也是慢慢建立起来的。以前他们没有东亚考古，现在也有了。现在你看欧洲，各种学术流派和学术传统并立，各有贡献。中国也应该这样。而且现在中国变成了一个相对富强的国家，也应该像欧洲一样去做。而且，世界各地也会欢迎中国的学者去他们那里进行考古工作。这没有什么坏处，只有好处。只要想去做，就一定能做到。而且我建议，这个工作不要一下子在各地都开展，不要一下子就去玛雅、去埃及，而是应该从中国的临近地区开始，比如韩国、日本、东南亚、欧亚草原。所以现在张良仁在欧亚大陆的工作其实就是一个很好的开端，从塔吉克斯坦、乌兹别克斯坦、哈萨克斯坦开始做起，是比较正确的方式。还有，我听说中国的考古学家已经在蒙古、越南、柬埔寨等地开展了合作发掘与研究，其实也是很好的，在那里逐渐建立联系，建立学术支撑点，再向外扩展。这些地方与中国古代就有交流与来往，文化上也有交流，先研究它们，再向外做出更为广阔的研究,然后再去做跨文化的比较研究,可能会比较好。

好在现在中国考古学的教育和教学已经相当发达,培养出来的学生,已有很好的基础,在国外的留学生很容易适应国外的教学,适应国外各个考古机构的体制。尽管会有局部的差异,甚至文化和传统的冲突,但是这些问题都不大,都是能够克服和解决的。可能最大的问题在于语言,而不在于考古或者学术本身。好像我遇到的中国留学生最大的问题并不在于他们有没有国外的学术经历,而是在于语言,可能还是因为花的时间不够吧,但是这不是考古学的问题。据说现在小学生都开始学外语了,那样的话,下一代的中国考古学家,中国的年轻人,至少会在12岁以前说一门外语,到18岁会说第三门外语。这样才能适应未来的国际化趋势。现在的中国学生都在拼命地学数学和其他自然科学,这当然是个好现象,甚至是国外的学生不可能达到的难度,而且明显比国外的学生都要强。这就证明了,只要改变了教学重点,就能做得到。是不是所有的学生都学那样深的自然科学知识,可能还需要考虑一下。教育应该是一个diversify,即多样化的行为,有一些学生需要学习自然科学,有一些学生可能不需要,那就应该让他多去学点哲学或者语言。当然每一学科孩子们都应该学一点,但是不应该让所有的学生都学一种东西,反正欧洲是这个传统，好像这种教育方式效果到现在为止还不错。

然后，我现在发现一个与以前完全不一样的现象，我不知道该怎样去描述。好像现在本科生还好一点，但是具体到研究生的时候，就会有个比较奇怪的事情。你问他是哪个学校的，他往往就会说他是某某某老师的学生；你问他是研究什么的，他马上就会说"某某某老师让我做什么什么题目"。也许从某种意义上讲是句客气话，但究竟是不是，我不敢确定。但是这个现象说明了一种不太健康的倾向。我希望学校鼓励研究生在发展自己的学问过程中，稍微注意一点，去鼓励学生自己找题目。这方面可能要系里采取一些措施，比如说不要把学生指定给某位具体的老师，而是让系里的老师共同培养他们，不要把学生当成某位老师的私有财产或者派系财富。我们在美国也会遇到类似的问题，某些老师只关心自己直接负责指导论文的学生，而且这些学生也会出来说我是某某老师的学生，这样确定自己的某种身份认同。但是在UCLA我的系里，我们所有的老师往往会把我们的学生看作整个系的学生，而且无论是谁的学生，我们仍然希望学生能够独立地发展他自己的学术思维，培养他自己的学术兴趣。在学生学习的过程中，他可以找系里所有的老师，而不应该只是围绕一个老师的题目做论文。这样的话，下一代学生思考问题的方式就不会像是他们老师的"复制品"。其实，完全"克隆"自己的老师，不是一件好事情。在美国，一个学生要是和他的导师思维方式、研究领域一模一样的话，会被整个学术界所批评。我当时从哈佛毕业的时候，有人曾经质疑我是张光直先生的"克隆体"。我当时十分伤心并且气愤，因为那完全是错误的观念。我至今还记得说这话的人。其实他根本没有看过我的研究。但是现在很多中国的研究生最终的目标就是想做自己老师的"克隆体"，这其实是不应该的。

另一个问题是，在培养学生时，不必要让学生介入老师这一代人的人事纠葛或者派系纠葛，应当鼓励学生去和不同的人交朋友。学术上可以有不同的态度，可以有争论，但是不要把学术上的不同，弄成人与人之间的矛盾。当然从心理学角度而言，这是件很困难的事情，你批评我的学术观点，我还要和你有很好的感情，这并不容易做到。我多次都有所体会。我有个毛病，我喜欢写书评，而且一写就会写出真话，这样很容易得罪人。反正没有几本书（是完美的），包括我自己的书，都会存在不完美的地方，总会有让人提出批评的地方。所以一旦我提出了批评，有的学者就会非常敏感，觉得自己很失败，觉得我没有说好话，觉得我侮辱了他，但我绝对不是这个意图。我试图把学术的评价和对人的评价分开来，但对方很难相信及认同这一点，所以我这辈子遇到不少这方面的麻烦。但是好像我在教学生的时候就是这样做的。我在鼓励学生做好朋友的同时,鼓励他们提出不同意见,帮助对方。也许你听起来会感到惊讶,我并不觉得中国考古学的做法与西方有什么根本性的不同,对于具体问题也许会有差异,但是其实做事什么的都差不多,目标也没有什么不同,和西方的考古学家所做的事情也差不多都一样。

我们在中国面对的文化冲突,并不是来自考古学界,反而和中国考古学家一起工作会有共同的话语平台,反而可以从考古工作中去克服其他文化的、政治的冲突。大家常常会提到很多跨国际、跨文化的东西,比如音乐,比如艺术。其实大家心里都明白,很多事情不是那么简单,大家的审美、听觉习惯也许会有差异,但是总会有一个机会,突然遇到和自己的习惯不一样的东西出现,即便不是自己喜欢的,但是也会从另一个角度去欣赏甚至喜欢上它。其实考古也是这样的东西,也是有价值观的东西。所以考古也许可以变成未来全球化的进程中让人相互理解的一个工具或者媒介。

访问人: 您有计划修订张光直先生的《古代中国考古学》吗?

罗泰: 绝对没有。

访问人: 张光直先生后来有修订他的第五版的想法

吗?

罗泰：对！他当时已经和慕容杰说好了，要和慕容杰合写。据我所知，好像慕容杰现在写的就是当年要和张先生一起合写的第五版，但现在已过了很多年了，还没有看到。

访问人：那您觉得西方世界该有一本新的中国考古学通论吗？

罗泰：绝对应该有。原来慕容杰曾经有过这个想法，似乎现在他还没有做完，所以我不可能去做这件事。听说刘莉和陈星灿在合写一本新的中国考古学，但是那绝不是张光直先生的第五版，而且听说他们好像只写到新石器时代，不会去写商周时代及其以后。美国没有人有能力写完全部的古代中国考古学或者教科书，这的确是个问题。包括我在内，没有人有时间或者有足够的能力去完成这项工作。这很可惜。也许将来可以选择一本中国的书翻译成英文，这个可能性很大。

写这样一本书，当时的张光直先生非常合适。当时的资料，他一个人可以全部掌握，但现在，资料的膨胀使得我们不可能由一个人来完成这个任务。但是的确还是需要这样的一本书。几个人合写可能是个办法，但那又会是一个噩梦。合写的作者间往往会产生矛盾，写作后又会有质量上的差别，会产生很多难以协调的问题。当然现在对教科书的要求也越来越奇怪，比如要加上让本科生喜欢的多媒体内容。我这一代人不太熟练而且比较反感这种做法，所以会很困难。而且，现在的教科书中，要插入大量的图版，尤其是必须得有太多的经典性、代表性的图像资料，那简直会变成一项巨大的工作。我想不出谁将愿意承担这项任务。反正，我想象不出我自己会去做这件事。我未来还会出书，但新的著作至少还是我自己能够控制的自己的研究，我自己想去写的东西，而不是那种宏观的教科书。

访问人：邹衡先生在哈佛大学访问的时候曾经作过演讲，他那次在哈佛曾经讲了些什么内容？

罗泰：邹衡先生和张光直先生合开了一门课，当时香港的林寿晋先生也在。还有一个韩国学者柳宰要（？）先生，他也是搞商代考古的学者。他的观点比较奇怪，他认为商根本都是韩国人，写了好几本书来论证这个观点，所以肯定在中国不太会被人知道，甚至于他在韩国国内也不是太有名，也不是学术的主流。反正当时这几个人都在哈佛，张光直先生开了一门专题课，主要是学生作讨论，几位先生都先后到课堂来过。柳先生不太常来，但邹先生和林先生经常来参加。学生不多，大概只有三四位。我们也都是拣自己感兴趣的课程去听。课程也不是太有系统地去谈一个题目，而且当时大家感兴趣的问题也比较随意。我还记得我做了一个关于中国古代建筑史的题目，仅仅是作为一个作业，后来也没有发表出来。张先生当时的讲座后来成为他一篇文章的题目，就是那篇关于商代奴隶的变迁如何和自然资源的开采相关，里边谈到了太行山的铜矿资源开发等问题。当时还有一位台湾来的女生，叫连照美，后来在台大当了教授。她原本也是想在哈佛念博士，但后来种种原因，念到硕士就回去了，也作了一次报告，也谈了类似的题目，是讲中国的自然资源分布以及在商代的开发情况。学生里还有一位叫高友德的，做玉器，后来没有继续做下去，在台湾工作了一段时间后改行了，很可惜。还有就是从中国大陆去的冷健，后来离开哈佛去了波士顿做博士后。慕容杰当时好像还没有进哈佛读书。

邹先生给我们的报告好像就是谈夏的问题以及二里头遗址是不是夏墟、郑州是不是亳都。我的印象是，当时张先生比较同意邹先生的观点，虽然他没有在书面上表态，但是看样子他对这个观点比较认同。我自己后来对这种研究古代都邑性聚落时，把整个的焦点集中在与历史文献的印证上的做法，产生了强烈的反感。所以我对这些问题不置可否，反正让别人百家争鸣吧。但是，说实话，我也承认邹先生的说法比较有说服力。虽然这不应该是考古学家所要关注的问题，但是一定要做的话，可以临时采用邹先生的观点。

访问人： 在哈佛的时候，有人向邹先生提出过明确的反对吗？

罗泰： 绝对没有。张先生对邹先生特别尊敬。而且，当时张先生正好在编那套书，他自己写《商代文明》，许倬云写《西周史》，李学勤写东周，王仲殊先生编汉代，最后那一本六朝比那几本晚了二十多年，最近才刚刚出版，是斯坦福大学的丁艾博先生撰写的。那真是本大作，北京师范大学的李梅田正在把那本书翻成中文，未来会在中国出版，而且应该会比英文版更好。因为丁先生当时没有拿到所有图片的版权，所以耶鲁的英文版图片不算太多。但若是在中国出版，问题会小很多。

当时张先生正在编这一套书，我们还给张先生提出是不是请邹先生写夏代这一本。张先生也觉得这是个不错的提议，但是后来这件事就没有下文了。或许大家都认为，人人称之为夏代的这个阶段，在当时，材料还不足以支撑起一部著作。但是要是放在今天，一定可以去写了，甚至不叫"夏代"也可以，就是公元前2200到公元前1500年间的考古学文化的序列、面貌，这一个时间段非常重要。原先我一直以为，写这个时间段的人应该是我，但我现在知道我不可能有这个时间了。应该有个人去写本书，就是去描述公元前2000年前后的欧亚大陆，从西方到东方，一个地方一个地方地去谈。这样才可以将互相间的很多关系说清楚，是不是相互影响现在不好说，但是至少我们可以去描述它，那将会是非常有意思的一本书。当然我们不一定非要局限在公元前2000年前后，也许可以前后再拉长250年左右，那样就差不多能说清楚那个时代了。但是我不知道哪位学者可以有这样的学术能力和时间去写，我肯定不行，西北大学的张良仁可能是个不错的人选。我从来不给学生安排工作，要是他自己想写当然最好，他要是不写，我也不会去强迫他写。

访问人： 蒋祖棣是如何跟着张先生去学习的呢？

罗泰： 这个我不知道。蒋祖棣第一次到哈佛的时候我也在，但是那时候我在写博士论文，一般不去上课，所以只能偶尔碰到蒋祖棣。当时蒋祖棣比较缺钱，业余时间主要在哈佛的各个图书馆里打工，而且其中一份工作还非常重要，是帮助图书馆整理一份非常重要的材料，所以他打工并不是和学术完全没有关系的。他是否上课，或者和张先生定了怎样的研究计划，是不是延续他在中国的研究，我都不太清楚。

访问人： 俞伟超先生去哈佛的时候讲过什么课？

罗泰： 他并不上课，但是作过几次非常精彩的演讲，主要的时间都是用来自己做研究。他的演讲主要都是围绕中国古代的物质文化、考古材料和民族关系之间的问题展开的。其中至少有一次，还是我给他做的翻译。我现在说不准了，但是当时他的演讲，一般翻译不是张先生，就是高友德或者是我。时间太久了，我有点记不清，但是没关系，哈佛的记录里都会有的。

访问人： 去哈佛前后，是俞先生人生中比较大的一次选择，那时候是去历史博物馆还是留在北大，对于他而言似乎是很难选择的。在哈佛期间，他有所表露吗？

罗泰： 他完全没有表现出来，所以我不知道那段时间对他那样重要。后来他从哈佛回到中国不久就去了历史博物馆。当然，北大考古系从历史系中独立出来，我们都知道，我们也非常高兴。因为这样对考古学在中国的学术系统中位置的提升有着特别的意义。这是件好事，可是当时，至少北大的人从来没有说自己要占据什么位置，这不是北大的作风。俞先生是一个非常谦虚的人，他不会把这件事当作很重要的事情的。后来他在历史博物馆能做的贡献，如果留在北大，或许反而做不到。到了历史博物馆，似乎更能发挥他的能力和特别的作用。总的来说，他的经历和立场都是非常特别的，可惜他去世得太早了。如果他活到现在，也就是80岁，这对于他做研究来说应该完全不是问题。80岁的学者现在很多，而且80岁还能做学问的也不少，对于俞先生来说真是可惜！

访问人：张光直先生是北大考古系唯一一位外聘教授，他被美国主流学术界认同，是为什么呢？

罗泰：就是因为他到美国以后一直把他的焦点放在美国人类学的主流上。他设计自己的研究项目，也不是以中国为中心的，而是以当时的考古学和人类学主流感兴趣或者争论的焦点为中心的，所以他在那个时候关注聚落形态、生业模式这样的理论问题。他在别人研究的基础上，第一个写书去讨论这些问题，将那些方法推导成一种可以在田野中得以实践的理论。后来很多人都才去应用这种方法，到现在还是这样。在美国考古学界，一提到张光直的名字，并不一定是因为他对于中国的研究成果，而是在于他早期给主流考古学和人类学界的贡献。这些贡献直到今天仍然有很深刻的影响。如果将来写美国20世纪考古学史的话，张光直的名字一定是因为这个而被载入史册的。

北大聘张先生为客座教授，也是很有道理的。在整个中国以外，尤其是当时，根本没有另外一个人可以达到张先生的水平，甚至连接近他的水平都谈不到。加上也没有一个人像张先生那样努力，想把中国的考古界与国外的考古界联系起来。所以北大给张先生这样一个机会是必然的,也是合适的。也许张先生在北大没有做太多事,主要就是那六次演讲,当时我也在北京,听了其中两场。后来他也没有太多机会真正到北大培养学生。北大派到哈佛去跟张先生学习的也只有一个蒋祖棣,但他后来也没有继续从事考古行业,而是转行了。这都是很可惜的事情。当时张先生还很健康,若是多培养些学生就好了。

访问人:张光直先生和您提过与川大合作搁浅的事情吗?

罗泰:我听到的比较少。因为那时候童恩正先生第一次在哈佛做访问的时候,我还没到哈佛;第二次去哈佛的时候,我在日本访问,所以我这一生非常遗憾的是,我一次也没见过童恩正先生。那是1994年,在台湾开一个学术会议的时候,张先生当时从美国去参加了。我知道张先生有这样一个与川大合作的想法,也知道最后这件事被夏鼐卡住了。后来这些事主要是俞先生告诉我的,张先生很少和我说起这些事。

访问人:这件事比较蹊跷,因为几乎所有的当事人后来都有点刻意地回避这件事,而且三位当事人都已经去世了,所以这件事的细节和内幕究竟如何,的确很让人好奇。

罗泰：夏鼐先生非常公开地骂童恩正先生的事情，应该很多人都听到了，而且也应该记得。只不过，大家都不想去说这件事罢了。夏鼐先生在我们面前曾经说过这样一句话，是用英语说的，因为他的中文中国人听起来都很吃力，他说："Archaeology is like the Olympic Games, every country fields its own team."意思就是说，外国人不可能参加中国的奥运代表队，为中国拿一块金牌。

访问人：张光直先生后来与（社科院）考古所合作的时候是不是也有很大的阻力？

罗泰：这个我也不是很清楚。因为我原本应该参加商丘的计划，我自己也很想加入这个项目。但是很不巧，如果按计划在1990年进行，我那年恰好在中国社科院考古所做访问学者，完全可以参加这个项目，但是后来不是推迟了一年，到1991年才开始启动嘛！1990年，美国来了一个先遣队，做地质环境方面的勘探，我也没有时间一起来。后来到1991年项目正式启动的时候，项目的规模也不是很大，当时我在加州大学戴维斯分校教书，上课的压力很大，我没法抽出时间去做这件事情。尤其是他们发掘的时间恰好我有课，所以没法参加。我那时也还没有资格拿到学术年假，所以到最后我都没有机会参与这个项目。这是我特别难受且很痛心的一件事情,一方面我特别想参加商丘的项目,这是"文革"后中美合作的第一个项目;另一方面我也很想和张先生一起做田野工作。因为在这之前和之后我都没有机会和他在一起做田野。张先生当然也很希望我能加入到商丘的项目中来,但是就是时间上没法协调。当时我必须建立自己的学术地位,赶文章,赶着写书,去拿到终身教职。虽然我也比较早就拿到了终身教职,之后就去了UCLA教书。到后来曾经有一次机会,是在1994年秋天,我陪张先生去了一次商丘,那是我第一次去商丘,那一年我正好在台湾访问。在商丘,我们看了几个遗址,收获很大,印象很深。那个时候大家已经开始进行那个项目,而且大家也都很投入,我若再插进去,好像很不合适,所以我最后只好放弃加入商丘项目的想法了。

1996年,张先生又写信给我,当时他身体已经开始不好了,他自己已经做不下去了,他希望我去做美方队长。但是当时慕容杰他们已经在商丘做了好几年了,在他们上边突然空降一个我,让我去当队长,怎么可能?显然不太合适!我记得很清楚,当时我在西班牙旅行,我用手写信的方式,给张先生写了一封很长的信,跟他说这样不合适,也有点违反学术道德,而且会给项目的成功带来负面的作用。张先生后来对此事也没有太坚持。这并不是我不想和张先生合作,我内心很想和张先生合作，但是他们已经做了那么多，我很不熟悉情况，尽管可以再去学习，但是在那种情况下，我不应该当作领队进入，而是应该作为一个队员进去。但是作为队员进去似乎也不太现实，所以我只能放弃，不参加了。没想到第二年，因为台湾内部的矛盾，砍掉了张先生的所有经费，这个项目就停止了。这不是因为考古所的问题，而是在于台湾方面。实际上就是台湾有一些人一直反对张先生，看见张先生生病，就觉得是个机会。张先生的一些朋友在那时也背叛了他。所以，从那之后，我对台湾的某些人印象由此非常不好。

访问人：您曾提及目前在美国从事商周考古的张光直先生的学生，只剩下您和李永迪两人。其实在美国的李峰教授，与您的经历有相似的地方，也曾先后在日本和美国留学，并在美国任教，而且同样研究中国的商周时期考古，您怎么看待他的研究？

罗泰：对的，在美国目前只有我，在台湾有李永迪和黄铭崇。黄铭崇也做得非常出色。其实台湾还有好几位学者。这个我不想作过多的评价。当时李峰在考古所工作的时候就被人认为是最有前途的考古学家，但是后来他放弃了考古，去了国外学习铜器铭文，学习文献历史。现在他又回到了考古研究中，但是他完全否决了人类学的方法，当然也和他不在人类学系学习有关。这其实是很可惜的事情。他现在的研究想解决很多问题，假若他能采取更为全面的研究方法，比如一些来自人类学或者社会学的分析方法的话，可能会有更多的新发现。这些学科都会对他有所帮助。最近他写的两本书我都十分仔细地看了，很多观点很重要，可惜他写得有点仓促了。因为他有终身教职的压力，所以在很多方面还有点不成熟。中文版可能比英文版要好一点，当然我没有完全详细对比。李峰是非常聪明的人，所以我对他的未来有相当大的期待。但是他在国外的留学经历中没有人类学视域的考古学训练，是一个欠缺。因为他在美国学铭文研究，实际上不如中国，要真是学这个，还不如留在中国去学更好。在中国彻底地学训诂、学小学，打好古文字的各种基础。这个只有在中国学习，在美国实际上学不到。李峰没有学这个是一缺陷，他也没有学语言学，这样的学习会有点不伦不类。像李峰这样聪明的人来说，他有很多值得考虑的地方。

访问人：您在访谈中一直都很强调人类学方法论的考古学，但在中国，考古学一直是有历史学取向的学科，您怎么看待这种差异？

罗泰：其实中国考古学当中也有挺强的人类学传统。比如马克思主义考古学的传统，就很像是人类学视角的，就是把考古学的目标定在复原古代社会组织和发展上。这在中国的研究中原来就有。只不过中国的确有较长久的文献历史，所以在进行以人类学为目的的研究过程中，不得不把历史文献也拿进来。这在方法论上是很难融合的，我们也谈到过这个问题。所以这样的方法会很混杂，各自的优势也都不能全面地显现出来，考古材料的优势也不能被充分利用，文献的材料也很难完全正确地使用。

访问人：中国考古学界在20世纪90年代初，曾经有过一场发生在俞伟超先生与张忠培先生之间的论争，您是否注意到过呢？

罗泰：我关注过这件事情，但不是特别详细。我觉得这基本上是一个误会，好像有一些人认为俞伟超先生想放弃传统的考古学基本功，去搞抽象的理论，但实际上，俞先生的意思是除了做以前的分期排队、基本田野考古、区系类型以外，还要注意方法和理论，想把考古学做得更加开放一些，把其他学科的方法联系起来，这样可以得到更加全面的结论，从而得到对古代文化更宏观、更全面的理解。这是对的，提出这样的说法也不应该引起其他的学者如此生气。这并不是对传统方法的攻击或者挑战，而只是为了想把工作做得更好。当时张光直先生也写了文章，想帮他们协调一下关系，而且你可能注意到了，张光直先生基本上是支持张忠培先生的说法的。

访问人：近些年中国的科技考古发展非常迅猛，但是也需要坦率地承认，科技考古的成果很难和传统考古学有效地相结合，经常是科技考古有很多检测数据，传统的考古学家却不知道这些数据有什么意义，而科技考古的学者也不知道传统的考古学家需要什么样的帮助。您觉得问题出在哪里？

罗泰：你的观察很对。这是在一个新方法刚刚出现的时候经常出现的事情，慢慢会改变的。包括你在内，年轻一代的考古学家比我们在自然科学方面所受的训练要好得多，而且你们在电脑等方面也都没有问题，所以将来，这些新的研究结果会和传统的研究能有更好的整合研究。我特别要提出的是，中国考古学目前最关键的问题是，要在遗物和检测样品的收集环节，注意统计学上的代表性，不要靠偶然的采集去获取样品，而是要主动注意，严格按照统计学上的意义去采集样品，收集遗物。如果能这样做的话，你的推论就有科学价值。目前，用偶然发现的考古学材料，随意去做统计学的计量研究，所得出的结果往往缺乏科学性，仅仅是大概的倾向而已，不具有严格的科学价值。当然，古代的遗物保存得不是很完整，这是我们都知道的，总会有我们看不到的东西，但我们应该要尽量让我们手中的材料发挥它的科学价值,让它们能够说明,到底它们是在古代存在过的材料的哪一个部分。统计学的方法好处在于,它可以帮助我们做到这一点。我自己虽然做得不好,但是现在掌握统计学方法的学者越来越多,他们都可以做,甚至中国的不少青年学者就非常擅长这种分析方法。这样做下去的话,将来会把中国考古学材料整体放在一个和现在的传统考古方法所得结论完全不同、完全不在同一水平层面的位置,它将大大提升中国考古学的价值。我非常期待那一天的到来。

其实,中国考古学正处在一个转折的时代,究竟会转向哪里,未来是什么情况,我们可能不知道。但是,北大以赵辉为代表的学者们正在尝试的考古科技化和规范化,或许是未来的一个方向。这个和西方的研究方法非常接近,我很期待他们的尝试。也许这会是中国考古学的又一次转折。

访问人: 中国的商周考古研究似乎现在进入了一个瓶颈期,在中原地区已经基本构建了年代学序列之后,下一步该去做什么,似乎方向有点不太明确,您怎么看呢?

罗泰: 我觉得就是要把研究目标系统化,积累一些庞大的数据库和资料库,而且就是要抽出个别遗址作为突破点,用庞大的数据做出示范,给每个地区的考古研究做出一个研究的范本。同时，用这些数据，对不同地区的社会状况进行系统化的研究，区分地区间的社会运作方式的差异。

访问人：最后一个问题，近十年来是中国考古学资料急剧膨胀的时期，不断地出现全新的材料，面对这样的局面，您觉得未来中国的考古学家该怎样面对或者怎样更好地去研究这些材料？

罗泰：你说得很对。我觉得就是要通过数字化的研究才能解决这个问题，没有其他更好的办法。下一代的考古学家，除了会更多的语言、了解更多相关学科知识之外，还要成为一个电脑的专家，能够处理庞杂的数据和检索这些数据，还要能熟练地使用各种统计方法。将来，我们写文章的时候，如何设定研究目标，可能会因为数据的处理能力差异而发生不同的变化。现在其实已经有这样的趋势了，很多地方数据已经电子化了。你的贡献已经不在于你比人家资料收集得好，而在于你的想法是不是比人家好。但是这个挑战也很大，你要能想出有独创性的数据收集和处理方式。这当然对像我们这样对自己的学术比较有自信的人而言，是个好消息，可以节省搜集资料的时间，但同时也是一个挑战，因为你要把你的想法集中在如何去处理和看待这些资料上去。

同时，这其中也存在一定的副作用。未来的考古会不会因为现在对于数据处理的依赖,产生两个阶层的考古学家:一个层次比较高,专门去设计新的课题,分析这些数据,然后推导理论,做出一些新的学术性的认识;另一个阶层比较低一点,在第一个阶层下边,有一个庞大的群体,专门负责处理、编辑、搜集这些数据,做基础的数据性工作。如果这样的话,可能对很多人而言有些可惜。目前的中国似乎已经开始有这样的倾向了,有的学者只负责发掘,不负责研究。将来会怎么样,也很难预料。我也不敢太确信这种方式不好,因为有一些搞考古的人,其实就喜欢做纯技术性的工作,给他压力让他去分析研究,去挖掘新的思维方式,他也许做不出来,对于他也很痛苦,有时候给他一些基础工作的机会,也许不是坏事情。但是假若,将来这些人不被第一个阶层的人重视的话,那两个阶层间就会有分裂,也会给学术研究带来不好的影响,也许会伤害我们现在所希望的学术界的一种平等合作精神。如何解决,我不知道。

(常怀颖整理,孟繁之校)

他山之石,可以攻玉

访谈者:李宏飞

在罗泰先生访问中国期间,中国考古网有幸对罗泰先生进行了专访。

访问者: 您的研究涉及考古、艺术史等诸多领域,您是如何定位自己的?

罗泰: 其实张光直先生早就说了,研究中国古代的人,不能因为自己的研究方向、学术背景就不关心其他跟中国有关的学问,尤其不能说我是研究美术考古的所以不用学中文,以前西方还有蛮多这样的人。不能分得那么细。我现在在北大给学生讲课,也没法把上课讨论的范围限定在所谓的考古的范围内,经常就会牵扯到邻近的学科,这是理所当然的,也是很健康的。当然有一些研究方法是考古独有的,和别的学科不太一样。说分型、分类只是考古运用也不对,因为类似的做法,其他任何一个做学术工作的人在自己的领域里面也会应用。地层学也不是考古独有的,地质学也用。所以不能从这个观点来制定考古学的视野。比较笼统地说,考古学是关心物质文化的,但是只有这个还不行,因为美术史也是关心物质文化的,而且两者都是根据物质文化写历史的,所以这还要加一些其他限定。应该说考古是一个社会科学,是关心大的社会文化体系和跟经济学有关的话题,与美术史这样比较人文科学的主流还是有一些区别。你说我是关心考古和艺术史也不完全正确,我就是关心考古,我是一直在艺术史系里面工作,这是我的工作。当时没有一个人类学系愿意雇我去做以人类学为本的考古,所以我只好进入艺术史系,但是我并不是做传统意义的美术史的。我之所以能够这样做,就是因为这些不同的学科之间的分界线不清楚,而且也不应该清楚。我的考古学研究跟美术史研究并没有什么矛盾,而且为美术史研究提供了一部分更丰富的理解。所以我还是要强调,我是一个研究考古的,并不是研究美术史的。当然我们研究中国古代的文明,作为外国学者,毕竟也是汉学家,从国外的立场,研究中国文化的整体要学汉语、古文字之类的,这个当然超出考古的范围之外。我也发现中国的学者们其实也完全不习惯把他们的工作限定在一定的范围之内,而且我的印象中,很大一部分学者尽管说自己是考古学家,但是我们看他们的学术著作的话，可以归入传统考古的工作非常少，大部分还是在考古学之外的内容。如果按张光直先生说的那个道理来看，也没有什么问题，反而是应该有所期待的。

访问者：我们知道，考古学在美国被放置于人类学之下，中国考古学则在传统上归属于历史学。近年来，中国考古学界也有一种将考古学脱离出历史学研究范畴而成为一门独立学科的呼声。您认为考古学（特别是中国考古学）的研究目的究竟是什么？研究古代社会是考古学的最终目标吗？

罗泰：提这种问题最激烈的人往往是想从研究考古学实际问题中逃避出来的人，这些问题好像都没有多少意思。你实际碰到一些学术材料，只要你有相当的学术训练的话，你应该能够发现这批材料反映的学术问题，当然可以根据这些问题发展你的研究方法，一般实际的研究项目里面所用的方法往往是综合各种学术传统的方法，这也是理所当然的。在现在美国式的那种人类学考古的研究传统里面，考古学家最关心的就是广义的古代社会，包括社会文化和经济生活，通过物质文化研究这样的问题。这是因为人类学本身是研究这些问题的学问，是一门社会科学。但是人类学以外，在美国还有研究考古的人，像艺术史系里面，他们就不一定把社会研究放在焦点里面。大学里面搞希腊罗马文明、埃及文明和两河流域文明都有各个系,这些系里面既有研究文献的,又有研究考古的。他们的考古的主要功能在于处理非文字文化的遗迹,然后用各种各样的适合于这种遗迹的方法去研究它,包括跟有文字历史的研究方法结合在一起。我主张考古学的最终目标就是研究历史,美国人类学界会有人不同意,我还大胆地写过这个观点,人类学考古学会还是得给这本书评奖,所以现在看来也不是一个完全不像话的观点。

说考古学跟历史有很大区别的人,不但误会考古的本性,而且误解历史。历史并不是像很多人认为的是很狭窄的东西,尤其是从20世纪初期法国年鉴学派兴盛以来,已经不能说历史只研究文字资料,更不能说历史只是研究伟大人物,是研究具体的历史事件的一个学科。当然历史学中有历史学家集中研究这种东西,上述的这些都属于历史所研究的范围,而且考古学的确不太具备研究这种问题的可能性。可是历史学家研究的其他问题和考古学家研究的问题还是有相当一部分是互相重叠的,而且在重叠的部分,考古和历史学的工作基本上是一致的,或者可以互相取长补短的。甚至考古学里研究的一般历史学家不会特别感兴趣的问题,也可以从考古学的角度给历史学界提供一种新的材料,刺激历史学界把视野弄得更宽一些。所以中国把考古学置于历史学之下,不但符合中国的国情,而且其实也跟西方的研究传统不完全矛盾。美国的人类学式的考古学并不代表整个西方考古学，主要是在美国有这个传统，现在这个传统还延伸到中国台湾地区以及第三世界的几个国家。英国也有这种倾向。但研究古代文明的考古学家，虽然受到这种社会人类学以及人类学考古的各方面的影响，他们最基本的地盘还是历史学的地盘。

访问者： 近年来，科学技术手段在中国考古学研究中的应用日益增多，许多原先从事传统考古学研究的学生也转向学习和从事"科技考古"。您如何看待中国考古学中"科技考古"的发展趋势？您又如何看待"科技考古"与"传统考古"在发展上的脱节现象？

罗泰： 发掘工作很辛苦，也很破费。能做考古发掘是难得的机会，不应该浪费任何的材料。考古学的所有材料，尤其是用科学方法发掘出来的材料，是非常珍贵的。我们现在研究考古遗存、古代历史，还不清楚的问题这么多，我们完全没有资格浪费任何材料。现代科学给我们提供各种很宝贵的新的手段，来研究我们以往没有办法好好利用的考古材料。非常可惜的是，以前的很多考古学家没有往这个方向上去想，所以在处理材料的时候并没有考虑到他们当时没有条件研究的各种材料，像土壤、人骨、动物骨骼以及各种浮选标本，将来会有人从那些材料中得出很宝贵的新的认识，所以这些上一代的考古学家，全世界都是这样，任意浪费和毁坏了很多材料。现在我们的知识体系不一样了，我们可以把很多发掘材料很有效率地研究出来，而且我们不这样做就做不好我们的工作。

利用考古材料来研究各种各样的问题，尽量采取多学科研究，这也是张光直先生在自己的田野工作里面建立起的一个模式。这当然不是一个人能够做到的，张光直先生不懂科技考古，但是会用研究结果。他不会自己进行这方面的研究，就带这方面最好的专家跟他一起下田野，收集这些材料，各自做分析。然后还有一个很重要的阶段，就是所有各方面的专家应该互相沟通，互相理解研究结果的可信性、范围，还有含义。作为一个领队，他应该利用各种技术手段研究出来的结果来研究考古学的问题。这一点目前还不是很理想，也许大家没有时间或没有机会，或者搞技术研究的考古学家不下田野，等人家把材料带到他们的实验室，做一些他们能做的工作，他们不知道项目背后研究什么学术问题，做的学术结果不能整合进整个研究项目的范围里面。这一点将来还有改善的地方，而且我相信现在已经可以看得出来在这方面的一些进步。

当然有一个反面，就是说现在这么多的年轻人愿意做科技考古，是不是造成他们不关心考古学跟历史学有关的这一部分。如果是这样，就是一个大问题，因为我们搞考古的人最基本的要求是要踏实和扎实，就是很多东西都要懂。现在我看有一些搞所谓科技考古的人就变成一种考古工程师，机械性地做他们的工作，不问跟历史问题和考古发现问题的关系是什么。我们搞考古学教育的人应该非常注意，应该尽量培养不仅能够专门做科技考古，而且又重视文化方面知识的新的一代学者。这是将来做得到的。现在这种倾向也许就反映着整个学术界的整体倾向，好像大家现在在中学自然科学学得非常好，很多中国中学毕业生的水平已经是美国大学二三年级学生的水准。中国在这方面的教育很强，而历史、古汉语尤其是古文字方面的背景越来越弱，所以他们也比较适合做科技考古，但是在大学里面，研究考古的人应该尽最大力量把古文献这方面的基础打好，否则做不了很有价值的学术建构。

访问者：张光直先生曾批评中国考古学缺乏理论，现在的一些年轻学生也为论文选题或开展研究时的理论指导问题而困惑，有的人回避或反感理论探讨，有的人对于西方的考古学理论运用生硬，或迷信国外的理论。您如何看待考古学理论在中国考古学研究实际操作中的作用？

罗泰：在任何一个学术问题当中，如果你能通过研究材料发现问题，那么这种研究就是比较有效、比较合适的。这方面没有中西之别。现在大家都很错误地认为，方法论是西方的东西。张光直先生从来没有说中国考古学没有方法，他说其实中国考古学有两种方法：一个是马克思主义；一个是傅斯年的那套资料主义，强调资料，轻视较宏观的分析。这两者中，当然马克思主义理论有马克思主义理论的好处，资料主义也有资料主义的好处，就是要强迫大家先仔细地看资料。但是所谓资料主义的这些人，说他们没有别的理论也是不对的。理论总是有，只不过有的时候他们对自己采取的这种研究方式背后的思想、构造不够清楚。所以不应该这么害怕理论，而且理论也是避不开的，即便罗列材料的目次（list）的一个学术研究，在这个目次背后也是有理论的，所以理论是避不开的。张光直先生以及包括我在内的很多的学者，主要是主张做研究的时候对自己思路的根据要清楚，把自己想法的前提最好先说出来，然后要在分析研究的过程中尽量对自己的偏见或者对自己的方法论经常作调整，要随时审视自己的思维方式是不是合理，是不是当前的资料刚好反驳这样的思维方式，这是一个很微妙的过程。质量比较好的、优秀的学术研究，不论是中国的还是西方的，都一直是根据这么一种模式进行的。

访问者： 前面提到的问题还是说从材料本身出发，

考虑材料本身适合用什么样的研究方法。

罗泰：是的，我们研究考古的人就是研究具体的材料，这也是研究考古的一个优点、一个特点。纯粹的哲学就没有这个福气，他们要把自己研究的范畴自己做出来。我们有研究的对象，一般的社会科学和人文科学都有，所以，这是一个优点，我们不要浪费。而且在实际情况下，我们往往是碰到问题就要找出一套合适的路子来把它研究出来，而并不是我们可以自己从零开始，到田野里面去找资料，把我们原来在脑子里面有的问题研究出来。如果这样的话，当然很好，但是一般的情况下并没有，而且即使你有这么一个机会，可以完全自由地选择一个地点来研究你已经在想的一个理论问题，你选的这个地点，也是因为你根据某种线索，认为这个地点会给你提供这方面研究的材料，否则，你不会到那里去研究这个问题，而且你发掘之前也不可能知道是不是会有预期的收获。如果只是根据你原来的那个研究方向去进行发掘工作，那是很危险的事情，你可能会误解、忘记或者丢掉很多刚好是原来没有预料到但也是很重要的一些东西。你的脑子里面研究的问题，在发掘的过程中应该重复进行提问，在提问的过程中再调整一下，重新再问，再问的过程当中，这些问题也在改变，可能会有新的、更好的问题出来，这是正确的、科学的手段。我知道所谓的新考古学，就是过程考古学派里的一些人，他们认为只要有一些研究体系，在研究体系里提出一些问题，就可以随便来找他们需要的材料，跟他们不相关的材料可以放到一边。他们认为这无所谓，反正考古的遗迹多，将来会有人做其他的分析。但是，我认为第一这是很不负责任的一个态度，第二这也是不可能做得到的。因为那样的话，你就不用做发掘，你如果提前已经知道它会再发现一些什么东西的话，就用不着花那么多钱、时间和功夫，你就能写一个考古哲学的文章。而且如果你看这些所谓的过程学派的比较好的研究成果，他们也并不是真的这样做，只不过在他们脑子里有一定的前提，这个也不错，可以学习。然后就是在研究的过程当中，试图看看能不能注意到和这些发现有关的材料，他们并不会把自己的探索限制在里面。

访问者：您在北京大学的授课受到了在京高校考古学及艺术史专业同学的热烈欢迎。能不能谈谈您在华授课的心得与体会？您如何评价您的这些中国学生们？

罗泰：我是三十三年前到北大留学过的，从此以后，几乎每年都到北大来，至少访问一下、看一下，所以跟北大的关系应该算是比较悠久的，而且我也自以为是北大的校友，对北大的印象一直非常好。尽管现在有一些老师已经不在了，但是他们的传统还在，可以说一句，北大学生的质量并没有下降。我那个时候，当然是七七级、七八级，比较特殊，是整个北大历史当中最难进入北大的两个年级，因为当时高考刚刚恢复，在十年"文化大革命"的时候没法上大学的人都急着要进来，那个时候的学生当然比较优秀。总的来说，现在还是很明显，能够上北大的学生是特别聪明、特别优秀的，而且也是比较会学习的。现在正式选我这门课的只有十一个学生，我让他们在一个学期的时间当中做四次作业。他们做得很认真，而且他们也要在课堂上经常说说话，我安排了一些时间，让他们介绍自己的研究，做得也相当好。他们不但很有想法，而且其中有几个学生口才很好，很会把自己的意见说出来，相当一部分学生很愿意讨论，愿意互相提问，也提出批评意见。我发现之后就有一点吃惊，因为有的时候，老先生多的情况之下，学生们好像不敢开口。他们在我面前敢这样子做，在这个环境里面我非常高兴，而且也比较舒服。也使我明白，有的环境下跟年轻的同行交流可能不是很理想。所以我将来也要采取措施，看能不能鼓励大家创造一个更自由的谈论空间，北大应该具备这样的一种机会，北大有这样的传统。学生们有这个能力，也很享受这种自由的谈话，提各种问题，做很有创造性的研究，发扬自己的学术立场，甚至发扬自己的学术人格。北大不是清华，清华的学生好像有点规规矩矩，基本上像军队里的士兵一样，每个人都一样，尽量不强调互相之间的区别。北大好像历来都对这种区别比较宽容，给学生比较大的空间发展自己的兴趣。在这方面，北大就类似于我待过的其他国家的大学，像德国、美国、日本的大学。

当然学校里面还是有一种封建主义的倾向，这点我觉得三十三年前我在北大的时候没有，当时不可能有低年级的学生说起高年级的学生，称呼某某学兄、学姐，他们就会直接说名字，而且称呼他们的老师也不会每次都要说某某先生、某某教授，只是说名字而已。可能是因为当时"文化大革命"之后，这种传统的敬语的表达大大地减少了，是不是后来在中国台湾地区和韩国的影响之下，有一些其实应该属于旧社会的，不一定是很好的习惯又回来了？我还发现当我碰到研究生的时候，我问他的名字时，他不说自己的名字，他说我是某某老师的研究生，好像要问他三次，他才会轻轻地、很不自在地把自己的名字说出来。这在三十三年前是想象不到的。可能当时在"文化大革命"之后对老师尊敬得太少，但是，现在这种关系又向另外一个极端发展了。这好像是辩证法的一种例证。那样的学生还会这样子，终于讲出他的名字之后，问他对什么东西感兴趣，他会说："啊！某某老师让我研究某某题目。"我就说你自己觉得这个题目好吗？他会说："啊！我的老师让我研究这个。"这当然是很好，可是这怎么行？所以，我看到了这样的学生后，觉得跟三十三年前的情况还是很不一样。现在有一些学生,在这种情况说这种话的时候,就是不够自信,不够大胆。但是这次在北大上课的时候,这样的学生在课堂上又表现得非常好。所以,是不是不说自己的名字、不说自己感兴趣的题目是什么的这种学生只是一个表面现象,其实他内在还是有想法的,我希望是这样子。如果去美国的话,这样肯定不行。如果问他对什么感兴趣,他说老师怎么怎么样,绝对是不行的。

访问者:开设考古专业的中国高校正在迅速增多,在这种情况下,您对于保障和提高中国考古专业学生的教育质量,有何意见?可否结合您的个人经验谈谈您眼中的中国高校考古专业教学(包括本科生和研究生)的长处和短处?

罗泰:这个我不懂,我只知道北大。北大考古四年本科生的训练,还有硕士生、博士生期间的训练,都是非常合理的。如果你看严文明先生最近出的一个回忆录,里面有一篇纪念苏秉琦先生的文章,详细讨论他们怎么通过好几个阶段把现在的这种培训过程做出来。现在确实是非常好,其实我们西方还做不到,尤其像北大这样把田野学习和在校园的学习整合起来,我们那(美国)还差这个,这是我非常佩服的。别的学校不知道他们怎么做,好像吉林大学和北大大同小异,别的学校应该也差不多，可能北大的这个做法现在变成了教育部的一个范例。当然，有这么一个体系，有这么一种课程的安排，是一回事，能不能实现，那就要看有什么样的老师，所以北大一个很强的优势就在于它历来都是聘最好的老师，在专业方面最好，在教育方面也是最负责任的老师，能够把这套教育实现得非常好。别的学校，吉林大学当然也做得非常好。我最近去了武汉，看样子武汉大学也是很好，尽管范围比较小，但是北大做的所有这些他们也差不多在做。南京大学、山东大学、西北大学都是这样，都有自己研究的地区考古，有一些特点。总的来说，现在考古课程的设计质量没有问题，将来大概会出现一种新的需要，就是把我们刚才说的科技考古这方面的经验和知识也要更紧密地包括到学习过程里面。这个怎么做，我也不知道，是不是还要加一年的学习？这是不现实的。还是要切掉一部分其他的东西而把这个加进去？是不是现在还有一些东西将来可以不那么强调，而是更加强调和科技考古有关的一些方面？这个我不知道，将来要专家们好好地讨论。但是我当然主张，不是专门搞科技考古的人员至少也应该对这方面有基础的了解。

还有一些问题在这个地方也不得不说一下。一个是如何保证这么多的考古学培训项目所培养出的学生都能得到相当的、像样的机会，让他们在参加工作以后继续走考古这条路，也就是让这些学生不要改行，现在看来大部分学生都改行了。另一方面，我最近跑过几次野外，看到很多省、市做考古发掘的人员，并不是考古专业出身的，很多是师范学院出身的，然后进入考古所做考古工作，可能后来参加一个培训班之类的，这样的情况非常多。其实中国很需要考古学家，但是很多学考古专业的人又不进入考古这一行，是不是有一种错觉，有一种不对头的地方？怎么能够吸引愿意做这方面工作的人学习这方面的知识，学了以后参加这方面的工作，并且找到一个合适的单位？一方面学生们可能要把他们的目标稍微改变一下，现在很多学生，尤其在北京读书的学生，都想留在北京。其实做考古，很多重要的工作机会并不在北京市，他们应该有思想准备，到各个地方上去。还有一方面，很多年轻的学者好像有一个比较不现实的态度，要么一开始让他做大领导，要么他就不干，有一种很决绝的态度。这种想法不仅年轻的学者有，年纪大的学者也有，非常奇怪。这种心理状态在西方还不是那么多见，我发现在中国却非常普遍。单位当中做上司的人有责任来解决一下，可以创造一些工作条件，让工作的人对自己的工作有一种满足感，不要有这种不现实的期望，可以好好做自己的工作，然后能够感觉工作的快乐。上面具备做工作条件的领导一定要做两件事情，现在钱已经不是那么大的问题了，在经费上，现在参加考古的人员，在很多单位里面，甚至也包括很多比较市级的单位，好像可以挣还不错的工资，也许在这方面还可以做得更好。可是更大的问题可能还在于工作安排上，给这些地方上做考古工作的人一个机会，做完他们的研究工作，然后出著作、出报告。这样能够直接达到考古学工作的目标，把资料和研究结果公布给学术界。

还有一个将来一定要注意解决的问题，现在已经很明显，不只是在北大，其他的学校也是这样，考古学科和很多其他人文科学一样，男生的比例越来越少，女生的比例越来越多，但是工作单位好像对女生有严重的偏见，在大学里面花了很多功夫培养出来的女学生，尽管她们有这个工作精神，但是她们完全没有机会去工作。这一点，有一些态度必须要改变，应该想办法，给那些想做考古的女性学者跟男性学者一样多的机会，而且不要怀疑她将来生完孩子后会留在家里。当然，一旦女性考古学者从事了考古工作，就不能用孩子作借口，长久不做田野工作。她要想办法，要么雇一个阿姨，或者看看老人能不能帮忙，或者采取别的办法。传统的对女性的待遇恐怕要有改变，这些女性考古学家不可以浪费，要尽量给她们开辟一个好的工作领域。这种发展状况在其他国家、地区，比如欧洲、美国等地方，也早就发生过，现在我们已经在这些地方看到，以女性为主或者至少以女性为一半的这种考古学仍然可以运行,并不是不行,这方面是要走出封建时代的。

访问者:您第一次上课时说,一个国家,女性考古学家占的比例越大,考古受到的尊重就会降低。

罗泰:这是瑞典做的一个研究,我对这个还不完全了解,不知道是不是这么简单的关系。还有一个问题,最近人文科学本身在社会上的地位、受到的尊重就降低了,还有因为知识分子越来越多,上过大学的人在社会上的比例越来越大,所以理所当然不像以前那么特别、那么高贵。是不是仅仅考古是这个情况,还值得商榷。而且即使这个研究是正确的,即如果让更多的女性参加考古就会引起整个社会对考古的尊敬程度减少,那还是不能以此来排除女性考古学家,从基本道德上是不可行的。

访问者:中国经济的高速发展带来了大量配合基础建设的考古发掘,一些考古工作者为了在既定期限内完成发掘任务而牺牲了考古发掘的质量,在抢救性发掘的同时,实际上也造成了难以挽回的破坏。您能否结合西方的经验谈谈该如何更好地提高中国基建发掘的质量?

罗泰:这个没有什么秘密武器,只是在做计划的时候安排更多的时间,可能也要安排更多的经费做这个工作。实际这种配合基本建设的考古工作有做得非常好的事例，比如说德国科伦博温那一带有软煤，就是从地面上挖出来的煤炭，这些煤矿上这几十年来一直有考古学家在推土机前面做事情，得到全面的材料，这是一种工作方式。当然这种研究者过的日子，跟传统考古学家尤其是在研究机构或者大学里的人过的日子是不一样的。但是这是能够做的事情，是一种组织工作的问题，具体他们怎么组织，我也没有研究过，我只知道是可以做的，而且中国的很多考古学家到德国也看到过。英国也有，英国北部有一个工作制度，考古学家做完之前，推土机还不可以来，但是考古学家也必须在一定的时间之内做完。现在这个方法也足以保证在一定时间里面做完，他们的时间也够。这是组织方法的一个具体问题，是可以解决的。

访问者：考古大遗址公园的兴建和运作近年来在中国骤然升温。您对中国各地大量上马的考古遗址公园建设作何评价？西方是否有较为成功的可供中国同行借鉴的案例？

罗泰：这是一个大问题。一方面我们当然需要兴建考古遗址公园，考古遗迹不能只放在那里，应该给大众看，而且应该给大众解释，让他们珍惜这个东西，要打好群众基础，这是考古学家的一个责任，也是政府的责任。所以原则上盖遗址公园是一个好事情，早就应该做。但是有一个问题，现在我们看到的一些遗址公园，害得这些遗址被破坏，还把原有的遗迹做坏了，做不伦不类的复原，这是悲剧的事情。唐长安城在这方面特别悲惨。当然中国的遗址也有特别的难题，因为木构建筑不能留下多少痕迹，保存下来也比较困难。像唐长安城，他们认为现在这些遗址公园可以让人体会到进入唐朝的感觉，但是给人感觉都是假的，不符合学术的理解，都加了中亚的现代的东西，而且也不能充分地融入进去。现在大遗址保护的意图也不应该是让它变得和古代的状况一样，遗址保护的意图应该是保存它的遗迹，给参观的人一种途径，让他能够想象原来的样子。想象是一个很健康的事情，让人家自己用脑筋。你如果都给做出来，也许是不正确的，还妨碍观众的正确思路。所以现在我看中国的大遗址保护这些项目，还没有看到比较成功的。日本当然很多，像日本奈良的平城宫，是很好的一个例子，一方面还不完全是复原，在原来的遗址上用很微妙的方式来表达一下他大概看到了一些什么，然后在旁边修一个像博物馆一样的东西，是一个材料馆，他们叫作资料馆，那里面有模型，有很多的信息，还利用新媒体，通过这些材料，让大家比较具体地感受这个地方。日本人做得非常好，而且不只有一个方法，还有各种各样的方法。有一些遗迹日本也是全部复原了,当然不在原来的遗址上,如果是在原来的遗迹上,他们特别小心,不把原来的遗迹破坏,后来加的东西可以一下子挪掉。或者有一些研究,让它变成一个比较、衡量的地方,进去带一个比较小的图册,或者给他们一个地图,上面写着这里原来是什么样,让大家自己想。这也没有一个特别准确的思想和方法,古遗址对不同的人也很可能有不同的内涵,如果复原得太具体的话,就限制观众,而且对观众是一种愚民政策。

访问者: 您曾经说过,中国学者承认二里头是夏,是因为要保持"政治正确性",刘莉教授对此进行了调查,提出了不同意见,您现在是如何看待这个问题的?

罗泰: 这里有几重误会。一方面,我自己的理解稍有偏差。刘莉的书里面写的内容,并没有说第一个国家就是夏,她只是说二里头是第一个国家,但是这种提法,很容易让人认为第一个国家就是夏。我当时直接说刘莉通过史前的考古材料就想证明夏朝的存在。后来我们交流之后,我明白我理解的不完全像她原来的意图。她希望我写一个自我批评。当时我觉得,我看她的书看得非常仔细,像我这样仔细的读者能够得到这么一个错误的理解,那也是她的书的问题,所以我拒绝自我批评,用不着针对这件事专门写出一个东西,尤其我对刘莉那本书的基本评论还是很不错的,我觉得这是很重要的一本书，写得也很好。后来她做出刚才你说的这个措施，但是这里面又加了另外一重误会。她在她的调查里面并没有将我的观点反映得很全面，加上她问的这些问题有倾向性，所以结果也比较奇怪。在这之后，我觉得没有必要反应，我是刘莉的同学，我们关系非常好，这件事之后我们关系也非常好。如果我像中国很多同行的心理，我大概现在跟刘莉有所谓的矛盾，而且一辈子再也缓和不了了。完全不是这样子，我仍然很尊敬刘莉，而且我们经常有来往，尤其她最近来了我们加利福尼亚大学做教授，其实这里面我也起了作用，她被斯坦福聘请跟我也有直接的关系。这在学术史上不应该是什么太重要或者太奇怪的事情。

访问者：是不是有人对夏有一种民族感情在里面，而不是单纯从学术角度去讨论？

罗泰：中国学术界有人有这样的态度，而且刘莉的书提到，尽管她不是这样谈的，但是会被人家认为是巩固这个观点。她后来看了对二里头的新的AMS的碳十四的年代后就紧张了，现在看来，二里头也许在年代上并不是属于传统上夏的范围内，她知道了之后很高兴她没有直接这样说过，我也很高兴她没有直接这样说过。刘莉做学术工作做得很认真，她是一个对人类学的研究方法很内行的人，也尽量地把她的研究方法在新石器时代考古学中应用。这方面她刚好一直在做张光直先生希望我们都应该做的事情。而且，我这些年不是那么直接地根据张光直先生的这种愿望进行我的学术工作，所以在这方面应该是我对不起张先生，我应该更加欣赏刘莉的学术观点和做法。当然我并不觉得我自己做得不对，或者说没有价值。一个人不能什么都做，而且现在这个时代已经没有像张光直先生这样，能够做不同的事情，而且还能做得这么好的一个人。现在时代已经改变了，好在张光直先生不同的学生，像刘莉、慕容杰，从事不同的研究方向，传承张光直先生的态度和思想，我们应该互相珍惜和欣赏。

访问者：谢谢您抽出宝贵时间接受中国考古网的采访！

（中国考古网，2013年8月25日）

考古学著作都是当代的

访谈人:陈诗悦

罗泰(Lothar von Falkenhausen)是美国加州大学洛杉矶分校扣岑考古研究所及艺术史系教授,从事中国考古学研究的国际著名学者。他有着丰富的学术背景,曾先后求学于德国波恩大学、北京大学、美国哈佛大学、日本京都大学。2006年出版的《宗子维城》,以历史分析的方法来看待中国青铜时代的考古材料,获得了美国考古学会的年度大奖。作为北京大学和加州大学合作考古项目的美方合作指导者之一,罗泰指导了长江流域古代制盐遗址的发掘工作。

艺术评论:您曾经在哈佛大学师从张光直老师,能谈一下当时的经历吗?

罗泰：张光直先生早年赴美留学任教，应该算是美国20世纪人类学界最杰出的泰斗之一，他对学界的主流的影响不仅仅体现在中国的研究上，其考古学方法论直到现在仍然影响深远。对于我来说，我一直想研究中国考古，但当时西方关于这方面的相关课程和导师特别少，远远领先的就是哈佛大学的张光直先生。我曾经担任过他本科课程的助教，他的讲课很有魅力，会准备详尽的图片资料。他还写过自己的教科书，后来翻译成中文，直到现在还有很多人在用。他上课的语言非常简单平实，但背后的思想非常复杂，每一句话都做了详细的研究。对研究生来说，张先生基本上放手让我们自己做，他主要关心每个人都找到自己的学术路线，尽量帮助每个学生往最好的方向发展。我从未有任何一次感到张先生要劝我接受某一种观点，他完全让我根据自己的求学的方向发展。记得当时想去日本留学两年，了解日本的传统，现在想来，我明白张光直可能觉得他和那里的学者没有很多共同语言，甚至对他们的学术方式有所怀疑，但他还是鼓励我去，后来我在日本有重大的收获，也得到他的承认。

艺术评论：您个人的求学经历十分广泛，从波恩大学、北京大学、哈佛大学、京都大学，现在回过头来看，这四个地方对于考古学的教学和研究有怎样的不同呢？

罗泰：这个问题很大，我也不是这方面的专家。这是四个不同的学术文化，牵扯到各个地方考古学的传统、每个国家遗迹的性质，也关系到考古学在该国同其他学科的关系，在德、美、中、日都有一些不同，如果要详细地说，可能要写一本教科书了，这四国都有其优势和缺陷。

艺术评论：您提到两个方面对一个文化考古学发展的状况影响，一是自身遗迹的留存，二是考古学同其他学科的关系，那如果仅以中国为例，您眼中的中国考古学是怎样的呢？

罗泰：我经常谈这个问题。中国观众理所应当会希望了解这一点，他们也未必相信我所说的，只是接受另一种不同的视角。这同研究一个学术问题一样，要等到材料成熟，在此之前有的时候也只能猜测，根据当前已有的材料先尽量研究。但是考古学常有新的发现，新的发现极有可能让你改变现在的主意，这是考古学很不稳定的地方，也是它一直让人觉得兴奋的地方。

中国的考古学从自身悠久的学术传统发展而来。中国的传统学问可以追溯到很早，经学甚至更久以前，而考古学本身是一个20世纪20年代才被引进中国的现代科学，所以它一直在引用古老的传统和思想观念，这是强项，也是弱点。弱点即是，学者容易从过去的思想方式拿来一些已经成型的观点甚至是偏见。在我看来，中国的考古学界自己做得非常好，但欠缺的是同外界的联系和比较，一方面是同中国以外的考古学者和体系的比较，另一方面也需要一些不太懂中国情况的人来这里做研究，提供他们的意见。这不但是学术的实际问题，也可以说是一个哲学问题，即没有一个人能充分理解一个学术问题的整体和所有方面，而具有不同知识框架的人也许会带来不同的结果。大家的思想应该开放一些，以整体的学术视野做共同的贡献。

艺术评论：您出版的两本著作《乐悬》和《宗子维城》，基本上还是非常依赖古典文献，这很像中国传统考古学强调"证史"的作用，您很认可这种考古学补史的传统研究方式吗？

罗泰：我早年在北大读书，又在日本待过，所以受到中国和日本学术传统很深的影响，这一点有时候在美国还受到批评，说我不够符合美国式人类学考古的做法。但是，首先我研究的对象是文献留存还比较丰富的一个时代，另外也在很多方面继承了我在北大的老师和张光直先生的观点，可以说（我的学术方法）夹杂在好几个体系的中间，不完全是独创性的，没有对那一段的古史做出新的理解，主要的功夫是在提取和整理材料，合并不同的观点，并介绍给目前还不知道的人们，分析方面则稍有欠缺。当然新的材料会不断涌现,新的理解也会形成,我们搞考古研究往往都不是永久性的,每过一段时间需要重新考量。《宗子维城》很快就会出版中文版,《乐悬》现在有人想翻译成中文,但我觉得不行,因为其内容已经是25年前甚至是30年前的理解,同现在有很大出入。如果现在让我写这个题目,我会有不同的理解,增加很多新的内容。

艺术评论:理解的不同是因为新材料的出现?

罗泰:对,纯粹因为有新的材料。如果以当时的材料来看,那原书是写得有一定道理的,不过因为当时学术观念还不成熟,有可以做得更加精致的地方。但是总的来说,基于当时的情况,我对于这本书并非不满意,尽管当时也可能已经有人提出不同意见了。我听说有一位普林斯顿大学的同行把我的《乐悬》当作他课程的讨论材料,连续用了17年,让学生逐行逐行地批评,提出问题。我觉得,如果一本书可以持续17年被批评研究,可能证明这本书也还可以,全坏的书也不值得这样的功夫,这个做法至少也表示了对这本书的一种尊敬吧。

艺术评论:照您这样说来,考古学的著作都是当时代的?

罗泰:当然是这样,当下的人只能尽量根据已知的材料来做，后人则因为新的材料出现很容易指出前人的错误，这不公平。当然，除了材料的缺乏，像（20世纪）50年代的研究可能还会有别的方面，比如种族主义的偏见，这个就是另外一个问题了。

艺术评论：考古学家是如何用距今几百年甚至几百万年的物件来拼凑出一个社会图景，特别是像您这样针对礼制、精神性的研究，是如何从物质材料来进行研究的呢？

罗泰：这是考古学的基本挑战，也并非一直能够做到。像我研究中国青铜时代晚期，尤其是周代，还可以依赖很多的文献材料，但这也存在危险。如果过分使用文献材料，从方法上又不把它同考古学材料分开讨论的话，我们就会容易陷入一种陷阱，就是对原来已知的东西，再进行假的重复，没有形成一种新的认识，这要小心，这是学术方法的基本问题。如果我们处理好，在研究考古学材料用适合于考古学材料的办法，又在研究文献资料的时候用适合于文献资料的方法的话，那么就完全可以用文献材料更确切地研究考古材料。但如果要研究没有文献资料的史前时期，研究精神文化的确就比较复杂，但也并非完全没有办法，比如可以同土著民族的社会人类学进行比较，或者从材料本身观察到一种特定模式进行一定程度的推理。

所有的这些研究，其最基础性的假设是古代人类和现代人类在基本的理念上是一样的，他们和我们并非完全不同，他们思考的方式我们现在仍能追溯。历史学、人类学、考古学都仰赖这一点。如果过去的人和我们迥然不同，如果我们无法进入他们的思考模式的话，我们就没法做任何和人类有关的学术研究，所以这是一个大前提，是这几门学科展开的根基。19世纪以来也曾有一些学者否认，但是如果他们仔细想一想这些反对意见的话，就会发现其中是自相矛盾的。

艺术评论：在您的研究中，有否碰到过考古材料证明了文献资料的错误呢？

罗泰：有过，但不一定是文献资料本身错误，而是后来世代积累的文献解释的错误。当然如果站在写这些注释的年代来看并非没有道理，但是现在我们已经可以证明他们当时的理解不符合他们所说的年代的真实情况，这种事情还不少。汉代书写了很多周代早期的情况，他们有一套系统的理解，都是基于汉代自身基本的政治哲学状况，我们现在能看到实实在在的遗物，可以理解汉代人为什么这么想，但是恐怕真实的情况却并非如此。

（《东方早报·艺术评论》2015年12月30日，第7版）

中国公共考古的新思路

访谈人：曹峻、魏峭巍、张勇安

在公共考古越来越受到重视的当下，美国加州大学洛杉矶分校的罗泰先生认为随着社会经济文化的迅猛发展，中国的考古学事业也得到飞速提升，特别是国际化的趋势越发显著。在此背景下，中国的公共考古可以从加强中小学师生的考古与遗产保护意识、充分展现考古学术问题论争等方面入手，在坚持学术原则的基础上，根据中国传统文化的具体情况，并借鉴国际上的成功经验，走出具有自身特色的一条发展道路。

罗泰（Lothar von Falkenhausen），美国加州大学洛杉矶分校（UCLA）中国考古学与艺术史教授、扣岑考古研究所（Cotsen Institute of Archaeology）东亚研究室主任。他曾先后求学于德国波恩大学、中国北京大学、美国哈佛大学和日本京都大学。他关注中国青铜时代考古，尤其重视通过考古学研究解决重大跨学科和历史问题。他的著作《宗子维城：从考古材料的角度看公元前1000至前250年的中国社会》（2006）一书荣获"美国考古学会（SAA）2009年度最佳学术图书奖"。罗泰是长江流域古代盐业生产国际考古项目（1999—2004）的主要负责人之一，2010年至今担任西安杨官寨国际田野考古学校导师。他还是奥巴马总统文化遗产咨询委员会委员，兼任德国考古研究所研究员、陕西考古研究所荣誉研究员、浙江大学荣誉教授和美国艺术与科学学会会员。

2015年12月14-17日，第二届"世界考古论坛·上海"在上海大学成功举办，包括美国加州大学洛杉矶分校罗泰先生在内的三位著名学者分别做了公共考古的讲座。论坛期间，我们受《东南文化》委托，就公共考古及相关问题采访了罗泰先生。

曹峻：罗泰先生，非常欢迎并感谢您来到上海大学接受我们的采访。您此次参加第二届"世界考古论坛·上海"并专门做了关于早期中国商品经济的公共考古讲座。作为考古学家,与专门进行文化遗产研究的专家相比较,您可以为公共考古与文化遗产保护提供独特并且值得重视的视角。我们想请您谈谈这方面的问题。

罗泰:公共考古需要很多专业知识,虽然不是我主要研究的方向,但我很在乎也很关心这方面,我非常乐意谈这个话题。

魏峭巍:您从20世纪70年代开始就在北京大学求学,当时正是中国社会转变最快的时间段,可能赶上了许多学者想做但是没能做或者没想过做的事情。您觉得这三十多年来中国考古学领域里,给您印象最深、最大的变化是什么?

罗泰:中国考古这三十多年的变化,很难一口气说出来。因为变化不完全是考古的,而是全国的,甚至全世界的,而且各方面、各层次的变化都会影响到考古的变化。与我自己关系最密切的当然还是中国考古的国际化。我深深感觉到,中国考古学从20世纪70年代到现在,一方面越来越包容像我这样的外国人,比如在我当年来北大读书的时候,外国学者是不能在中国进行考古发掘的,所以我们能有一天半的时间访问北大考古工地就已经很好了。另一方面,越来越多的中国考古人员到国外学习,最近甚至还有带队到国外开展考古工作的。

比如南京大学想在伊朗，西北大学想去巴基斯坦、西伯利亚等国家和地区发掘，社科院考古所在蒙古、中亚、中美洲等地工作，甚至有去非洲做考古的，那是一个非常好的趋势。我昨天才知道，洪都拉斯和中国虽然还没有外交关系，但两国已经开始通过考古合作建立友谊。这一点非常不错。我还听说尼加拉瓜马上要修中国投资的跨国大运河，这将是大规模开展考古工作的一个好机会，希望也会有大批的中国考古学家参加。

坦白地说，这些发展对大家都只有好处而没有坏处。当然会有一些人怀疑这种全球化的过程将来是否会使中国考古失去特点，并为此而感到忧虑。但我觉得，中国考古的特点主要在于材料的性质（研究方法的特点在很大程度上是根据材料的特点而形成的）。我们完全没有必要为了保持这个特点而把考古学研究封闭起来，相反，中国考古会随着国际化的不断增强而使自己的特点在全球范围内更加明显，所以中国考古学界不用害怕国际化，可以大胆地包容它。我早已发现，相当一部分反对国际化的学者，是对自己的学问缺乏自信。其实西方各地的考古界也能够看到类似的情况。

对考古学家的训练来说，在不同的地方积累经验很重要。我们学校有专项经费用来鼓励研究生花至少一个夏天在不属于他自己研究领域的地方参加田野工作。比如有个专门从事中国新石器时代考古的学生，去年到秘鲁参加考古项目,学到许多可以应用到中国研究主题上的知识,同时他也在秘鲁留下很好的印象,这是相互的。我读研究生的时候在韩国、日本也学了很多知识,还在美国的缅因州(Maine)及英国的威尔特郡(Wiltshire)参加了考古发掘。

魏峭巍:就像您说的,中国考古原来只是在自己的话语体系里,但随着国际化的发展,学术交流会越来越简单,因为大家都在这样的全球话语体系里,你可以理解我的,我可以理解你的,相互之间只是研究材料的不同而已。所以说国际化是推动中国考古发展非常重要的内容。

罗泰:是,因为如果不这样做的话,中国考古在国外就不会得到它应该得到的重视。其实我们现在还在面临这个问题。不管在北美还是欧洲,埃及、美索不达米亚、印度等古代文明的考古研究地位已经确立,美国、欧洲有考古专业的学校往往都有埃及考古的教职,而且没有任何人质疑这一设置。但是对于中国考古学,好几个应该设置的学校都没有。这些学校也许有中国语文课,但没有中国考古专业,更没有分时段研究中国考古的专家。我们UCLA有两个这样的专家是非常少见的。在欧洲也很少,甚至像考古传统这么优秀的德国,到现在也还没有一所大学有中国考古的教职。所以虽然从二十世纪七八十年代以来中国考古的地位明显加强了,但相对还在初级阶段,没有达到它应有的地位。

曹峻:那您觉得在近三十年来中国考古发展的大背景下,公共考古和文化遗产保护这两项事业发展得如何?

罗泰:我今天上午也和王巍所长谈到这一点,我们回忆二十世纪七八十年代认识的小地方的行政干部,他们就订《考古》《文物》杂志,并且很认真地看。所以新中国建立以来一直存在这么一个有点儿知识水平,并且关心考古的群体,而不是只有考古界的人才关心考古。考古学在中国一直有群众基础。

最近中国社会富裕,基本生活水平提高,已经成为大家的共识。其中一个,也可能是必然的结果是,越来越多的人对考古这类属于上层结构的学科感兴趣。他们不一定要将之作为职业,但他们想了解专家的意见和看法,另一方面他们还想直接参与、亲身体验考古工作。而满足这些需求也是考古界的重大责任。这个责任怎么履行是需要好好思考的。我在美国每年至少开几次公开的演讲会,介绍我最新的研究或者一般的课题。美国有一个半学术、半业余的考古学机构(American Institute of Archaeology,简称 AIA),经常给我们在很多地方安排演讲,包括非常偏僻的地方。我作为AIA派来的演讲者，每次都受到当地老百姓的热烈欢迎，使我非常感动。演讲费很低，是象征性的报酬。这绝对不是为了赚钱，而是一种义务活动。

中国最近也开始往这个方向努力，比如有考古学家组织爱好者去旅游，举办考古夏令营，让孩子们在放假期间到考古工地真正参加发掘。我小的时候很可惜就没有这个经验。如果有的话，肯定会非常喜欢。

张勇安：现在中小学生爱好和喜欢考古的越来越多，家庭也有足够的经济力量去支撑他们的兴趣。我们在考虑举办一个小学生的国际考古夏令营。

罗泰：这是很好的想法。苏联就有过这样的制度，中学生可以花一两个夏天参加考古发掘。他们非常认真，而且视角特别，看问题和大人不完全一样，所以对考古学研究往往还会起到促进作用。重要的是，这样的制度给考古工作提供了坚实的群众基础。在中国这也可以做到。如果面向国际的话，一定会有许多人想参加。现在美国有越来越多的中学生在学汉语，他们很崇拜中国文化，想亲自到中国来。你们可以举办中国的考古夏令营，让美国孩子一面学中国文化，一面结交到中国朋友。

曹峻：这次您专门开了公共考古的讲座，结束后还有许多人留下来想再和您谈，但时间确实不够了。

罗泰：这次考古论坛的公共讲座和上次不一样。上次在市中心的上海博物馆，真的有老百姓去听，所以那些演讲就必须简单。我这次的演讲，有这么多著名学者，听众好像也都是大学生，所以还不是一次纯粹的公共考古活动。如果是公共考古活动，就要介绍非常多的基本背景。把自己的演讲和听众的知识水平相匹配，这是大家都要学会的。其实这也是考古学家训练的一部分。UCLA有一个制度，就是研究生拿到夏天做研究的奖学金后，要到中学去待几天（每一千美金待半天），介绍和交流考古知识。只是有一个关键的事还没有完全解决，就是中学教师事先要提供一个框架，让学生有所准备，比如让他们知道考古学是什么，和正在学习的其他内容有什么关系等。但如何让老师们准备，不是很容易的事，因为很多时候教师自己也不太清楚。

曹峻：这是不是和美国社会对考古学的关注度有关系？

罗泰：当然有关系。其实美国中学教师有义务每年都接受若干天数的专业训练，我们应该想办法在这些训练里给历史教师们加进一些考古的内容。

曹峻：中国已经有这方面的工作，比如最近北京大学正在面向全国的中学历史教师举办考古培训班。

罗泰：这很关键，可能就是公共考古最需要的环节。在大学和老百姓之间还有一些缺环，中间最能够起作用的就是中小学甚至幼儿园老师，如果我们能够让他们传递考古知识，那将是非常有意义的。因为尽管我们只接触一个中学老师，但这个老师面对的却是一个班级甚至一所中学里的学生。这样的传递无论从广度还是深度来说，都能取得很好的效果。我相信这是可以做到的，尤其中国这样的教育制度，应该比美国更容易做到。

魏峭巍：说到美国，有很多人认为所谓的公共考古是从美国传过来的。

罗泰：根本不是，美国的公共考古目前为止是比较弱的，比较好的比如苏联，刚才已经谈到，让小孩子有机会在暑假里参加考古发掘。还有北欧的瑞典、亚洲的日本，也非常好。

魏峭巍：我们中国的学者，比如苏秉琦先生，不断强调考古要大众化，考古学家不能只做学问，而要加强和群众的接触；张忠培、高蒙河等教授也指出，中国从（20世纪）50年代半坡发掘的时候就开始举办面向公众的考古展览。以前一提到公共考古，就会说是美国人查尔斯·麦吉姆西(Charles McGimsey)出了那本《公共考古》(*Public Archaeology*)的书,中国国内才开始关注这个领域。刚才您这么一说,我们更加明确,原来美国的公共考古并不是我们想象的那么发达,或者说美国并不是公共考古理念那么深入的地区。

罗泰:当然美国也开展一些活动,主要在放假的时候。比如美国很多国家公园有考古遗址和遗址博物馆,还有参观中心,都是联邦政府举办的。联邦政府在国家公园保留区里有这个义务,而且工作做得非常好,很多著名学者都在这个系统做过工作。另外每个州也开展这方面的工作,尽管有的州做得很认真,有的州相对落后。这样的区别不只是和各州的经济状况有关,还和整个思想文化有关。有一些州在中学里都不准许教授讲进化论知识,所以就更不可能开展早期的考古研究。但是在美国,考古并没有被包括在教育系统里,而且大部分地方考古遗迹很少。当然在亚利桑那州的孩子们,因为到处都有重要的考古遗址,会比考古遗迹极少的威斯康星、明尼苏达等州的孩子们有更多的机会得到考古知识。

在美国还会遇到文化遗产保护和土著之间冲突的民族问题,从事北美考古的人最近几年受限制比较严重。以前他们确实太不重视土著人自己的观点。现在土著人说"这是我的祖先",其实未必都是。考古学家用科学方法，比如DNA，研究一个地方的遗迹，可以证明这些遗址和当代的土著毫无关系，但是后者根本不接受。他们往往说你们所谓科学的观点是前后变化着的，我们有祖先传下来的传统知识，不接受你们所谓的科学观点。因此，考古学家也不能很容易地说土著是错误的，而是要表示尊敬，慢慢说服他们，虽然也不见得能够说服成功。

曹峻：近些年在中国，由于诸如社会潮流、经济发展、文化需求、学科壮大等各种因素，公共考古和文化遗产保护越来越受到重视，各种宣传手段和力度都极大增强，确实起到了很大的促进作用。您怎么看待这股潮流？这种现象有什么利弊？

罗泰：包括公共考古在内的考古工作总是要找办法符合当前的社会需要和社会情况。公共考古在最近十来年可能进入了一个新的阶段。你说的很正确，现在是个潮流，大家纷纷尝试各种办法，看哪个行得通，然后根据经验慢慢往前发展。现在很难说十年以后会怎么样，我当然希望目前大众对考古的关心不是暂时的，不只是一个时期的潮流，希望对考古的重视和兴趣能够在人们的头脑里深深扎根，这将给我们的科学研究提供很有利的环境。如果做不到这一点，考古学就没有明天。如果这个社会普遍感到我们的工作是多余的、没用的，或者不能理解的话，那这个学科就不能长久持续下去。这是一个重大挑战，我们要在不放弃学术标准的前提下，把学术成果跟全世界人民分享。这需要我们去思考一些好的手段，而不能完全照搬以前的方式。在中国开展公共考古肯定要符合中国特殊的条件，可以向瑞典或者苏联、日本学习经验，但毕竟要结合中国自己的情况和特色。

魏峭巍：您觉得这种热潮有时候会不会起阻碍的作用？您在研究的时候，当地政府会不会说不能这么做或者不能那么做，会不会有这样的情况？

罗泰：对，这种情况出现时就要慢慢去解决。大家对我们的工作有兴趣总比没有兴趣要好。有的时候当然会出现麻烦，比如昨天伦福儒教授演讲之后有位姑娘提及"飞碟"。虽然对"飞碟"感兴趣是她的权利，但她问一个考古学家考古与"飞碟"有什么关系，就比较奇怪了。幸亏伦福儒教授大概不是第一次被问到这种无关的问题，所以给了特别好的回答。但是如果当地政府问考古学家说有没有考古材料证明这里有"飞碟"，这是我们不能接受的。所以我们要比较全面地把考古知识引入大家的常识。这虽然难，但还是有希望的，因为现在已经不是我们被逼迫接受知识、被填鸭子，而是像超级市场一样，大家根据自己的情况和喜好去选择商品，最后到柜台付钱。因此，毫无疑问，我们的知识应该包装起来，成为产品，尽管我们不直接靠这个赚钱，但是最后还是要依靠其丰富与多元性吸引顾客来选择。我们也不能只是骄傲地说我们专家的意见才有学术价值，而是要让大家感觉到我们所从事的工作比"飞碟"更加实在，更加好玩，更加有意义。所以为了让全社会都参与进来，我们要培养一批专门的人才，这些人才可能不在大学教书，而是在中学或者媒体工作。这些工作很重要，所有的专家都应该重视并尽量给予帮助。

魏峭巍：有时候媒体参与进来对考古学来说未尝不是好现象，比如说曹操墓刚发现的时候，有人说是，有人说不是，很热闹。其实如果没有人附和的话，考古学家可能就很灰心了。

罗泰：曹操墓的情况我不了解，但如果有人明明知道不是，只是为了引起当地政府的重视而说"是"，那就是比较大的悲哀。所以我强调不要放弃学科的学术标准。你说的公共考古的"弊"可能就在这里。有的时候我们被要求说不该说的话，那么这个时候就应该坚持原则。

魏峭巍：文化遗产的热潮有时会给考古学家很大的压力。

罗泰：不管怎么说，作为考古学家，我们必须实话实说，不然不会赢得尊敬。对于特别维护地域利益的人来说，可能还要考虑来自地方政府的经济诉求。考古学家说"是"或者"不是"，往往会有截然不同的结果，使得事情变得很复杂。这应该不算是公共考古的直接问题，而是考古和政府部门之间的关系，是另外一个题目。在我的经验中，实实在在做研究是最具有永久性的。任何学科都这样，考古只是一个例子。不能因为这是公共考古，为方便公众理解而把学问过于简单化，甚至往错误的方向谈。一旦公众醒悟以后，他们会认为这个考古学家不可信了。这虽然属于一般的心理学，但却是公共考古非常需要注意的问题，尤其是对考古这一领域都不太熟悉的时候，往往存在这个危险。

曹峻：中国考古学会在2014年成立了公共考古专业指导委员会，可见公共考古在中国已经引起业界极大重视。那您对中国公共考古将来的发展方向有没有好的建议？

罗泰：如何促使公共考古事业往更好的方向发展，是需要我们仔细思考的。我常常在一个问题没有定论的时候，给学生甚至一般观众解释学者之间的分歧。事实上开展公共考古也是这样，哪怕情况比较复杂，也可以尝试展示考古学界的分歧。对非专家来说，专家学者之间的争论是很有意思的。别以为大众是公共考古的消费者，专家们就一定要先下一个不容怀疑的结论，其实更有意思的是让公众自己思考学者们当前所关心的学术问题。有的时候，他们会突然想出或者发现一些线索，帮助专家解决问题，即使不能完全解决，他们也会觉得这样很有意思。所以，这就是公共考古组织可以让一般老百姓进入考古学界的方法。考古爱好者往往是聪明人，向他们展示实实在在存在于考古学家之间的争论中的问题，并且认真地给他们解释，是向他们表示尊敬，一般的老百姓会很感兴趣。

魏峭巍：中国社科院考古所许宏老师在微博上关于二里头遗址的讨论就是这样的，他会告诉大家二里头遗址的信息，但并不下定论说二里头文化究竟属商还是夏，所以许宏老师的微博上有无数粉丝，每天有各种讨论和争论。

罗泰：因为这个问题我们考古学家还不知道，许宏不知道，别人也不知道。许宏敢公开承认自己不知道，表示他是一个伟大的学者，对自己的知识负责。不知道并不等于没有自信。这种有意思的讨论能够激发大家的兴趣，这是很健康的。学者的看法不用完全一致。王巍所长昨天也说了，我们现在要接受文化的多样性、观念的多样性。正因为大家观点不一致，所以才要进行学术研究，并把它作为我们更加了解事实的手段，反之学术就得不到发展。尤其是在考古学科里，要期待将来的发现会把现在的观点完完全全推翻。这没有关系，也不可惜，因为大家都知道当时的思考是符合于当时的材料，哪怕老了以后有人证明当时是错误的，那并不减少当时研究所做贡献的重要性。可能正因为被证明是错误的，才能有下一代的学者来纠正——其实纠正的也因时代所限而未必就正确，但学术就是通过这样的过程不断向前发展的。

魏峭巍：公共考古的内容与形式应该是多样的，因为民众就是多样的。

罗泰：而且古文化也是多样的。尤其是中国这么复杂的文化体系，不能以单一的眼光来看待。

曹峻：您在这次论坛期间做的公共讲座，从盐、青铜、原始瓷三种物资的生产与运输来介绍中国早期商品经济的特点。这些观点与我们从史料里得到的看法差不多。我是不是可以认为您的讲座是换了一个视角、一套材料来看中国的先秦史？

罗泰：显然你看透了我公共考古演讲的重点。我的主要目的不是给大家一个新的内容，也不是解决问题，我就是想从物质文化的角度重新思考，以更加确切地研究出各个时代在这方面发生的变化,了解什么材料起了什么作用。也许把所有研究重建的话,会得到比我们以前从文献资料所得到的更加具体、丰富,也可能有所不同的认识。公共考古要先让大家明白,考古学的研究其实可以放在已知的体系里。原则上这是不矛盾的,这样会让人家比较容易接受新的内容。

曹峻、魏峭巍、张勇安:感谢您带给我们这么多关于公共考古的新思路与想法,谢谢您接受我们的采访!

罗泰:谢谢!

(采访:曹峻、魏峭巍、张勇安;录音转写:曹峻;执笔整理:曹峻)

(《东南文化》2016年第1期,20–24页)

罗泰教授学术访谈

访谈人：段陶
访谈地点：香港浸会大学饶宗颐国学院会议室

段陶： 罗泰教授您好，我是国学院的学生，感谢您拨冗接受这次访谈。之前听您的讲座，有一些相关的疑问，包括我之前本科时也选修过夏商周考古和战国时期考古的课程，但是专著读的不很多，国学院有不少同学是做先秦方面的研究，但是考古学的基础都比较薄弱，所以有些疑问也向您请教。对于您之前的讲座以四川盆地制盐中心为例，提到文化聚落的相互影响，我觉得可能还是军事因素更胜于经济因素占主导。因为好像并没有见过制盐业中心与农业中心区域文明去反向控制那些已经占有铜矿资源的区域文明，反倒是先占有铜矿资源的文明可以得到大范围的扩张。例如张光直先生曾撰文说明夏商周文明都先后迁都靠近晋南的铜矿资源，继而才进一步进行了对周边区域的有效控制。楚文化似乎也是先抢夺了桐柏山的资源才能向东向西扩张。

罗泰：四川盆地的制盐业恰好都没有被三代的力量控制，它明明不属于楚国有武力控制的地区。同样，长江以南的铜矿，在战国时期以前都没什么和我们现在所谓的楚文化有关的遗存。当然考古学不能最后证明那一带没有被楚国控制，只能从考古学文化遗存说起。但早年顾栋高一写到，楚国的势力当时并不到长江以南的地方，考古发现基本上能够证实这一点。那一带的矿财就是当地的土著人开发的。至于山西南部中条山的铜矿，情况虽然还不太清楚，但当地直接进行开采活动的人员是否直接受附近三代政治中心的控制也是未知的。从文献中可以知道，那些所谓的山林沼泽地带，也恰好是自然资源所在的地方，往往不是早期王朝国家直接控制的。首都会有人管理这些资源，但好像并非以直接的行政手段。自然资源附近的居民好像也不是商周主流社会的氏族，这个情况到了战国中晚期才有改变。秦能够统一六国的一个重要因素也就是它比较早地把这些原来并非放在国家体系中的山林沼泽纳入了秦国的直接控制下，让它们的财富直接拥护王家的力量。这些事情在考古材料中有间接的反映，吉林大学的滕铭予女士在这方面做过很有趣的研究。她指出王家和一般的贵族在秦国的物质财富差异特别大，这个原因也许就是和这个现象有关系。她还指出战国时期秦国贵族的来源比较复杂，文献中虽然也有这样的记载，但是从考古材料中更加可以看到他们物质文化混杂的程度，这可能反映着他们能够获取物品的各种不同区域之间的差别。

段陶：您提到的人员构成复杂让我想到，一般所认为的商文化和龙山文化关系比较密切，但是也有很多文章提到商的兽面纹饰吸收了良渚文化的特点。那么怎么判断是文化之间的相互借鉴还是人种上族群内部的交融？

罗泰：我一直不认为考古学文化和人种有直接关系。精神文化是考古难得谈到的事情，所谓的物质文化，反映的更直接的是经济交往的联系。文献记载有血缘关系的宗族并不相当于考古学文化。考古学文化是和文献中社团相异的概念。考古的意义不在于简单地证实已经从文献上知道的事情，而是它刚好可以给我们提供一套原来不知道的信息。所以我在《宗子维城》一书中写到，不要过早地把考古材料与传世文献整合，先全面研究考古材料的内在信息及其意义，然后再考虑它是否与文献有关的问题。研究文献有自身严格的方法，考古学家往往不太掌握它，还不如让文献历史的专家负责这一步工作。我个人比较相信《尚书》《诗经》一些部分早到西周。对《左传》而言，尤理（Yuri Pines）曾经指出，尽管成书年代是在战国，但是它记载的很多地方真实地引了春秋时期的记载。尽管它们经过了极少的改变，我还是认为这些内容是基本可信的，当然要看具体哪一部分。为了分别春秋时代原材料和后加的其他内容，尤理的研究从文献学上提出了很好的方法。我认为一大部分《左传》的记事方式很像后来比如在明清时期朝廷记"实录"的习俗，更早在西周时期的青铜器铭文中已经有类似的记事方式的例证。

段陶：我想到《尚书·汤誓》那一篇中提到三人战车，这应该是春秋后期才出现的，而商代晚期使用的马车是单人马车？

罗泰：不是，应该至少是两人的。

段陶：因为它宽度只有一米二左右。

罗泰：对，但也应该一直是一人驾车，一人持弓或戈。后来到春秋时期，文献中清楚记载了这样的马车配置，考古中也发现了这样的例证。但是乘车的人具体是坐着的还是跪着的，那还不清楚，反正好像不可能是站着的。西方反而是站着的，但商周马车的车厢太矮，不论是从复原图还是从考古材料，都找不到车夫能够站起来的车。

段陶：您书中提到的西周晚期的礼制改革可能是和政令有直接的关系，因为它转型得非常迅速，在这之下您是否认为有更深层次的原因,比如说社会或者自然因素,例如气候变化或者铜矿产量减少。

罗泰: 西周晚期的礼制改革之后的物质文明反而变得更加发达,所以我觉得应该和矿产资源稀少无关。相反,礼制改革促进更多矿产被引进到周文化的中心地区了。我在书中写得很清楚,我认为礼制改革是和人口增长直接有关。这次改革有突变的成分,也有漫长的变化。主要研究铭文的人认为这个变化进行得比较漫长,而且把时段定得比较早,大概在穆王、恭王时期。但是从考古资料来说,比较明显的改变是在西周晚期发生的,大约是在周厉王在位期间,是否和厉王有关系就不好说。大家都知道,考古材料不太容易定位某一代周王的年代,除非是在铜器铭文上直接写明是哪个王,单连这种铭文的解释都常常还有复杂情况。比如,铭文提到的王名往往都不是当朝周王,而是已经死去的周王的谥名,所以提到王名的器物实际上恰恰证明这个器物肯定比这个王在位的时间要晚,晚多少代就说不清楚。也有人认为这不是谥号而是生称,但这个说法显然已经被李学勤先生否认了。我也觉得周朝应该没有生号这个概念。据我的理解,礼制改革背后主要的问题应该是贵族阶层膨胀,没法给这么多人安排高级的职位,所以需要一个新的人员配置方式。我自己不深入研究年代学,但为了方便,采取夏含夷对各个周王的年代论,他认为公元前840年以前主要依靠《古本竹书纪年》，应该可以接受的。考古学年代比这个要粗一些，西周时期分三期，各期大约一百年左右，每期还可以分为两段，再细就不现实了。但是考古的年代也有好处，可以给文献中提到的一些模糊的文化现象用考古出土材料来定它的年代。例如用鼎制度，这是《公羊传》何休注中提到的，《周礼》也提及，其他古文献的注疏也有线索，但都很不详细。现在考古发现已经证明这样一种制度的存在，而且对应于九鼎、七鼎、五鼎的墓主的社会地位也可以定清楚。尽管对这个制度的具体情况还有一些分歧，有两种说法，分别由李学勤先生和高明、俞伟超先生提出，各自有他的道理，但更加重要的是，多亏了近几十年的考古发现，我们终于可以把这个制度出现的大致年代定清楚了。过去的古文献让大家想象它是一种永久存在的习俗，但现在我们就明白了，真正意义的用鼎制度其实是在西周晚期的礼制改革中才被建立起来的，在那之前，尽管有一些类似现象，但还没有系统化。典型的用鼎制度在西周晚期礼制改革之后又进行了两百到两百五十年左右，在秦国一直延续到商鞅变法，在其他的诸侯国，在春秋中期左右又被复杂化了，原来的制度仅仅在高级贵族层面上还保留着，但主流已经改变了。通过考古学的材料，我们就能够将用鼎制度这个文化现象理解得更加具体。有趣的是，东汉以及更晚的儒者，如何休、杜预等人，尽管他们的时代距离西周、春秋都很远，但是他们对用鼎制度的理解反映着我们在考古资料中在公元前八百五十年到六百五十年前后所能够最清楚地看到的文化现象，这些现象后来已经被改变了，在现存的文献被记录的时候早已经消失了，但这套制度似乎已经变成一套思想意识，变成大家都公认的一套最典型的文化标准，尽管到东汉、魏晋时期早已不实行了，但还是被那些学者知道了。他们怎么能够知道，还是一个谜。

段陶：您之前提到过，因为先秦青铜器太美了，所以可能太过于瞩目于青铜器研究，所以对其他载体有所忽视，比如说可能有漆器的大量使用，起码在生活用器上是比较广泛的。

罗泰：对，也有漆制礼器。有时候在墓葬中还能看到两套，一套是青铜器，还保存着，另一套漆器只能发现一些残片了，但是能看到它的位置，有存在过的痕迹。所以这些漆器我们还是不太了解它们具体的作用，但肯定不是日用器。考古学家往往只好根据现在所保存下来的东西来复原古人的生活场景。任何学科都受它的材料的限制。文献也有这个问题，很多事情从文献中无法知道，比如说日常生活，文献往往不提，反而从考古可以得到线索。但有的方面考古和文献都不可靠，比如说早期的服饰，考古上保存的极少，文献上也只是偶尔才有一点线索，如果很谨慎的话，可以说一些情况，但是想要具体、细微、成体系地研究，还是不可能。古代的战争也是一个例子，尽管相关的考古材料多，但是不足以把基本问题研究清楚。当然可以从兵器开始做研究，兵器的发展反映了某些变化，根据它们的分布模式甚至可以试图做量化研究，可以去了解哪一个地区、时间段发现多少件，不同社会阶层兵器的数量增加或者减少等等。但是光从兵器研究古人打仗的方式似乎不行，因为它们的分布范围复杂，兵器的使用地往往不是其产地，所以兵器的研究方法与礼器的不同。战场虽然发掘过几处，但遗迹现象特别少，所以很难具体复原情况。从司马迁以来，实地考察成为历史学的一个重要方法，西方的希罗多德也有这个精神。古代环境的考察往往能够有力地补充考古资料的不足。

段陶：还有一个比较幼稚的想法，张光直先生认为中国城市出现的驱动因素和西方是不同的，中国的政治性更占主导，西方更多的是技术性因素，但我想在不同地域、不同时期可能出现一批主要以某种因素为主导的城市，这样的分期是不是也存在？

罗泰：这牵涉到早期国家的形成问题。商到西周国家基本上以祖先崇拜的宗教活动作为枢纽，经济活动也是以这个为标准制定的。商代、西周,一直到春秋中期,好像没有独立形成的经济制度,当时的经济活动主要是以礼制为中心。到春秋晚期及战国时期,经济活动才有些比较趋近于市场经济,因而城市的基本性质改变了,并且城市的面积也相较之前大了很多。这应该就是由于经济生产和贸易的驱动作用。现在研究中国城市的学者也提到,刚好到了春秋晚期以后,从考古材料中看到的城市的数量有了也许多到十倍的增加,而且增长十分迅速。在这以前的城市,基本上都是一个国家的中心所在,有些国家可能有两个以上,比如西周可能有五都,那五都都是都城,不太有层次的区分。但是春秋晚期到战国时段就不一样了,那时有一个比较明显的区分,上层有首都,国家内部也有不同的地方中心,甚至可能有三等、四等的城市。那些新的城市的崛起也很复杂,一方面和国家管理的变化有关,我们从战国文献也能知道有了新的国家财政制度和劳役制度;另一方面和经济活动也有关系,当时的市场经济显然不完全是受政府控制的。还有一个在学术界不大受关注的方面,当时不同国家开始有边界意识,之前是在环绕城市中心有不同的区域,比如"国"就是都城,在外边是"郊""野"等,这个国的"野"可能和另一国的"野"有重合,住在"野"的居民的所属也很难说。我们从文献记载知道,陕西骊山到了春秋时期还有戎人居住，骊山之戎当时并不属于秦国、魏国和周王畿之中的任何一方。太行山有很多不属于周人主流社会的族群，但是从他们的语言、人种、文化习惯和生活习惯，他们可能不一定和周人完全不同。周人本身来源就很杂，所谓的"戎狄"，也并不比周人杂多少，但最后也都被融合了。到了战国，有了边境观念之后，这些族群也都变成了各个国家的居民。这种情况到了汉朝时候南方还比较明显，北方也是，但是中心地区越来越少。

段陶：文献中提到过齐、鲁都在山东半岛，但是他们对当地人的接纳态度都不一样。

罗泰：你说的齐、秦是在战国时期，宋、鲁是在春秋时期，所以这是一个时间段的差异，而非地域差异。我一直认为文献上反映的历史现象和考古材料不太好对应，但是从经济模式和社会结构而言，楚、秦、齐应该强调的是周人主流社会的典型例子，并非是蛮夷接受了中原文化。秦在早期是处在比较边缘的位置，可是从有该地考古材料之初，就是遵守很正统的周人礼制。它的主流氏族是这样，当然可能周围有其他不属于主流族群的部族，他们的语言和渊源与秦的主流氏族是不是一样的，这是考古中没法证明的。但是那些可以确认为秦国遗迹的，都是属于考古意义上的周文化范围。楚国更晚一些，考古上还基本没有发现早期楚国的遗址，但出土的一些器物可以证明西周时期已经有楚这样一个政治概念，但那些器物几乎都不是在大家所认为是楚的地方发掘的，比如山西南部晋侯墓地发现过一套楚国的钟，另外还有一些传世品，不知道是从哪里出土的。楚国早期都城应该在现在陕西、河南、湖北三省接壤那一带，但它的遗址还没有发现。《左传》中春秋早期到中期，楚国经常出现，但是楚国的考古痕迹是直到中期才有的。而且到中期之后其实就是北方中原没什么区别，很多学者都会声称这是楚文化，可是从严格的考古立场而言，根本就无法定什么楚文化，只有周文化在楚地的表现，可以称之为周文化的一个地方类型。

段陶：那楚式鼎和周鼎的差别您怎么看？

罗泰：楚式鼎只是当地作坊所做的鼎，基本上和当时北方是同样的器形，在类型学分析上虽说比例稍有不同，但是器物本身就是和当时北方一回事，是同类的东西，风格特征上稍微的变化根本不足以把它定为一个异质文化。我在书中也提到，最大的挑战在于树立一个适当的判断标准，到底差异有多大才足以区分不同的文化系统。而且这个标准要一致，至少在同一时期，不能对楚文化是一个标准，对巴文化又是另外一个标准。我认为在东周时期被称为巴人的文化系统，与周人主流是不同的考古学文化，尽管与周的中心地区有联系，而且有物品交流，但它们的基本的文化系统是不同的。包括四川地区的蜀文化——当然最好不要称为蜀文化，因为蜀和巴都是族名，从考古学术语角度，应该用遗址地点来命名，北京大学的孙华教授就坚持把之前学者称作战国的蜀文化的遗址类型称作青羊宫文化，我认为这是很正确的——这样真的是和东周时期周文化系统不同的考古学文化。如果我们采取这种判断标准的话，所谓的楚文化就不能被单独划分出来。周文化的分布范围比较大，那就是说明它的经济形态基本上已经统一了。但这不一定代表不同族群已经融合了，这从考古上无法直接判断。

段陶：那如果楚式鼎和周式鼎的差异不足以分别归为两个文化系统，为什么商式鬲和周式鬲之间的区别会这么大？

罗泰：这两种鬲的制造方法是不同的，不同地区采用了不同的技术。商地——就是东亚大陆的东部和南部——基本上是分开先做三个足，在裆的部分捏在一起，再制造它的上半部分。西部是先用泥条盘成一个圆腹，在下边切三个豁口，再把足叠上去，从中间捏在一起，和商式鬲不同，捏起来的地方不在裆，而在每个足的中间。这些只是制作技法的区别，并不能简单地等同于什么民族传统的差异。当然制作年代久远也会影响消费者习惯某一类鬲的样子,但这些都和精神文化没有什么深刻的联系。

段陶: 您之前谈到生活用器,我们知道商代酒器很多,西周还有,东周以后就基本消失了。很多学者都根据文献说周人有戒酒的观念,比如《酒诰》和大盂鼎的铭文。也有学者说用青铜器盛酒会产生有害物质,人们发现之后就不这样喝了。罗泰教授对于酒器的消失和饮酒观念的变化在考古上有怎样的看法?

罗泰: 我们刚才说到西周晚期礼制改革比较突然,礼器的组合取消了酒器,这在考古上可以得到证明。在公元前八百五十年左右,在不同地域基本同时发生,在那之后,有一些规格很高的墓葬中还可以看到过去酒器的模型,有的人称之为冥器,因为它确实是无法使用的,也许是为了纪念,也许是模仿还在宗庙里收藏的旧物,这些都是我在《宗子维城》中详细写过的。在那个时候,祖先崇拜的活动中也取消了喝酒的程序,但是不是全面禁酒,这是无法从考古上找到证据的。罗森夫人(Jessica Rawson)写过文章,她认为在西周晚期,每到重要仪式活动时,人数就增加了,所以要制造大量青铜器使得从远处还能看到,列鼎、列簋以及编钟的复杂化——音乐的重要性也增加了,那之后有了成套的编钟。所有这些变化是否能够与《尚书·酒诰》

联系在一起就是比较复杂的问题,首先未必是考古学家一定要关心的。哪怕《酒诰》是西周的作品,它所宣布禁酒的范围似乎不限于宗教仪式上,和考古材料中酒器在西周晚期的礼器组合的情况未必能够直接对应。《诗经》中提到在祖先崇拜的仪式之后,参加仪式的大家聚会喝酒,不排除《酒诰》针对的就是这样的宴会。大盂鼎不仅是禁酒的内容,还提到官僚制度。大盂鼎的形制看上去确实像西周早期的器物,然而铭文的文体又与我们所知的其他西周早期的铭文有所不同,这可能由于我们材料不完整,其他类似格式的铭文和青铜器我们还没有发现,然而还有其他的可能性,是否有可能大盂鼎是中期或中期偏晚的时段铸造的复古风格的器物呢?我提出这样的可能性很小心,但最近十几年学者们对中国古代物质文化中的复古现象以及古物收藏兴趣越来越大。比如说,妇好墓中出土好多玉器,现在已公认为早到新石器时代。之前的学者不敢确认,根据最近几十年的发掘材料,我们就可以清楚地辨认出来。到了商代、西周甚至春秋,我们都偶尔可以看到新石器时代的玉器传了下来,并且对传世玉器有了再加工。青铜器也有复古现象,我在《Orientations》上曾经发表过论文,提出两个实例,就是商人用青铜复制了新石器时代的陶礼器,和一般的商代青铜器形制非常不同,所以一直给学术界造成了困惑。罗森夫人的一篇很好的文章中提到安阳出土的一套青铜器，一方面其形制是安阳偏中晚期，另一方面它的纹饰比较接近二里冈，就明显和其他器物不同。周代各种复古现象也很多。所以也许大盂鼎的铭文和形制分别偏向于不同时期，这一现象也可以当作一个复古而解释，不过这目前仅仅是一个胆大的假设。以前我特别自信，根据美术史或者考古而推论各种青铜器的年代，但是现在已经从事了三十年的研究以后，我越来越不敢说了，看来材料越多，情况变得越复杂了。

段陶：铭文和传世文献的好多问题都很矛盾，比如《诗经》中有很多饮酒的篇章，但是（西周之后）出土材料却很少发现。

罗泰：周王朝不可能完全禁止或取消喝酒的习惯。明显商人、周人、秦汉人都一直在饮酒，可能喝酒在文化生活中的习惯有了一些调整。从语言学研究而言，《酒诰》在《尚书》的成书中属于哪个阶段，夏含夷写过文章，可以参考。

段陶：嗯，《酒诰》，有些学者断代比较靠前的认为是成王时代。是否有可能某一时期之后酒器都由不太容易保存的漆器制作，所以很难有考古材料证明。

罗泰：这是一个文献学问题，我并没有资格具体讲。反正年代相当于成王的青铜器组合还经常有酒器，甚至可以说那个时期它们仍然以酒器为主流。对青铜器中含有铅的残留，这对人体是有害的问题而言，我也不很清楚。好像变成合金成分之后，有害成分就不会溶解，但如果是陶器的铅釉成分，喝多了就会中毒。好像没有人做过这方面的实验，但从化学的角度好像不太可能。

段陶：我读《酒诰》的时候就很费解，好像周人把商人灭国都归咎于饮酒，后来的历史学家好像也都很强调这一点，饮酒应该没有这么大的危害，他们为什么要这样强调呢？

罗泰：对，而且周人明明还在宗教场合继续喝酒，这并不是商代特有的，而且至少在西周中期，酒器的使用依旧很频繁，有人说到周代鼎、簋的使用变多，到了西周中期确实变多了，但并不是早期就可以有的现象。所谓先周青铜器有不少鼎、簋，这可能是因为当时酒器是用其他材料制作而不能长久保存，但无论如何，爵、卣、尊在先周也是存在的。所谓先周青铜器也是很复杂的现象，邹衡先生根据其性质辨认出的先周青铜器未必都正确。我们在南方可以频繁看到春秋晚期的漆器，酒器可能多用漆器制作，因为用起来比铜器舒服。那种习俗也许可以追溯到更早的时期，但考古证据较少。

段陶：您的下一本书好像要从经济考古的角度切入，这样的话，道路交通史、劳役制度、农业考古、工业主导的聚落中的社会分工是不是都要有所涉及？

罗泰：对，最重要的是农业问题，这也是我研究的中心之一。青铜时代的农业研究最近有一点点进步。之前做早期农业研究的，要么是做农业起源，要么做新石器时代农作物和畜牧业驯化和改良，或者是做汉代农业，有很多的图像材料，但是周代农业研究比较少。

段陶：如果做这个时段的研究，可以从考古角度作制度方面的推论吗？比如人与田的关系，土地拥有者与使用者的关系这类。

罗泰：这些确实难以从考古中得到直接的证据，更多地从生产方式上进行量化研究，追溯到生产水平是否有提高。至于农民的社会地位，除非有直接的墓葬发现，就难说了。这也是周代社会考古最大的谜题，就是说周代的农民是否是主要氏族的成员。我们能看到的周代大规模的墓地，只有一部分才是贵族阶层，这从墓葬形制和随葬品中可以很容易判断。但是那些没有贵族地位的墓主是不是就代表了当时社会中的农民阶层？很可能是。但是如果是这样的话，周代社会就和西方决然不同，那就是非贵族和贵族都属于同一家族，其实文献记载也证实了这一点。如果我们对考古材料的解释是正确的话，那考古材料和文献材料就可以互证。但是我们不知道的是，周代给我们留下来的主流氏族墓地是否代表周代的全体，还是在包括贵族与非贵族的家庭以外或者以下还有大量考古材料中没有留下痕迹的人。肯定还有一些，因为在垃圾坑内有的时候能够发现人骨，就是没有社会地位的人，奴隶或者异族之类的。但我们不知道这些人在当时的不同地域各占多少比例，如果比例较小，那大概就可以根据我们对周代主流社会的理解较好地复原当时的社会史，但如果占多数的话，根据考古或文献所复原的只能代表周代很小部分的社会生活。

段陶：感谢罗泰教授接受访问，有时只做文献研究视野太狭窄，忽视了考古材料，您的研究对强化先秦社会生活的理解意义非凡。听说您的新书《宗子维城》的汉译本快要出版了，这对于同学们关于先秦史的学习和研究一定是一个非常有力的方法论和知识结构的补充，感谢罗泰教授抽空接受国学院的访谈。

（未刊）

附录：

文献考古并重的《剑桥中国远古史》筹编述略

罗泰（Lothar von Falkenhausen）

《剑桥中国远古史》（*The Cambridge History of Ancient China*）的筹备工作早在1992年已经开始了[①]。主编为剑桥大学的鲁惟一（Michael Loewe）教授和芝加哥大学的夏含夷（Edward L. Shaughnessy）教授，他们从英美大学界中选择出一批专家，每位负责写一章，每章约25,000字。参加者在1993年夏已与剑桥大学出版社签过合约。两位主编又召集全体作者于1994年11月3日—6日在美国伊利诺矶石州立公园（Starved Rock State Park）召开了一次筹备会议，此次会议获得蒋经国基金会的资助。会议目的在于让每位作者对全书的内容更加

[①] 鲁惟一（Michael Loewe）和夏含夷（Edward L. Shaughnessy）两位教授主编出版的《剑桥中国上古史》（*The Cambridge History of Ancient China:From the Origins of Civilization to 211 BC*），由剑桥大学出版社于1999年出版，但收稿截止日期是1995年，书中所包含内容，其下限距今已有二十余年。

熟悉，并给予学者们互相交流意见和看法的机会，也顺便调整各章之间的内容关系，以避免重叠和间隔。与会人员除了十三位作者以外，还包括北京的中国社会科学院历史研究所李学勤所长（另外发函邀请当顾问的几位历史学界的元老们，皆因故没能前来）以及旁听的十二名芝加哥大学各系专攻中国古代研究的研究生。

20世纪60年代编写《剑桥中国史》时，主编们感觉当时对秦以前的中国史的了解太模糊，又找不到能用英语写出来的适当人选，因而从秦始皇统一中国帝国开头。由于近几十年来对中国商周史的研究发展得比较快，无数的考古发现又提供了很多宝贵的新资料，西方的学界也越来越多地对这段历史从事研究，所以近来有不少人感觉到需要一本可以像《剑桥中国史》一样深具权威且可以将有关情况介绍给一般学术界的专书，即《剑桥中国远古史》（也有人称之为《剑桥中国史》第零卷）。此书的读者将是人文社会科学各个领域中不了解中国的人，还包括汉学、中国史界中不研究中国古代文明的学者。全书将采取最新的研究方法，介绍最近的资料和信息，但各章又不要过分地规范化，而应该能在某种程度上反映各个作者自己的学术观点。因此，主要的历史阶段在本书都由两个或者更多的作者来撰写。一部分作者将偏重于利用文字、文献资料，又有一些作者以考古发掘的物质资料为主。

11月3日下午,全体与会人员在芝加哥大学参加了该校近故的名教授顾立雅(Herrlee Glessner Creel)的追悼仪式,晚上坐车抵达靠近伊剎诺河有着辽阔草原的会场。

11月4日则开始正式会议。作者们轮流地根据前已发过的提纲来介绍所撰各章的内容,每个人安排50分钟(包括讨论的时间)。晚上又组织自由讨论,给学生们提问题的机会。气氛十分活泼,却又相当紧张。

李学勤开头讲"假如我编《剑桥中国远古史》,就会包括一些什么课题",强调此书代表着西方学者的观点,因而提出几点中国的学者特别想知道西方人看法的问题,如:中国文明起源及中国在全世界文明古国当中的位置怎么理解?还有,所有的中国国内的学者都不怀疑夏朝的历史性,西方的学者反而多半采取保留的态度,是否因为对此点的证明要求太高呢?(安阳以前的二里冈文化发展水平很高,虽然没有文字资料,但学术界仍然公认为商朝。)最近在较远的四川、江西等地区都发现这个时期的重要遗迹,显然证明了商文化的多样性、复杂性。对青铜时代晚期而言,在山西曲沃曲村最近发现的晋侯墓地,年代虽属西周后期,但其文化内涵却十分类似于春秋时期。李氏最后还指出近几十年来新发现的竹简、帛书等文书对研究先秦文化的重要性。

介绍书内各章内容的第一个发言人是加州大学伯克

利分校的吉德炜（David N. Keightley），题目是《中国历史第一个王朝：商朝》。吉氏根据殷墟甲骨文讨论商王的行政方式和权力构造，包括军事和劳动力的组织及宗教信仰。尽管在理解文献、文字材料上仍然存在着较大的问题，但现已可复原商代后期部分重要历史事件的经过和序列。

普林斯顿大学的贝格利(Robert W. Bagley)接着谈《中国地区早期青铜时代》。他把安阳的资料当作当时很复杂的文化面貌的一小部分来考量；为了加宽我们的理解范围，则必须也探讨公认为早于商代的河南偃师二里头文化和属于商代早至中期的郑州二里冈期遗迹；时代相当于殷墟前期而文化内容十分不同的四川广汉三星堆和江西新干大洋洲等遗址的发现。贝氏认为黄河流域的高等青铜铸造技术是在二里冈期传播到商王朝控制范围以外的地域，影响到那些地方独自的土著文化传统；目前的考古发现暗示着，商王朝的势力到了安阳期已远不如二里冈期大。当时在商领地以外的中国地域还存着不少其他文化水平高的古国的事实，这又应当使我们从某种程度去怀疑后传的文献、文字资料的可信性。

华盛顿大学的鲍则岳（William G. Boltz）在其《中国上古时代的语言与文字》中，略述了古汉语从商代的甲骨文一直到先秦诸子的书籍的发展。此章也探讨早期印欧语系的语言（在西北）与澳亚语系的语言（在南方)给邻近的古汉语方言在词汇上留下来的影响。作者将提供上古语音总表。文字制度要完全分开来作为第二层现象讨论,则足以取代学术界常见的错误偏见,如汉字比任何其他文字都能够更直接又更具体地容纳人的思想观念等等。顺便还否定汉字是从西亚、两河流域传入的说法。

芝加哥大学的夏含夷在《西周时期的政治史和文学史》一章中,靠金文资料和传世的早期文献来复原从武王伐纣以前到平王东迁的三百年历史事件的顺序和大概的历史倾向。周朝在昭王于南方兵败战亡之后,则经过全面的改革,包括军事改组、行政机构的专业化、礼制维新等方面。因为西周后期的王朝力量已薄弱,所以不能继续按以前的习惯把王室的分支派遣到外地去建封邑,而又引起了王畿以内的不稳定,"散氏盘"等铭文表明土地在这种情况之下已变成了贵族之间打官司的对象。夏氏认为王朝周围的列国,约从公元前850年以后已开始和春秋时期一样强大起来,它们接着变成了周天下政治舞台上最重要的因素。夏氏又对《诗经》《易经》二书成书时代和互相之间的关系提出了若干很新鲜又很重要的想法。

牛津大学的罗森(Jessica Rawson)在其《西周考古》里强调周人在考古材料中并非从一开始就很突出,设想他们原来可能在文化水准上比不上商人,甚至大胆怀疑周人是否从一开始就说古汉语。西周早期的艺术风格很繁杂，虽然商代传统的影响占较重要的地位，但各种来源的因素都同时存在，此或许反映着西周的统治机构也是混合的。夏文所述的西周中期以后大规模的改变在物质文化上留下的痕迹特别清楚，青铜器组合与纹样的突变，暗示着一种罗氏所谓的"礼制革命"。商代的祭祀传统全部被取消了，代之而起的是一种新的祭祀革命以后的西周上层人，显然比以前更加强音乐的重要性，武装的地位可能降低了。墓中所发现在死者身上开始铺大量玉器的新习俗，可能从另一方面暗示着新的宗教信仰的形成。曲村墓葬的资料表明王朝的这些改革也影响到列国的宗教行为。

而《春秋时期的物质文化》为笔者负责，重点将放在考古发现的分类上。根据遗迹本身定了考古学文化之后，方可以较合理地利用文献材料。张光直所提出的"中国文化互动圈"这一概念对分析春秋时代的情况尚能起作用，但要注意把不同"文化"之间的区别和前世定得一样明显，而不要用微妙的细节来加以定考古学文化。按此原则去分析就只能把北方的夏家店上层文化、东南沿海地区的土墩墓文化之类，在本质上异于周朝中心地区的文化现象定为考古学文化。西周内地各种列国（包括楚）的文化遗产互相之间的区别，往往以作风、纹饰为止，因而只不过能把它们当作周文化的亚型（或类型)。春秋时代周文化的各种类型之间的区别越来越不明显,与此体系之外的文化传统的区别,反而更明显,此现象或许可以反映华夏民族的上层人物(下层人全无遗迹)在此时期对自己的民族性开始有所在意,并开始对外界采取排除的态度。此过程显然是跟着西周后期礼制改革在周列国文化圈普遍被接收的后果。尽管春秋时期在政治上很乱,但西周后期所建立的新制度引起了黄河、长江流域的古国贵族在文化上逐渐同化。

11月5日,首先由斯坦福大学的倪德卫(David S.Nivison)谈《中国古典哲学及其文献》,即关于先秦诸子及牵涉思想史问题的其他书(如《吕氏春秋》等)。当然,战国时代的很多思想概念的来源都很早,此章将把它们的形成过程弄清楚。例如:"三年悼"并非东周的儒家所发明,而倪氏通过《竹书纪年》的分析,已把此风俗追溯到夏朝以前。"天命""德"之类词语亦可在西周乃至商代的铭文资料中看到。它们的早期用法和文脉便能给我们在探讨先秦时期有关道德、政治、宇宙、历史等方面理论的时候,提供一种新的出发点,并使我们可以跨越后来编造出来的各种"家"之间的区别。

亚利桑那大学的夏德安(Donald Harper)接着在其《自然哲学与玄学思想的繁盛》中,同样对传统上把中国早期科学思想一律归纳于"道家""阴阳家"等"家"的习惯表示不满。夏氏在会前把他关于马王堆汉墓医学文献的新书分给会员们看了一部分，以表示如何订定后人所谓的方技、数术之类的文献在当时智识体系的位置。这次除了医学以外，还讨论占卜、历法、相术等最近有新出文书的专行，各行内的派别、传统十分繁杂。这类思想大约在公元前四世纪的"战国时期宗教危机"中发生了巨大转变，使它越来越系统化、理论化，此后的方技、数术则进入了中国思想史的主流。"五行说"就从那时候开始普遍。

芝加哥大学的巫鸿把"战国时代考古与艺术"从"视觉文化"（visual culture）概念出发讨论，以避免按照传统分类法去介绍资料，又避免对"艺术"作定义。战国时期大规模的历史变化在城市、建筑上的反映很突出，城市规划按照商业经济的要求有了较大的改变。宫殿修建在越来越高的夯土台基上，有力地显现出国王越来越大的权威。宫廷作坊又生产了越来越华丽的奢侈品，现存这方面的资料虽然绝大部分出自墓葬，但其中有一部分是被使用过的，可用来复原当时上层人物的生活环境。随着宗教信仰的改变，礼器的重要性大大减少，而活人身上的装饰以及生活用品制造得最为精美。此章还介绍与"视觉文化"有关的各种古代文献，如"三礼"等。

剑桥大学陆威仪（Mark E. Lewis）的《战国时期的政治史》，是唯一在会前已成稿的一章，得到各会员的高度评价。这样一个根据各种文献来详细地复原那段时期十分复杂的历史经验的综合性文章，目前在任何西方语言还不存在，因此，陆氏的贡献很重要。此章解释战国时期政治体系的新特征，如：君主地位之高、宰相的重要性以及军事组织、户籍制度、税务事业等方面的改革。章末通过当时地理概念的分析，来描述战国时期老百姓的生活环境。

哈佛大学的狄宇宙（Nicola di Cosmo）讲《草原的影响：游牧民族的诸文化及其与中国内地的关系》，以青铜时代长城以北地带游牧生活方式的形成过程为主题。青铜时代早期的"北方系统"青铜文化与商朝关系较为密切，然而到了西周，同地带的人们开始从事游牧生活以后，前有的关系则断掉了（尽管还有小规模奢侈物品的交易）。不过，狄氏认为中国北方地区的游牧民族并非是从外面侵入的，而他们新的生活方式是在土著民族中间逐渐形成的。中国北方游牧民族考古遗物的分期大体上相当于西伯利亚和欧亚大陆的其他地方。据细节可分出三个地方型文化，即新疆北部、甘肃到宁夏、内蒙古到东北等地域的传统，其中对中国内地历史比较有影响的是内蒙古到东北地区游牧文化圈。狄氏认为匈奴就是从东北的夏家店上层文化发展过来的。

11月6日，鲁惟一综合讲《统一帝国前夕的中国：公元前256—公元前221年》，此章将起本书与《剑桥中国史·秦汉卷》的桥梁作用。鲁氏描述了战国末年史料中显现的统一感，并把这些倾向与仍然存在的地方型现象加以对比。此时对前世历史的概念（包括前几章都未涉及的神话传统）也属此章要讲的内容，还总结先秦的制度和思想传统如何影响到后来的历史。

作为简单的总结发言，李学勤表示此书定稿之后马上可以翻译成汉语。

除上述几章以外，全书将包括哈佛大学张光直的《历史时代前夕的中国》和匹兹堡大学许倬云的《春秋时期历史概述》两章，两位作者因故未能出席会议。与会人员经过讨论，决定了十五章的顺序（与会上发言顺序略异），并花了好长时间来决定一套版式规则。到了晚上全体讨论的时候，大家还都猜想本书读者的要求与希望，有时还论到一些模糊得根本谈不清楚的抽象概念，如"文化""中国"等词语的内容等。大部分时间，与会人员认真地讨论最近中国上古史研究战线上的重要学术问题。总而言之，会开得非常成功。

每个作者将在1995年9月以前，把草稿寄给主编，以后所有的参加者将相互阅读稿件，提出意见。全书的出版时间预定在1997年。

附录：《剑桥中国远古史》暂定章目顺序
一、引论（Loewe, Shaughnessy）

二、史前史背景（张光直）

三、商代考古（Bagley）

四、商代政治（Keightley）

五、语言、文字（Boltz）

六、西周政治（Shaughnessy）

七、西周考古（Rawson）

八、春秋考古（Falkenhausen）

九、春秋政治（许倬云）

十、战国政治（Lewis）

十一、先秦思想史（Nivison）

十二、先秦科技思想史（Harper）

十三、战国美术史（巫鸿）

十四、草原文化（di Cosmo）

十五、回顾与展望（Loewe）

［《汉学研究通讯》第十四卷第一期（总53期），1995年3月］